発達性協調運動障害［DCD］

不器用さのある子どもの理解と支援

［監修］
辻井正次・宮原資英

［編著］
澤江幸則・増田貴人・七木田 敦

金子書房

はじめに

　「発達性協調運動障害」という言葉は，一見するとなにか堅苦しく，難しい専門用語に思えるかもしれない。しかし，「発達障害」という言葉なら，きっと目や耳にしたことがあるはずである。発達の領域によって分類される発達障害のうち，身体の動きに特化した発達障害を英語でDevelopmental Coordination Disorder（頭文字をとってDCD）と呼ぶ。この日本語訳として発達性協調運動障害という専門用語が存在しており，少しずつではあるが浸透してきた。ただし，巷ではまだDCDのある子が「不器用な子」と呼ばれているかもしれない。

　本書は，1999年にブレーン出版から刊行された『子どもの不器用さ――その影響と発達援助』（以下，「不器用本」）の継承版として，DCDへの科学的理解と支援に関する複合的視点の提示を示すことに注力し，長きにわたり，多くの人に読まれるような本になってほしいという思いから，編者の澤江幸則氏，増田貴人氏，七木田敦氏の3名と金子書房編集部の井上誠氏，そして執筆者たちの5年にわたる努力の成果として出版に漕ぎつけることができた。

　上記の不器用本は，本書の「おわりに」を書いたもう一人の監修者である辻井正次氏と私が編者となり，軽度発達障害3弾シリーズの第1弾として世に出した。第2刷まで増刷され，内容的にも有用な書籍であるという評価を受け，20年後の現在に続くDCD研究のさきがけの専門書であったらしい。しかし出版社の事情で絶版となってしまい，現在では中古書籍としてしか出回っていないという。そこで，DCDについてもっと知りたい読者のニーズに対応するために本書が企画された。

　不器用本と本書とには，類似点と相違点がある。類似点は，第1章と第2章がかなり専門的であることと，執筆者の面々が学際的であること，日本で独自に集めたデータや実践内容が紹介されていることである。肩の力を抜いて気軽に本書を読みたい人は，第1章DCDにまつわる歴史の3. DCDの当事者や家族の視点と，第2章医学・脳科学からみたDCDの医学的診断についてだけでも読んでもらいたい。

序章および第3章と第4章でも，専門的な内容が分かりやすく説明されている。序章ではDCDの問題をなじみ深い古典的な運動発達の視点から解説している。第3章では介入の方法論という観点から，そして第4章では典型的発達と非典型的発達という観点からDCDについて論じている。

　生涯発達の観点から，第5章以降はすんなり理解しやすい具体的な評価や支援法の紹介が続く。第5章では乳幼児を，第6章では学童期を，そして第7章では青年期，成人期以降の各発達段階における評価と支援の実際を解説しているので，読者が関わっているDCDのある人の発達段階の章から読み始めることをお勧めする。

　他の発達障害とDCDとの併存障害については，第8章で知的障害児を，第9章でASD児を，第10章でADHD児にみられるDCDの支援方法を提示している。これまでの他の知的障害やADHDやASDの専門書を読んでも，なかなか具体的な運動支援の方法までは書かれていないが，本書においては支援の実践に役立つ貴重な知見が得られるであろう。

　前述した不器用本と本書との相違点は，執筆者の広がりと内容の更新である。不器用本では，名古屋を中心とした主に東海地方で活躍していた仲間たちが執筆した。それに対して本書の執筆者たちの活躍する地域は，北は青森県，南は広島県へと広がった。内容的には，『精神疾患の分類と診断の手引き』によるDCDの定義が第4版から第5版へ，そして，「ムーブメントABC」と略称される運動発達検査も初版から第2版へと改訂され，最新の情報が本書全体に織り込まれている。例えば，第2章医学・脳科学からみたDCDでは，20年前では未開拓であった機能的MRIによるイメージング研究や分子生物学を用いた遺伝子研究が紹介され，さらに当時萌芽的であったダイナミック・システムズ・アプローチが第3章の介入法，第4章の発達特性，第9章のASDの支援法の中で，この理論的アプローチを支援に応用する方法が解説されている。

　最後に，本書の企画の根底にある，長きにわたり，多くの人に読まれるような本になってほしいという思いが実現するように，そして少しでも読者の皆さんのお役に立つよう願ってやまない。

　　　令和元年5月吉日　　　　　　　監修者を代表して　宮原資英

目　次

はじめに　*i*

序　章　発達性協調運動障害の理解と支援の方向性　*1*

1. 運動発達　*1*
2. 運動発達の遅れ──発達性協調運動障害　*3*
3. 運動発達のメカニズム　*5*
4. 発達性協調運動障害児者への支援の方向性　*7*

第Ⅰ部　DCDの理解と支援

第 1 章　DCDにまつわる歴史　*14*

1. はじめに　*14*
2. DSMにおけるDCDの歴史的変遷　*16*
3. 国内外のDCDにまつわる潮流　*24*
4. DCDの当事者や保護者の視点　*31*
5. あとがき　*40*

第 2 章　医学・脳科学からみたDCD　*45*

1. はじめに　*45*
2. DCDの医学的診断について　*47*
3. ICD-10における「運動機能の特異的発達障害SDDMF」の診断基準　*52*
4. DCDと他の神経発達障害との関係について　*53*
5. 早産・低出生体重児とDCDについて　*54*
6. DCDの病因・病態生理　*55*
7. ニューロモデレーターとしての薬物療法　*60*
8. 胎児期からの協調と神経発達障害との関連　*61*
9. おわりに　*64*

第 3 章　DCD に対する介入の方法論　*71*
過程指向型アプローチと課題指向型アプローチ

1. 介入における2つのアプローチ　*71*
2. 過程指向型アプローチとその効果　*72*
3. 課題指向型アプローチについて　*75*
4. おわりに　*81*

第Ⅱ部　DCD の発達的特性の理解とその支援

第 4 章　典型的な運動発達と DCD の発達特性　*88*

1. 運動発達とは何か　*88*
2. 運動発達の支援のためのいくつかの示唆　*95*
3. 運動発達研究のめざすもの　*102*

第 5 章　乳幼児期の DCD の評価と支援の実際　*107*

1. 乳幼児期の DCD の評価　*107*
2. 乳幼児期の DCD の支援　*116*

第 6 章　学童期の DCD の評価と支援の実際　*124*

1. 学童期の運動発達　*124*
2. 学童期に学ぶ必要がある身体能力　*126*
3. 学童期における運動面で気になる子の実態　*128*
4. 運動面の困難さに対する実態把握の方法　*131*
5. 学童期の DCD 児に対する指導・支援　*133*

第 7 章　青年期・成人期以降の DCD の評価と支援の実際　*141*

1．はじめに　*141*
2．なぜ，DCD の臨床像は青年期・成人期では多様になるのか？　*142*
3．DCD がもたらす代表的な苦手なことの具体的な例　*148*
4．青年期・成人期以降に特有に生じる問題　*153*
5．おわりに　*156*

第Ⅲ部　DCD を伴う発達障害の理解とその支援

第 8 章　DCD を伴う知的障害児の特性と支援　*160*

1．はじめに　*160*
2．知的障害と DCD　*160*
3．知的障害児に対する運動アセスメント　*162*
4．知的障害児の運動面の特徴に対する新たな視点　*165*
5．知的障害児における運動と認知の関連　*167*
6．知的障害児における言語の行動調整機能の障害　*169*
7．おわりに　*170*

第 9 章　DCD を伴う ASD 児の特性と支援　*174*

1．はじめに　*174*
2．ASD と DCD の診断について　*175*
3．ASD 児の運動発達特性と運動指導について　*177*
4．ASD 児への運動発達支援の新たな視点　*181*
5．まとめと今後に向けて　*191*

第10章　DCDを伴うADHD児の特性と支援　*196*

1. はじめに　*196*
2. ADHD児にみられるDCD特性について　*198*
3. ADHD児の運動の困難さに対する支援について　*208*
4. おわりに　*213*

おわりに　DCDの子どもたちへの支援の可能性と課題　*220*

1. 不器用な子どもたちをDCDと捉えることの
可能性と課題　*221*
2. 不器用な子どもたちをDCDという枠組みで
運動指導をすることの可能性と課題　*223*
3. 発達を軸として不器用な子どもたちをDCD
という枠組みで理解と支援をすることの可能性と課題　*224*
4. 他の発達障害との関連でDCDの枠組みで
支援を考えることの可能性と課題　*226*
5. 不器用な子どもをDCDとして捉えて研究を
推進することの可能性と課題　*227*

序章

発達性協調運動障害の理解と支援の方向性

本郷 一夫

1. 運動発達

(1) 運動発達への関心

　運動は子どもの発達における重要な領域である。姿勢・運動発達によって，乳児は周りの世界を知覚し，人と関わることが可能になる。また，移動運動が可能になることによって，自分の欲しい物を手に入れることができるようになる。さらに，手指の発達など微細運動の発達によって子どもは絵を描いたり，はさみで紙を切ったり，字を書くこともできるようになる。この点で，運動発達は，認知発達や社会性の発達などとともに，子どもが自律していくための重要な契機を与える。

　乳幼児の運動発達については，非常に早くから関心がもたれてきた。例えば，進化論で有名なダーウィン（Darwin, C. R.）は，自分の子どもの観察日記「ある子どもの伝記的素描」の中で運動発達について記述している（Darwin, 1877）。論文が発表されたのは1877年であるが，観察自体は，長男の出生直後の1839年から約2年間にわたり，幅広い領域について行われている。このうち，運動発達については，まず生後7日間の新生児反射の様子が観察されている。また，生後7日目には，乳児の足の裏を紙で

刺激したとき，乳児が足の指を曲げる反応を見せることを報告している。後のバビンスキー反射（Babinski reflex）の発見につながる観察であろう。さらに，左右の手の発達差，目と手の協応の発達などについても観察がなされている。

(2) 運動発達における遺伝と環境

　人の発達は遺伝によって規定されるのか環境によって規定されるのかといったいわゆる「遺伝－環境論争」の対象として，運動が取り上げられることも多かった。ゲゼル（Gesell, A.）が行った双生児の階段上りに関する実験がある（Gesell, 1929）。この実験では，双生児の一方（T児）には，生後46週から6週間，毎日階段上りの訓練を行い，もう一方（C児）には，この間訓練は行わず，生後53週から2週間だけ訓練を行った。しかし，最終的には2人の階段上りに要する時間の差はなくなった。このことから，ゲゼルは乳児の発達は成熟によって規定されると結論づけた。

　これに対して，学習（経験）が乳児の行動を形成すると考える行動主義者から批判がなされた。例えば，訓練を受けていないC児も日常生活の中でT児の階段上りの模倣をしたり，椅子の上り下りのような行動をしたりしていたことが自然と階段上りの訓練になっていたのではないかという批判である。しかし，実際には，T児が階段上りの訓練を受けていた期間，C児は伝染病にかかり隔離病棟で生活していたため，そのような批判は当たらない（野呂，1986）。

　しかし，ゲゼルの研究は，必ずしも「訓練（学習）の効果は成熟をしのぐことはできない」ことを証明したわけではない。訓練内容の適切さ，訓練の適切な時期である敏感期（sensitive period）の問題などが考慮されていないからである。また，内発的動機づけなどの影響の問題もある。すなわち，同じ階段で訓練を受け続けるT児と初めて階段を上るC児とでは階段上りに対する動機づけが違い，それが成績に影響したとも考えられる（本郷，2008）。運動発達を規定する要因は多様なのである。

　このように乳幼児の運動発達に対して早くから関心がもたれてきた背景には3つのことがある。第1に，運動発達は子どもの全体的な発達やその

遅れを知る重要な指標であるということである。第2に，他の領域の発達と比べて，運動発達領域は子どもの発達の状態とその変化を捉えやすいということである。第3に，運動発達は認知発達，言語発達，社会性発達など他の領域の発達に影響を与えるということである。

▌2．運動発達の遅れ──発達性協調運動障害

(1) 発達性協調運動障害とは

近年，発達性協調運動障害（DCD：Developmental Coordination Disorder）についての関心が高まっている。アメリカ精神医学会（2014）の『DSM-5 精神疾患の診断・統計マニュアル』（DSM-5：Diagnostic and Statistical Manual of Mental Disorders, Fifth Edition）によると，発達性協調運動障害は神経発達障害群の中の運動障害群に位置づけられる。この神経発達障害群の中には，注意欠如・多動性障害（ADHD），自閉症スペクトラム障害（ASD），限局性学習障害（SLD）などが含まれ，後に述べるように発達性協調運動障害はそれらの障害との併存性が高いことが知られている。また，WHOのICD-11（2018, WHO）では，Developmental Motor Coordination Disorder（発達性協調運動障害）[1] として表記されているが，以下では，DSM-5に基づいて紹介する。

発達性協調運動障害は大きく4つの特徴によって位置づけられる。第1にその人の年齢や経験から考えられるよりも協調運動技能の獲得や遂行が明らかに劣っているということである（診断基準A）。第2に運動技能の欠如が日常生活に支障をきたすということである（診断基準B）。具体的には，不器用（物を落とす，物にぶつかるなど），運動技能（物を掴む，はさみを使う，書字，自転車に乗る，スポーツに参加する）の遂行における遅れや不正確さなどが挙げられる。第3に症状の始まりが発達段階早期であること（診断基準C），第4に運動技能の欠如が知的能力障害，視覚

---

1 宮原先生が解説している第1章を参照してください。

障害や運動に影響を与える神経疾患（脳性麻痺，筋ジストロフィーなど）によるものではないこと（診断基準D）である。

有病率は，5～11歳の子どもで5～6％であり，発症は乳幼児期であるが，児童期，青年期，成人期まで継続する。

(2) 併存性と二次的障害

発達性協調運動障害がある子どもは，運動そのものだけでなく，他の問題を抱える場合もある。例えば，集団での遊びやスポーツへの参加が少なくなることによって，体力の低さ・肥満といった身体的問題が引き起こされる。また，集団活動に参加することが消極的になり，仲間関係の問題をもつこともある。さらに，自尊心や自己肯定感が低下しやすいことも指摘されている（Henderson, 2014；戸次・中井・榊原，2016）。いわゆる二次的障害である。そして，協調運動の発達に遅れがあると，保護者からの「肯定的働きかけ」が減少し，「叱責」などが増加することも示されている（瀬野・岡田・谷・大西・中島・望月・辻井，2012）。その点で，自尊心の低さは，運動の遅れそのものから二次的に引き起こされた問題だけではなく，それが保護者からの叱責などにつながることによって引き起こされた「三次的」問題の側面もある。

発達性協調運動障害は，単独で生起する場合だけではなく，他の疾患・障害と併存することもある。とりわけ，注意欠如・多動性障害との併存率が高いことが知られている。この2つの特徴をもつ場合，DAMP（Deficit of Attention, Motor control and Perception）症候群と呼ばれることもある。また，限局性学習症（Biotteau, 2016）や自閉症スペクトラム障害（水野・宮地・大橋・浅井・今枝・飯田・今橋・中井，2015）との併存性も報告されている。

このような併存性の背景には，視覚運動知覚や空間把握能力の障害が指摘されることもあるが，共通の神経学的な基盤は必ずしも明らかになっていない。いくつかの要因が関連していると考えられる。したがって，発達性協調運動障害児者を理解し，支援をするためには，運動そのものの発達だけではなく，他の領域の発達，発達の領域間の関連についても知る必要

がある。

3．運動発達のメカニズム

(1) 発達の機能間連関

　子どもの発達は，認知，言語，情動，社会性，運動などいくつかの領域に分けて捉えることができる。しかし，各領域の発達は，必ずしも特定の領域に限定されて起こるわけではない。特定の外界の刺激が複数の領域の発達に同時に影響を及ぼすことがある。また，ある領域の発達が他の領域の発達を促進，あるいは阻害することがある。このような発達の領域間の関係を発達の機能間連関あるいは発達連関という。

　発達の機能間連関の例としては，古くはピアジェ（Piaget, J.）の発達段階論にみられるように，表象の発達が言語獲得を準備するというように，認知発達が言語発達を準備，促進するということが挙げられる。また，逆に，ヴィゴツキー（Vygotsky, L. S.）の指摘するように，コミュニケーションとしての言語（外言）が思考の道具（内言）になることによって，論理的思考が可能になるといったように，言語が認知を促進するということが挙げられる。

　運動発達と指さしの間に負の機能間連関があることも報告されている。（ブルーナー，1988）。ブルーナー（Bruner, J. S.）が観察していた2人の子どもの1人ジョナサンは9か月半，もう1人のリチャードは13か月のときに指さしが出現した。この月齢の違いは2人の歩行の開始時期に関係していると述べられている。すなわち，歩くのが遅かったジョナサンは，自分で欲しい物を手に入れるためには大人にそれを伝える信号システム（指さし）が必要であった。そのため，指さしが早く出現したというのである。運動の遅れが指さしの出現を早めたという解釈である。

　しかし，一般に，運動発達が進んでいる子どもに指さしや言語発達の遅れがあるわけではない。上述のような機能間連関は，ある子どもにおける発達の一時期の現象であろう。その点で，子どもがどのよう発達の特徴を

もつか，また発達のどのような段階にあるのかによって，発達の機能間連関のあり方が異なってくると考えられる。

(2) 運動発達と情動発達

運動発達と情動発達についても機能間連関が想定される。古典的には，「悲しいから泣くのではなく，泣くから悲しいのだ」と表現されるジェームス・ランゲ説は，行動（運動）が情動に影響をすることを示したものである。一方，浦川（2016）は，バッタグリア（Battaglia, F.）らの研究を紹介する中で，運動系は情動システムによって変調されると述べている。すなわち，情動が運動に影響を及ぼすことを示唆している。

とりわけ幼児期においては，制御性という点で運動と情動の連関性は高いと考えられる。ちなみに，表0-1には，保育所の5歳児クラスの子どもにおける，情動と運動との関係（相関）が示されている。ここで運動課題の①「タッピング・ゲーム」とは，ジグザグに置かれたコーンの上の10個のカスタネットを順番に叩くという身体のコントロール力を測定する課題である。また，②「ボトルゲット・ゲーム」は，10m先に置かれたペットボトルを5秒以内に取る課題である。途中5mの所でカードに描かれた数字と色を覚えてゴールすることが求められるという点で，2つのことを同時に行う能力を測定する課題である。保育者には，子どもの感情調整

表0-1 子どもの情動（保育者評定）と運動（コーディネーション課題）との関連

(本郷他（2017）より構成)

保育士の評定項目	タッピングの速さ	ボトルゲット 速さ	ボトルゲット 正確さ
1. かわいそうな話を聞くと悲しそうにする	−.110	−.125	.330**
2. 自分の失敗を見られないようにする	−.279*	−.344**	.257*
3. 鬼ごっこをしてわざとつかまりそうになってスリルを楽しむ	−.327**	−.313*	.179
4. 運動が得意である	−.248	−.271*	.375**

数値は相関係数（**p<.01, *p<.05）

能力と運動能力について，10段階（1．まったくできない〜10．非常にできる）で評定してもらった。表から，子どもの運動調整能力（コーディネーション課題）と感情調整能力（保育者の評定）との間には関連があることがうかがわれる。

4．発達性協調運動障害児者への支援の方向性

(1) 運動の支援

　発達性協調運動障害の子どもが抱える運動の問題は成長とともに自然に解消することは難しい。その点で，何らかの支援が必要になる。発達性協調運動障害児に対する運動支援については，様々なプログラムが実施され，比較的短期間の訓練でも一定の成果をあげている（Yu, Sit, Burnett, Capio, & Ha, 2016）。しかし，不正確な運動を修正するといった単純なスキル訓練では必ずしも効果がないことも知られている。むしろ，子ども自身が複数の解決策を見出し，最も望ましい解決策を決定していくことを含むプログラムが有効であることが示唆されている（Thotnton, Licari, Reid, Armstrong, Fallows, & Elliott, 2016）。これに関連して，宮原（2014）は，片足立ちのような基礎的なバランスが習得できても，自転車に乗るといった応用的なバランス技能の習得が自動的に取得できるわけではないこと，むしろ，実用的なバランス技能の習得ができれば基礎的なバランスの技能を遂行できるという般化の方向があることを述べている。いわゆる「構造の学習」についての言及であろう。

(2) 構造の学習

　マグロー（McGraw, M.）は，双生児を異なった方針で育て，子どもの発達における遺伝と環境の役割を確かめようとした。藤永（1984）は，このマグローの研究とそれに対するハント（Hunt, J. M.）の解釈を紹介している。それによると，マグローは，双生児の1人ジョニーには生後11か

月から三輪車，ローラースケートの訓練を行い，他方，もう1人のジミーには 22 か月になってからこれらの訓練を行った。結果として，三輪車については早期の訓練の効果はなかった。しかし，ローラースケートでは，先に訓練を始めたジョニーは 16 か月時にスムーズに乗りこなせるようになったが，後から訓練を始めたジミーは 22 か月から 2 か月半の練習を重ねてもほとんど進歩は示さなかった。この点について，ハントは，次のように解釈している。すなわち，歩行（下位構造）を獲得するには，からだのバランスの学習が必要である。ローラースケート（下位構造）も同様にからだのバランスをとる学習を必要とする。11 か月に訓練を始めたジョニーは，バランスの保持というもっと一般的な型（上位構造）を獲得することにより，歩行とローラースケートが互いによい影響を与えながら学習することができた。一方，22 か月から訓練を開始したジミーは，すでに歩行を独自の運動型として学習してしまっていたため，ローラースケートの学習に肯定的な影響を与えることはできなかったと解釈している。

　このように上位の構造の習得が下位構造への波及効果をもつという現象をブルーナーは「構造の学習」，あるいは訓練の「非特殊的転移」(nonspecific transfer)（ブルーナー，1963）と呼んだ。一般に，「構造の学習」は教科学習に適用されることが多い概念であるが，運動学習にも当てはまるであろう。この点について，ベルンシュタイン（2003）は，互いによく似た2種類の動作でもわずかなトレーニングの転移しか示さないこともあるのに対して，一見互いに大きく異なる動作，例えばスケートとサイクリング，フィギュアスケートと射撃といった種目の間に強い転移の影響が認められると述べている。すなわち，訓練の転移は動作の外見上の類似性にあるのではなく，以前に精緻化された自動性，すなわち動作や動作の構成要素を制御する調整にあると解釈している。

　ここから，協調運動を構成する各運動を一つ一つ習得させ，最後に，学習した運動を組み合わせるといった方法は，協調運動の獲得の支援として必ずしも有効ではないと考えられる。

(3) 社会性発達への支援

　発達性協調運動障害の特徴をもつ子どもに対しては，運動の支援だけでなく，仲間関係の形成に対する支援，自尊心の低下を防ぐ支援などのいわゆる社会性発達への支援も必要となる。とりわけ，児童期以降では，教師や保護者からの賞賛に加え，仲間からの賞賛が自尊心の形成に重要な役割を果たすようになる。その点で，仲間関係の形成に対する支援と自尊心の低下を防ぐ支援は関連づけながら行うことが求められるだろう。さらに，子どもの発達に伴って，「何について」，「誰に」ほめられるか，それについて「自分はどう評価しているか」といった「ことがら」「他者」「自己」の関係の一致が一層重要となる。

　このような自尊心の形成の際に重要なことは，高い自尊心を維持し続けるというよりも，落ち込んだときに自尊心を回復できる力をもつことである。そのためには，自分自身にとって価値ある特徴，すなわち「誇り」を複数もつことが必要となる。それによって，1つの誇りが一時的に傷ついても別の誇りが個人を支える役割を果たすことができる（本郷，2016）。発達性協調運動障害がある子どもへの支援の際にも考慮すべき点であろう。

　最後に，発達性協調運動障害児者の特徴を知り，それに基づく効果的な支援を行うことは，発達性協調運動障害児者に大きなメリットとなることは言うまでもない。それと同時に，発達性協調運動障害がある人への支援を通して，障害児者に対する教育方法の改善に加えて，発達と発達障害に関する科学的解明が進むことになると考えられる。すなわち，第1に運動発達のメカニズムが明らかになること，第2に発達の機能間連関の理解が進むことが期待される。これは，注意欠如・多動性障害，自閉症スペクトラム障害，限局性学習障害などの障害がある人の理解と支援にも大きく貢献することになるだろう。

文献

アメリカ精神医学会　髙橋三郎・大野裕（監訳）(2014). DSM-5 精神疾患の診断・統計マニュアル　医学書院

戸次佳子・中井昭夫・榊原洋一（2016）．協調運動の発達と子どものQOLおよび精神的健康との関連性の検討　小児保健研究，75(1)，69-77．

Biotteau, M., Pèran, P., Vayssière, N., Tallet J., Albaret, J., & Chaix, Y.（2016）． Neural changes associated to procedural learning and automatization process in Developmental Coordination Disorder and/or Developmental Dyslexia. *European Journal of Paediatric Neurology*, 30, 1-14.

ベルンシュタイン，ニコライ，A．工藤和俊（訳）佐々木正人（監訳）（2003）．ディステリティ――巧みさとその発達――　金子書房

ブルーナー，J．S．鈴木祥蔵・佐藤三郎（訳）（1963）．教育の過程　岩波書店

ブルーナー，J．S．寺田晃・本郷一夫(訳)（1988）．乳幼児の話しことば――コミュニケーションの学習――　新曜社

Darwin, C. R. (1877). A biographical sketch of an infant. Mind. *A Quarterly Review of Psychology and Philosophy*, 2(7), 285-294.

藤永保（1984）．現代心理学 増補版――心の成立とその構造――　筑摩書房

Gesell, A. (1929). Maturation and Infant Behavior Pattern. *Psychological Review*, 36(4), 307-319.

Henderson, Shelila E.（2014）．特別招聘講演 発達性協調運動障害の理解と支援――2013年までにわかったこと――　小児の精神と神経，54(2)，119-133．

本郷一夫（2008）．第1章 教育と発達　本郷一夫・八木成和（編著）シードブック 教育心理学　建帛社　pp.1-12.

本郷一夫（2016）．子どもの中で「自分のよさ」はどう生まれ育つのか　児童心理，70(17)，1285-1294．

本郷一夫・大渕守正・松本恵美・小玉純子（2017）．幼児期における運動発達と情動発達の関連性に関する研究　東北大学大学院教育学研究科研究年報，65(2)，31-42．

宮原資英（2014）．発達性協調運動障害が子どもの発達に及ぼす身体的および心理社会的影響と支援の方向性　小児の精神と神経，54(2)，105-117．

水野賀史・宮地泰士・大橋圭・浅井朋子・今枝正行・飯田洋子・今橋寿代・中井昭夫（2015）．自閉症スペクトラム障害児における特性の強さと協調運動の問題の関係　小児の精神と神経，55(3)，189-195．

野呂正（1986）．第12章 成熟と学習　宮川知彰（編）発達心理学Ⅱ　日本放送出版協会　pp.149-161.

瀬野由衣・岡田涼・谷伊織・大西将史・中島俊思・望月直人・辻井正次（2012）．DCDQ日本語版と保護者の養育スタイルとの関連 小児の精神と神経，52(2)，

149-156.

Thotnton, A., Licari, M., Reid, S., Armstrong, J., Fallows, R., & Elliott, C. (2016). Cognitive Orientation to (Daily) Occupational Performance intervention leads to improvements in impairments, activity and participation in children with Develop-mental Coordination Disorder. *Disability and Rehabilitation: An international, multidisciplinary journal*, 38(10), 979-986.

浦川将（2016）．第2章　情動行動の神経機構　西野仁雄・中込四郎（編集）情動と運動——スポーツとこころ——　朝倉書店　pp.11-39.

World Health Organization. (2018). (https://icd.who.int/en)

Yu, J., Sit, C.H.P., Burnett, A., Capio, C.M., & Ha, A.S.C. (2016). Effects of Fundamental Movement Skills Training on Children With Developmental Coordination Disorder. *Adapted Physical Activity Quarterly*, 33(2), 134-155.

第Ⅰ部

DCDの理解と支援

第 1 章

DCD にまつわる歴史

宮原 資英

▍1．はじめに

　歴史は認識する視点によって内容が大きく左右される。単一の視点だけから歴史を捉えると，同じ時代を生きた人々の多様な視点や経験，特にマイノリティ（少数者）の声が歴史に反映されない可能性が高くなる。
　発達性協調運動障害（Developmental Coordination Disorder，以下DCDと略す）の歴史を語る声の持ち主のマジョリティ（多数者）は，少なくとも現時点では，本章の筆者や本書の共著者たちなどの臨床家や教育者や研究者たちである。これに対し，DCDを身をもって体験している当事者の子ども本人や，DCDを抱えながら育った青年や成人たち，そしてこうした子どもたちを育て支援する家族や学校の教師たちは，DCDにまつわる歴史認識という点において，むしろマイノリティ的存在にされがちなのだ。
　さまざまな視点が存在することを認識した上で，DCDにまつわる歴史を語ることを依頼され，いわばマイクを持たされた自分にとってできることは，文献を読み漁って客観的な史実を述べたり，国内外のDCDにまつわる支援や研究の潮流を見極めたりすることだけだろうか。歴史の当事者であるDCDをもつ子どもや，DCDを身をもって経験しながら育った本人や，支援した親や教師などへマイクを回さなくてもいいのだろうか。

こうした疑問を念頭に，本章ではとりあえずオーソドックスにDCDの原典である『精神障害の分類と診断の手引』（Diagnostic and Statistical Manual of Mental Disorders：以下DSMと略す）に当たり，文献主義的にDCDの歴史的変遷を記述・解釈し，国内外のDCDにまつわる潮流を見定めていく。さらに，歴史の担い手としてのDCDのある子どもや，子どもの支援者からの視点を導入したり，声を拾っていくという当事者研究を紹介する。

　いずれの視点を導入するにせよ，筆者が1人で書いている以上，筆者の思い込みや偏見や信念などのバイアスは避けられない。そこで，バイアスを排除しようという本来不可能で無駄な努力をするのではなく，バイアスとなりそうな自分とDCDとのかかわりの特性を手短に自己開示した上で，DCDの診断と用語の普及，およびDCDの当事者と周辺当事者の歴史観について，筆者の個人的解釈を交えて書き進めてゆく。

　筆者がDCDとかかわりはじめたのは日本ではなく，米国にある学習障害児に特化した私立学校，および，発達障害児向けの運動クリニックにおいて，教育や研究の助手として働き始めた1980年代末。1990年代半ばは，イギリスとドイツで過ごし，発達性運動発達検査の開発者や障害者体育の専門家と一緒に研究活動の中でデータ収集の際にDCDをもつ子どもや保護者と交流した。1990年代後半から現在まで20年余り，ニュージーランドの大学の体育学部で認定心理士として運動発達クリニックを運営し，大学生が運動の問題でクリニックにやってくる子どもを教えるのを指導してきた。これに並行して日本やオーストラリアや欧米の臨床家や研究者とDCDに関して交流してきたが，実際に日本社会の組織に入り込んでDCDとかかわったことはない。読者には，こうした筆者のバイアスを考慮した上で，読んでもらえば幸いである。詳細な資料に基づく分析にあまり興味のない読者は，2．DSMにおけるDCDの歴史的変遷と3．国内外のDCDにまつわる潮流を飛ばして，4．DCDの当事者や保護者の視点だけでも読んでいただきたい。

▎2．DSMにおけるDCDの歴史的変遷

　DCDにまつわる歴史を実証的，客観的に語るには，DCDという用語を生み出し，育ててきた本家本元のDSMを参照するのが最も正確なはずだ。DSM以外の文献も数多く出版されているが，これらはいずれもDSMのオリジナルの定義の解釈にすぎない。そこで，DCDがDSMに登場してから改訂を重ねて今日の定義に至るまでの変遷を述べることにする。

　表1-1はDCDが1987年にDSM-III-R（アメリカ精神医学会，1988）に初登場して以来，どのようにDSM-IV（アメリカ精神医学会，1996）を経てDSM-5（アメリカ精神医学会，2014）へと変遷してきたかを示すために，日本語訳をそのまま記載した。大まかに見ると，診断基準Aと診断基準Bの根幹は3版ともほぼ同じ内容である。診断基準Aは協調運動の発達が年齢不相応に遅れていることであり，診断基準Bでは，運動発達の遅れのせいで日常生活や学業に支障をきたしている（interfere）ことである。DSMの原版ではこのinterfereという単語はそのまま使われているが，日本訳は「障害している」から「妨げている」に変わった。Disorderを「障害」でなく，「症」と訳そうとするDSM-5の意向の表れであろう。この点を含め，DSM-5における大幅な改訂については後述する。

　DSM-III-Rでは3つだった診断基準がDSM-IVとDSM-5では4つに増えた。4つ目の診断基準Dは，DSM-III-Rでは診断基準Aに入っていた「知的能力から期待される水準より著しく低い」という内容であり，DSM-IVでは診断基準Dに「精神遅滞に通常伴う運動の困難度以上」という表現に置き換えられて，独立した診断基準として採用された。DSM-5では，知的能力障害（知的発達症）は，他の除外診断項目と一緒に診断基準Dに残っている。表現は「知的能力から期待される水準」「精神遅滞に通常伴う運動の困難度以上」「知的能力障害（知的発達症）や視力障害によってはうまく説明されず」と変遷してきたが，これが何を意味するかについては，混乱と議論をもたらしてきた。

　知的能力障害に伴う運動の困難度を見定めようとすると，知的能力（知能）がどのくらいのとき運動能力（運動能）がどのくらいであるべきかが

表1-1 DSM における DCD の診断基準の変遷

DSM-III-R 精神障害の分類と診断の手引 第3改訂版
運動能力障害

発達性協調運動障害の診断基準	315.40

A. 協調運動を必要とするような日常の活動における動作が，患者の暦年齢および知的能力から期待される水準より著しく低い。このことは，運動の発達指標（歩く，這う，座る）を達成することでの著しい遅れ，物を落とす，"不器用さ"，スポーツが下手，または書字が下手，などとして現れる。
B. A における障害は，学業成績または日常生活の活動を明らかに障害している。
C. 脳性麻痺，片麻痺，または筋ジストロフィーのような，既知の身体的な障害に起因しない。

〈出典〉高橋・花田・藤縄（訳）：DSM-III-R精神障害の分類と診断の手引 第2版．p.53，医学書院，1988 より

DSM-IV 精神疾患の診断・統計マニュアル第4版

発達性協調運動障害の診断基準	315.4

A. 協調運動を必要とするような日常の活動における動作が，患者の暦年齢および知的能力から期待される水準より著しく低い。このことは，運動の発達指標（歩く，這う，座る）を達成することでの著しい遅れ，物を落とす，"不器用さ"，スポーツが下手，または書字が下手，などとして現れる。
B. A における障害は，学業成績または日常生活の活動を明らかに障害している。
C. 脳性麻痺，片麻痺，または筋ジストロフィーのような，一般身体疾患に起因しない。
D. 精神遅滞を呈する場合，精神遅滞に通常伴う運動の困難度以上である。

（アンダーラインは筆者による）

〈出典〉高橋・大野・染矢（訳）：DSM-IV精神疾患の診断・統計マニュアル．p.72，医学書院，1996 より

DSM-5 精神疾患の診断・統計マニュアル第5版

運動症群/運動障害群
発達性協調運動症／発達性協調運動障害

診断基準	315.4（F82）

A. 協調運動技能の獲得や遂行が，その人の生活年齢や技能の学習および使用の機会に応じて期待されるものよりも明らかに劣っている．その困難さは，不器用（例：物を落とす，または物にぶつかる），運動技能（例：物を掴む，はさみや刃物を使う，書字，自転車に乗る，スポーツに参加する）の遂行における遅さと不正確さによって明らかになる．
B. 診断基準A における運動技能の欠如は，生活年齢にふさわしい日常生活活動(例：自己管理，自己保全)を著明および持続的に妨げており，学業または学校での生産性，就労前および就労後の活動，余暇，および遊びに影響を与えている．
C. この症状の始まりは発達段階早期である．
D. この運動技能の欠如は，知的能力障害（知的発達症）や視力障害によってはうまく説明されず，運動に影響を与える神経疾患（例：脳性麻痺，筋ジストロフィー，変性疾患）によるものではない．

（アンダーラインは筆者による）

〈出典〉日本精神神経学会（日本語版用語監修），高橋・大野監訳：DSM-5精神疾患の診断・統計マニュアル．p.73，医学書院，2014 より

明らかにされなければならない。だが筆者の知る限り，そのような両方の能力がどのように対応すべきかを定義したものは存在しない。そこで仮に，知能と運動能がそれぞれの標準検査上で同じであるべきだとしよう。すると，知的障害の境界線とされる知能指数（IQ）70 に対応する運動指数（MQ）でも 70 となり，約 2 パーセンタイルに対応する。このように，たとえ知的障害の境界線であっても，知的障害に伴う運動の困難度以上を定めようとすると，運動指数70未満，2 パーセンタイル未満ということになる。知能検査でも，運動能検査でも，0～2 パーセンタイルの間でどちらがどれだけかけ離れているかを確定するのはほぼ困難であり，確定したとしても誤差の範囲内であり意味がない。こうした問題を回避するために，臨床家や研究者の中には，知的障害に伴う子どもは，DCD の診断から除外してしまう者もいる。

　DSM-5 の診断基準では，運動技能の欠如が知的能力障害（知的発達症）によってはうまく説明されないと言葉遣いが変更されているが，診断基準の解説を読み進めると，精神年齢から期待される以上の困難度という従来の記述がそのまま残されている。ただし，IQ のカットオフは特定しないと明言している。

　DSM-5 における DCD の診断基準の解説のはじめに，診断は臨床的な総合判断によって下されるべきであると書かれているので，知能や運動能の標準検査の得点を比べるよりも，主治医の判断に任せるべきなのであろう。杉山（1999）は「軽度精神遅滞を伴った協調運動障害の症例」の中で，知的能力障害に伴う運動の困難度以上であることを判断した根拠を説明している。

　　この症例は，多動を伴った軽度精神遅滞であるが，著しい微細運動の稚拙さがみられ，知的障害を考慮に入れてもなお，それ以上に協調運動の障害と学習の極端な遅れを併せ持つ。感じは画像診断でも軽度の異常所見がみられており，微細運動に関する先天性の中枢性の障害を持つことは疑いない。特に，目と手の協調運動が著しく苦手である。これに遠視というハンディキャップがどの程度関与しているか定かでないが，遠視の影響は否定できないものの，それだけでこれ程の不器用さを説明で

きず，やはり中枢性の協調運動障害と考えられる。(p.183)

　当時の用語で精神遅滞と協調運動の障害の関係を明快に説明しているだけでなく，先見の明をもってDSM-5になって初めて明記された視覚障害の除外診断項目にまでも言及している。知的能力障害が関わるDCDの診断を考慮する際に，是非，参考にして欲しい症例記述である。
　さて，DSM-IVのAの一部にすぎなかった発達初期段階における発症という項目がDSM-5の診断基準Cでは，独立した4つの診断基準の1つになった。ここで発達初期段階におけるDCD発症の重要性が増すことになる。診断の上で直面する現実問題として，かつてアスペルガー障害の診断の際，発達初期段階に言語発達が正常であったことの証拠を求められたのと同様に，発達初期段階において運動発達に遅れがあったことを証明できないと，DCDの診断をつけたり，研究の被験者に加えたりできなくなる可能性がある。

(1)　重要な診断と治療方針を示す「はじめに」と「本書の使用法」

　DSM-IV（1994/1996）とDSM-5（2013/2014）との間には，DSM-IV-TR（2000/2003）が出版されている。DCDの診断基準の記述はDSM-IVのままであるが，DCDの診断と介入方針に深く関連するのは，両書の「はじめに」にある記述である。DSM-IVとDSM-IV-TRからDSM-5への大きな診断と介入方針に関する変化を表1-2にまとめた。
　DSM-IVとDSM-IV-TRでは，診断基準をすべて満たしていなくても，臨床的判断によって診断を与えることができるとしている。DCDの診断において具体的に検討してみよう。例えば，診断基準Aの運動発達が年齢相応でないことを発達性運動標準検査で実証できないケースがあるとしよう。それでも，協調運動の障害が，学業成績や日常生活の活動を明らかに妨げていれば，主治医の判断によってDCDの診断を与えることができると解釈できる。宮原とウェイファー（Miyahara & Wafer, 2004）は，症例研究のなかで発達性運動標準検査の結果が15パーセンタイル以上の症例を研究の対象者に加えたことを次のように説明している。

表1-2　DSM-IV-TRからDSM-5にかけて変化した診断と治療方針

DSM-IV-TR（2000） 「はじめに」の章 「臨床的判断の活用」の節 （英語原版　p. xxxii）	DSM-5（2013） 「本書の使用法」の章 「臨床症例の定式化の方法」の節 （日本語版　p.19）
・研修を受けていない人は，DSM-IVを機械的に用いてはならない． ・各診断基準は指針として用いられるが，それは臨床的判断によって生かされるもの． ・料理の本のように使われるためのものではない． ・臨床像が診断のための基準すべてを満たすにはわずかに不足している場合，現存する症状が持続性で重症である限り，**臨床判断を活用することによって，その患者に1つの診断を与えることができる．**	・診断基準にあげられている症状を単純に照合するだけでは，精神疾患の診断をするためには十分ではない． ・各患者にこれらの基準を適用して該当するかどうかを系統的に照合することにより信頼性のある診断評価が得られる． ・相対的重症度や各基準との結び付きの強さ，およびそれらの診断への寄与については臨床判断が必要となる． 「精神障害の定義」の節 （英語原版　p.20） ・診断と治療は必ずしも一致しない． ・治療の決断には，複雑な臨床的判断が伴う． ・臨床像が診断のための基準すべてを満たさなくても，治療やケアが必要であれば実施するべきである．

　標準検査では，特定の身の回りの世話をする能力を測定できないことが多い（Henderson & Barnett, 1998）ので，臨床家に対して診断基準Aに関する十分な情報を与えられるとは限らない。DSM-IV-TRでは，機械的に診断基準をあてはめるのでなく，臨床判断に委ねることを推奨している。たとえ診断基準をすべて満たしていなくても，症状が持続し重篤である場合は，診断をつけることが正当化される。言い換えれば，診断基準Aを満たしていなくても，DCDの診断をしてもよいことになる。

　こうした方針はDSM-5で改訂される。DSM-IVやDSM-IV-TRと同じく臨床的判断の重要性は強調してはいるものの，DSM-5の「本書の使用法」という章では，診断基準を満たさなくても診断を与えてよいとは明言して

いない。しかし，治療やケアが必要であればそれらの処方の必要があることを説いている。行間を読み取ると，診断基準を満たさないと診断しないほうがよいが，診断名を与えなくても，必要な介入や支援を受けられるように手配するべきであると解釈できる。しかし，診断なしで療育や支援を得られるかどうかという課題は残されたままである。

さらにDSM-5の第2章の「本書の使用法」の第1節（p.19）には，「臨床症例の定式化の方法」という新しく付け加えられたアプローチが説明してある。症例の定式化（case formulation）は，「定式化」という字面から誤解を招きやすいせいか，ケースフォーミュレーションとそのままカタカナ表記することが多く，本章でもカタカナ表記を用いることにする。DSM-5によると，ケースフォーミュレーションには「詳細な臨床病歴と，その精神疾患の発症に寄与したかもしれない社会的，心理的，生物学的な要因に関する簡潔な要約」をすることが含まれ，最終目標は「文化的，社会的背景に基づいた包括的な治療計画を立てるために，入手可能な背景となる診断的情報を使用すること」であるという。

児童と思春期に特化したケースフォーミュレーションの専門書による定義によると，ケースフォーミュレーションとは，問題行動に寄与する要因についての仮説を立て，複雑で時には矛盾する情報を整理し，介入方針をたてること（Manassis, 2014）である。日本で昔から使われている言葉に言い換えれば，診断，予後，治療について専門家が述べる一見をひっくるめて呼ぶ「見立て」（土居, 1977）に相当するだろう。ケースフォーミュレーションでは，どんな理論モデルを採用することも，個別の見立てをすることも可能（Persons, 1991）なので，誰でも同じように扱うと解釈されがちな定式化という訳語が誤解を招くわけである。

DCDの介入にケースフォーミュレーションの枠組みを利用して実践した記録は筆者が実施した一連の症例研究以外に見当たらない。宮原（2014）は，これらの症例を要約し，認知行動理論をケースフォーミュレーションの枠組みとした方法を解説した。さらに宮原（2017）では，医療や教育の専門家だけでなく，家族にもケースフォーミュレーションの枠組みを活用して家庭で介入できるように書き込み形式のワークブックも付録としてある。これを活用すれば，DSM-5のケースフォーミュレーションの方針に沿っ

た介入が可能となる。

(2) DSMが改訂されても一貫して変更されていない方針

　DSMにおけるDCDの定義は，概念的定義であり，操作的定義ではない。概念的定義と操作的定義の違いを説明するために，3回の改訂を通じて一貫している診断基準Aの「協調運動技能が暦年齢から期待される水準より明らかに劣っている」という内容を検討してみよう。この基準を満たすかどうかを判断するには，暦年齢から期待される水準，および，その水準から明らかに劣っている現状という運動発達の2段階のレベルを想定している。この2段階のそれぞれのレベルと，両者の乖離をいかに決定する方法は明らかにされていない。筆者ら（Miyahara & Möbs, 1995）は，ICD-10の研究のための診断基準（Diagnostic Criteria for Research, ICD-10: DCR-10, WHO, 1994）では発達性標準検査の結果，2パーセンタイル未満という操作的定義を用いていることを指摘した。そして，概念的定義のDSM-IVと比較して，筆者ら（Miyahara & Möbs, 1995）は，ICD-10は集団基準準拠（norm-referenced）に則し，DSM-IVは目標基準準拠（criterion referenced）に則していると解釈している。

　2018年に改訂されたICD-11では，診断名が発達性協調運動障害（Developmental Motor Coordination Disorder）となったが，実際にはDSMと同じ発達性協調運動障害，あるいは発達性協調運動症と訳されている。診断基準もDSM-5と一致するようになった。ICD-11の研究のための診断基準（Diagnostic Criteria for Research, ICD-11: DCR-11）は出版されていないので，今後ICDもDSMと同様に目標基準に準拠するのかもしない。

　DSMの目標基準準拠に即した方針については，DCDの登場したDSM-III-Rから変更はなく，診断基準Aを満たすために，標準化された発達性運動検査を実施するか否か，実施した場合，検査結果をどのように解釈するかは，DSMには明示されてこなかったのである。

(3) DSM-5 の特徴

　本節の冒頭で DSM-5 では大幅な改訂が行われたと述べたが，そのうち DCD に最も深く関連する方針は，生涯発達の視点を導入したことである。生涯発達の視点は，診断基準 A と診断基準 B に色濃く反映されている。診断基準 A では，これまで明らかにされていなかった「運動技能の学習および使用の機会」があってもという条件が明記されている。さらにこれまで「スポーツが下手」という上手か下手かという視点から運動技能の遂行度を問題としていた。これに対し，DSM-5 では，生涯スポーツの観点に変わり，一生涯，健康に身体活動を続けていく上で重要な「スポーツに参加する」という大局的な目的からみて運動技能の遂行度を問題とするように変わった。あえていえば，たとえスポーツや運動が下手でも，続けていくことができれば，スポーツ参加に関しては障害されていないことになる。

　DSM-5 の診断基準 B では，これまでの着衣や摂食といった基本的な日常生活活動に加え，学校でのハサミや定規の使用，さらにチームに属して集団で行う運動に参加できるかといった内容にまで踏み込んでいる。また，生涯発達の観点から，学校卒業後，社会やコミュニティへ持続的に参加してゆけるかが問われている。

　大幅な改訂が行われた DSM-5 の診断基準 A と診断基準 B を満たすか判断するには，研究者が従来実施してきた発達性運動検査や質問紙のチェックリストの結果だけでは不十分になった。例えば，診断基準 A を満たすために検査した運動技能を学習したり，練習したりする機会があったかどうかを考慮しなければならない。また，診断基準 B を満たすかどうかの判断は，既成の質問紙のチェックリストだけでなく，実生活の中で，個人差の広い自己管理や自己保全が行き届いているかどうかを，本人と周囲の人々から確認しなければならない。

　発達性運動検査は，運動課題の遂行の速度と正確さを年齢標準と比べて測定できるという利点があるが，運動発達のごく限られた一面しか評価できない。同様に，質問紙のチェックリストだけでは，個人の置かれた学校文化，地域文化，職業文化の脈絡の中で，運動技能が適切に遂行されているかどうかを確認できない。そこで，検査結果や質問紙のチェックリスト

に頼るのではなく，生育歴の聴取などによって運動技能を学習したり，練習したりする機会があったかどうかを確かめ，総合的に診断基準Aを満たすかどうかを決定することが必要になったのである。

DSM-5に生涯発達の観点を導入したことで，児童・思春期だけでなく，青年期や成人期に至るまでDCDの発見と診断と支援が必要となった。ただし，DSM-5に明記されたからといって，すぐにこれらが実現するわけではなく，これからの課題として考えられることがほとんどである。そこで次の節では，DSMという文献上の変遷でなく，現場の変遷に光を当てる。

3. 国内外のDCDにまつわる潮流

DSMという史料にもとづいてDCDの変遷を議論したところで，客観性はあっても事実性はない。つまり，DSMに記載された文字上の変遷が，現実に遵守されて診断や治療方針が変遷したとは限らないのである。例えば，DCDの診断基準が1987年から存在していても，すぐに診断基準に基づいてDCDの診断がつけられるようになったのだろうか。さらに，診断に基づいてDCDのある子の療育や支援が実施されたのだろうか。こうした現場の事実を確認するのは容易ではない。ここで筆者にできることは，自分のいた周辺の現場で見聞きした内容を思い出したり，文献に当たったり，インターネット検索をすることくらいに限られている。このうち文献の多くは，DCDの解説文であったり，研究論文であることが多い。こうした制約下で，いつから不器用や発達性失行といった呼び名からDCDへと移行したのか，それともまだ移行していないのかという問いに答えてゆく。

(1) DCDの誕生前後

DCDという新しい用語が登場する前には，不器用な子（clumsy child），発達性失行（developmental dyspraxia），あるいは微細脳障害症候群（minimum brain dysfunction）における運動障害（motor disorder）と呼ばれていた（詳しくは宮原，1999参照）。こうした用語の代わりに，DCD

という用語がいつごろ，誰によって，どのような目的のために使われ始めたのかを検討する。

(2) DCD を使い始めたのは臨床・療育研究者

　1987年に出版されたDSM-III-RにDCDの定義と診断基準が発表され，DSM-III-Rの日本語訳が翌年1988年に出版されたが，DCDの用語はいつから実際に使用されるようになったのだろうか。この疑問に答えるために，まず当時の専門家が不器用（clumsy）と呼んでいた子どもたちについて論じた文献に当たり，DSMの知見がいつからどのように取り上げられたかを調べることによって，DCDという用語が誰にどのように使われたかを推測してみる。

　国際専門雑誌でDCDの名のつく研究論文の第一報はDSM-III-Rが出版されてから5年後の1992年に，ヘンダーソン夫妻ら（Henderson & Henderson, 1992）が行ったDCD児と対照児の反応時間と運動時間を比較した研究である。この論文の冒頭は，DSM-III-Rを引用しつつ「学童期の10パーセントに及ぶ子どもがDCDのために苦労している」と述べ，自ら行った不器用な子どもの研究を織り込んで引用しながら知的障害や既知の身体的な障害に起因しないという診断基準AとCの一部を裏付けている。DSM-III-Rでは6パーセントという発症率が記載されているので，なぜ10パーセントとしたかは明らかでない。実際の研究に参加した被験者の選択方法は，第一段階として，小学校の先生に明らかな障害のない児童のうち，協調運動に困難を示す子ども35名を選んでもらう。明記されていないが，これで診断基準Bを満たすと考えたのだろう。その子たちにムーブメントＡＢＣの先駆け版である運動障害検査（Test of Motor Impairment）（Stott, Moyes & Henderson, 1984）を実施して5パーセンタイル以下の子ども24名を被験者とした。こうした2段階によるDCDの被験者を選出する方法は，今日に至っても多くのDCD研究者によって用いられている。

　一方日本では，その2年後の1994年，精神科，作業療法学科，精神保健センターに所属する山本ら（1994）が報告したものがあり，発達障害児をDCD（発達性協調運動障害）と診断している。DSM-III-Rの英語原版

を引用し，IQ が 82 で精神遅滞のない「本児の協調運動は期待される発達レベルより著しく低く，学業成績や日常の活動を著しく妨げる」というように，3 つの診断基準を満たしていることを示している（山本ら，1994, p.31）。この症例報告からは，精神科，作業療法学科，精神保健センターなどに勤務する職種を超えた専門家の間で DCD の診断名が共有されていたことがうかがえる。

　翌年，日本の教育分野では，七木田と七木田（1995）が幼児の微細運動の不器用さを研究論文で議論する中で DSM-III-R の英語原版を引用しながら DCD を「発達性協応不全」と訳して紹介している。発達性運動検査の結果から -1.5SD を「不器用な傾向のある子ども」と呼んだが，DCD という用語は用いていない。この論文の興味深い点は，体育学で coordination（例えば Cratty, 1972）を「協応」と訳した伝統を継承していることである。日本の医学分野では coordination を「協調」と訳してきた（例えば岩瀬，1969）ので，それを踏襲して日本語版の DSM-III-R でも発達性協調運動障害と訳したと思われる。しかし，教育界の研究者たちが，医学分野の専門誌の小児保健研究に投稿した論文で体育学の用語である「協応」という用語を用いても，論文の査読者も，小児保健研究の編集者も，日本語版の DSM-III-R で発達性協調運動障害と訳されていることに気づいていなかったようである。これは，1995 年当時の日本で「発達性協調運動障害」という用語が専門家の間でさえ定着していなかった事実を示していると考えられる。

　同年，当時ヨーロッパで研究していた筆者（宮原，1995）が雑誌「体育科教育」に「不器用な子について」と題して書いた記事の一部を引用する。

　　国際障害者年が指摘する社会的差別の問題とも関連して，最近，欧米の医学や教育の専門雑誌では「不器用な子」症候群という呼称を努めて避け，その代わりにアメリカ精神科協会や世界保健機構（WHO）の定義に従い「発達性協調運動障害」とか「運動機能の特異的発達障害」という用語を用いるようになってきた。しかし，こうした日本語訳は日常用語として馴染みにくく，教育の場に定着するまでには時間がかかると考えられるので，ここではあえて従来通りの「不器用な子」という呼び

方をする。(宮原, 1995, p.61)

　当時，発達性協調運動障害という用語が定着するまでに時間がかかると予測はしていたが，それから20年以上たっても定着していないとは想像していなかった。なぜなら，日本でもLDはすでに浸透し始め，ADHDも人口に膾炙し始めていたからだ。

　ちなみに，この1995年には，カナダのオンタリオ州ロンドン市では，「子どもの不器用さ：名を探し求める障害」という国際コンセンサス会議が開催され，専門家の間でDCDという用語を使用するという合意に至っている（Polatajko, Fox & Missiuna, 1995）。さらに第1回および第2回の国際DCD学会がそれぞれイギリスの首都ロンドンとリーズ市で開催された。また，国際専門誌にDCDに関する初めてのレビュー論文が2報（Dewey, 1995; Miyahara & Möbs, 1995）発表されている。コンセンサス会議での合意と国際学会の発足とレビュー論文の発表によって，DCDという用語が国際的に広く行き渡るようになると楽観的に専門家の間では信じられていたと筆者は記憶している。

(3) 依然と使用され続ける不器用と失行，そしてDCDの将来

　たとえ世界の専門家がDCDという用語を使って論文を発表し，用語を推し進めようとするコンセンサスに達し，学会を主催しても，世界の多くの国で，当事者の子どもの周辺や，身近な保護者や教員の間では，不器用，あるいは不器用な子で通っている。

　では，DCD研究だけが行われている国ではなく，DCDという診断に対する療育や支援や教育体制が比較的整っている国々ではどうだろうか。イギリスの場合，不器用という呼ばれ方はしなくなったが，保護者による支援団体が「失行」（dyspraxia：ディスプラクシア）という用語を用いるために，教育現場だけでなく，医療関係者の中にもDCDではなく失行という用語を用いる人々が急速に増えている（Miyahara & Baxter, 2011）。

　この傾向は筆者の過去20年間過ごしてきた英連邦のニュージーランドでも同じである。一時期，小児科医や児童精神科医たちが紹介状に不器用で

はなく，DCDと記載するようになった。しかし，そうした馴染みの小児科医や児童精神科医たちが定年退職し，入れ替わった新米の小児科医や児童精神科医たちは，「我々は子どもや保護者の味方。彼らが失行という用語を好むのなら，そう呼ぶ」と言って，紹介状には失行という診断名を記載することが多い。

　このように市井では，現在でも不器用という形容は依然として世界中で通用している。つまり，以前から使われてきた用語がDCDという用語に完全に置き換えられたわけではなく，併存しているのである。今後，日本および海外でDCDという用語や，以前から用いられている不器用や失行といった用語がどのように普及し，DCDのある子どもや青年や成人がどのように扱われていくかは予想もつかない。ただしこれからは，今までのように臨床家や研究者が主流になるのではなく，すでに臨床ガイドライン作成の際に義務づけられているように，DCDをもつ当事者や，周辺的当事者である保護者や教師を巻き込んで話し合い，協力しながら共通用語や診断や介入の方向性を打ち出してゆくべきだと思われる。

(4)　DCDのある子どもへの介入効果に対する研究はどのように進んできたか

　(1)では，DSM-5の中で「臨床症例の定式化の方法」を用いた治療計画を立てることが勧められているのにもかかわらず，この方法に基づいた介入実践は症例研究以外に見当たらないことを述べた。では，どのような介入が実施され，その効果についてどのような研究がなされているのだろうか。

　介入の最も基本的な研究方法は症例研究である。しかしながら症例研究では，バイアスや偶然といった要因のために，同じ介入をしても他のDCD児に同様な効果が得られなかったり，何人のDCD児が介入を受けたら，何人に効果があるかという奏効率が明らかにできない。さらに，マッチングした対照群がないと，介入しない場合と比べたり，別の介入法と比べてどれだけの効果が上回っているかを示したりすることができない。

　そこで主流となっている介入研究法は，DCD児の集団を対象に介入効果を調べる研究である。集団介入研究の研究デザインには，大きく分けて，

①介入の前後で運動能力がどれだけ向上したかを調べる群内比較と，②対照群と比べて，特定の介入群のほうがどれだけ効果が上がったかを調べる群間比較の2種類がある。2番目の群間比較デザインを非常に厳密に行った研究をランダム化比較試験と呼び，エビデンスに基づいた医療における信頼性の高いエビデンス（根拠）だとされている。

そしてシステマティックレビューという文献探索と評価によって，複数のランダム化比較試験およびこれに準じる介入研究を見つけて統合するメタ分析という二次的な統計的処理を行うことで，非常に信頼性の高いエビデンスが得られるというのが現在の主流である。

さらにシステマティックレビューとメタ分析が適切に実施されたかをチェックして，エビデンスの質を吟味する3次的なメタレビューあるいはアンブレラ（umbrella）レビューと呼ばれる研究法がある。傘の下に二次的なシステマティックレビューとメタ分析，そのまた下に一次的なオリジナルの介入研究があるからこう呼ばれる。

DCDの介入研究を概観するには，最後に説明したメタレビューを紹介すると分かりやすいだろう。Miyaharaら（Miyahara, Lagisz, Nakagawa, & Henderson, 2016）は，1996年から2012年の17年間に発表された4報のシステマティックレビューとメタ分析（Miyahara, 1996; Pless & Carlsson 2000; Hillier, 2007; Smits-Engelsman et al. 2013）を精査した（図1-1）。こ

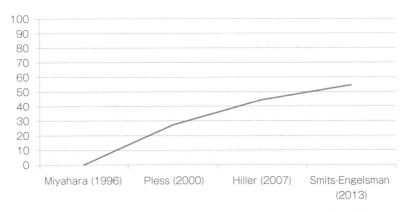

図1-1　1996年から2012年までのエビデンスの質（AMSTAR％得点）の変化

の4報では50報の一次的な介入研究が組み込まれていた。この4報のエビデンスの質は，発表された順に，低，低，中，中と判断された。これらの4報は，皆一様にDCDのある子の介入には効果があると謳っている。しかし，これは迷信であったことが最近明らかになった。

それは最近，筆者ら（Miyahara, Lagisz, Nakagawa, & Henderson, in press）が実施したメタレビューによって検証された（表1-3）。筆者らが2016年に発表したメタレビュー以降，2016年から2018年のたった3年間のうち，DCDの介入研究に関するシステマティックレビューとメタ分析の延べ数は3倍増し，新たに8報が発表された。ところがこの8報のうち，質が「高い」と判断されたのはMiyaharaら（2017）の1報のレビューだけで，比較的質の高かったLucasら（2016）とMiyaharaら（2017）2報のレビューはともに介入効果について「十分なエビデンスがないので評価できない」と結論している。それに対して，質が「極端に低い」と判断された残りの5報のレビューは，そろってDCDの介入には効果があると主張しており，レビューの質と結論との間には，偶然でない関連があるように思われる。

以上をまとめると，DCDのある子の介入研究に関しては，質の高い一次的な介入研究も，それを厳密に調べ，再分析したステマティックレビュー

表1-3　2016年から2018年までのエビデンスの質（AMSTAR-2）

システマティックレビューと メタ分析の筆頭著者名と発表年	エビデンスの質のカテゴリー （Shea et al., 2017）
Prestonら（2016）	極めて低い
Offorら（2016）	極めて低い
Sahaら（2016）	極めて低い
Lucasら（2016）	低い
Miyaharaら（2017）	高い
de Oliveiraら（2017）	極めて低い
Yuら（2018）	極めて低い
Smits-Engelsmanら（2018）	極めて低い

とメタ分析も，非常に数が少ない。そして，介入をすれば，しないよりも発達性運動検査の得点が向上する効果があるというエビデンスは存在しないのである。

　もちろん，こうした最新の科学的知見も将来，再度，覆されたり，まったく新しい有効な介入法が開発されるかもしれない。ただし現在，こうした知見を活かしてDCDのある当事者をとりまく親や臨床家にできることは，介入によって発達性運動検査の得点をさせようとするのではなく，DCDのある当事者の言葉や経験に耳を傾け，日常生活の不便さを解消し，家庭や学校や地域の活動に参加できるように支援を整えることであろう。

4．DCDの当事者や保護者の視点

(1) 当事者の言葉や経験を紹介し解釈する

　近年，成人した自閉症者が自分の生い立ちを，自伝的ライフストーリー（人生物語）として綴った本は，国内外で数多く出版されてきた。そのうち，アスペルガー症候群当事者と脳性まひ当事者（綾屋・熊谷, 2008）の共著『発達障害当事者研究——ゆっくりていねいにつながりたい』の中で，熊谷は「DSM（アメリカ精神医学会の診断マニュアル）などの操作的診断基準のような，表面に表れ出る徴候として定義されるアスペルガー症候群は，当事者の体験を反映していないか，もしくは極度に矮小化している。読んでいて悪意を感じるほどだ。」と酷評する。そして，当事者「固有の体験」や当事者の「ことばをていねいに咀嚼することから始めなくてはならない」という。

　DCDに関しては，国の内外にかかわらず，そうしたライフストーリーを取り扱った本は一冊も出版されておらず，DCDをもつ本人に直接インタビューした研究すら見当たらない。そこで本書を執筆している時点で見つかったDCDの当事者や保護者の言葉を拾った5つの文献を発表された年代順に紹介し，解釈を試みる。

　まず筆者が運営していたオタゴ大学体育学部運動発達クリニックの元ク

ライエントが書いた記事（Bowler, 2000）の一部を引用し，次に，小説や映画で有名な『ハリーポッター』の映画で主役を務めるダニエル・ラドクリフの伝記（Blackhall, 2014）の中から，運動に対する経験を述べた箇所を紹介する。さらに，カナダとスコットランドで実施されたDCDの子どもをもつ保護者を対象に実施されたインタビュー研究（Missiuna ら, 2006; Stephenson & Chesson, 2008）の中で紹介された引用文の一部を抜粋する。最後に，笹森（2016）による自分自身が発達してゆく上で直面した出来事とその際の心情に関する自伝的記述を解説する。

(2) 親子２代

ライフストーリーの例として，ニュージーランドのオタゴ大学体育学部運動発達クリニックの元クライエントがクリニックの第50周年記念文集（Miyahara, 2000）に寄稿した記事の内容を抜粋し，筆者が翻訳したものを紹介する。

> 1969年，10歳のときに体育学部に通いました。体育学部では，肋木（ろくぼく）と呼ばれる壁づたいのはしごや，トランポリンや，お手玉投げや，平均台の上を歩くなど，いろいろな運動を学びました。特に肋木が難しかったです。でも，バスケットは楽しかったのを覚えています。担当の二人の学生は，私が自転車に乗れるように一生懸命教えてくれたのですが，乗れるようになれませんでした。実は，私は今でも自転車に乗ることができませんし，もう乗れるようになりたいとは思いません！

> あれが30年前のことだったなんて信じられないくらいです。そして今，私の6歳の息子も体育学部に来て，30年前，私がしたような運動や，もっとバラエティに富んだ運動を練習しています。30年前に体育学部で運動しながら私が自信を持ったように，息子も運動しながら自信をつけています。

この記述の中では，10歳児の当事者だったときの思い出と，30年後，本

人と同様に息子が運動の個別教育を受けている様子と重ねて語っている。母親本人に関しては，10歳当時，努力の甲斐もなく自転車に乗れるようにならず，現在は，乗りたいとも思わないと断言する。自転車に乗るという運動課題は，努力しても達成できない人が存在し，たとえ乗れるようにならなくても，他の運動課題が上達することによって自信をつけることが可能であることを実体験というエビデンスをもって示している。この母親が子どもだったのは DSM-III-R に DCD が登場する前なので，当然のことながら DCD の診断は受けておらず，DSM-IV時代に子どもだった息子も正式な DCD の診断は受けていない。しかし，この当事者親子のライフストーリーは，どんな専門書や学術論文も及ばない実体験であり，具体的で理解しやすく，説得力があり，他の運動発達に問題のある子どもに，できない運動課題を強要しないほうが良い場合もあるという教訓を与えている。

(3) ハリーポッター

次にブラックホール（Blackhall, 2014）によるダニエル・ラドクリフの伝記の中で，協調運動の問題に触れた記述箇所を引用する。

> 7歳くらいのときに失行（dyspraxia）と診断された。本人の言葉を借りて説明すると「読字症（dyslexia）みたいなものだが，［読字ではなくて］動きの協調に問題がある。検査をすると，言語の問題はなかったが，運動技能が平均以下だった。」現在でも失行のためにフラストレーションがたまることがある。今だに上手に自転車に乗ったり，泳いだりすることができない。普通の靴だと紐がうまく結べないので，紐の結びやすい靴をはいている。（筆者訳，［筆者注］）

映画『ハリーポッター』の中ではアクションシーンが数多くあり，主人公は自転車どころか，魔法の箒に乗って映画のスクリーンいっぱい飛び回る。こうした様子を見る限りでは，とてもこの俳優が動きの協調の問題を抱えているとは思えない。しかし，彼の動きの問題は成人した現在も続いており，フラストレーションがたまると述べているように，動きの問題が

心理面にも影響を与え続けている。

診断に関していえば，DCD ではなく，失行という診断を受けている。英国連邦圏では，DSM を好まない医療関係者や，なんらかの形でDCD の診断基準を満たさない場合に失行という診断を受けることがある（Miyahara & Baxter, 2011）からだ。

伝記の中で語られているライフヒストリーは，当事者が運動のハンディを抱えながらも有名な映画俳優として活躍できる事実を伝え，読者に勇気と希望を与えてくれる。

(4) DCD をもつ子どもの保護者の視点

正式に DCD の診断を受けた本人の声を反映した記述は海外では見当たらないが，DCD をもつ子どもの家族を対象に実施されたインタビュー研究はカナダとスコットランドの研究者（Missiuna ら，2006; Stephenson & Chesson, 2008）による2報が確認できた。それぞれ，インタビューの内容を分析し，いくつかのテーマを確認している。ここでは，日本の読者に興味ぶかいと思われる診断を理解してもらう苦労，いじめ，DCD をもつ子の現状を紹介する。

カナダのミスィウナら（Missiuna et al., 2006）がインタビューした DCD がある子の親は，DCD のある子の問題が運動に限定されないことを語る。

　　正直言って，この子はこんなふうだから仕方ない。運動選手なんかになれなくってもいいってね。でもそうじゃないことがわかったの。人間関係よ。学校で一緒に組む相手を選ぶとき，選んでもらえないでしょ。

　　自転車に乗ったり，なわとびを飛んだりできるようになって欲しかったわ。そうじゃないと，近所の子と一緒に遊べないでしょ。特に夏になる前に自転車に乗れるようになって欲しかったの。だって，家の前に座って，他の子たちが自転車に乗って通り過ぎるのを見ているだけなんて悲しいじゃない（筆者訳）。

こうした口述は，DCDが運動だけの障害でなく，社会性障害と直結していることを如実に示している。さらにミスィウナら（2006）は，診断を受けた効用について次のように説明している。

　はっきり診断をつけてもらって本当に助かりました。検査をしてもらって「これが問題なのですよ」と言ってもらったほうがいい。問題が本当だってことでしょう。子どもや親が空想しているのではないのです。診断してもらうと，学校も真剣に取り組むようになるでしょう。

　多くの親は，子どもにレッテルを貼るのを恐れている。でもそうした親がわかっていないのは，レッテルや診断名があると，支援が間近になること。すぐにっていう訳じゃなくて，戦って支援を勝ち取る必要もあるかもしれないけど，何のために戦っているかが具体的になるの。

　たとえカナダのようにDCDの療育体制が比較的整っている国においてでさえ，DCDという医学的の診断を受けたとしても，学校における支援につながるわけではないようである。DCDという診断を盾に学校で支援を取り付けようとしても，DCDについて理解のない学校側は本気で取り合わないだけでなく，支援を求める親に対して懐疑的であるように親の目には映る。

　初めのうち学校は，問題を引き起こしたがっている，レッテルを貼りたがっているノイローゼ気味の母親としか見ていなかった。発達性協調運動なんて，学校中で誰も聞いたことがない。だからニセの診断名をでっちあげ，精神が病んでいるって思ってたのよね。

　医療関係者の間でさえDCDに対する理解が限られている現在の日本では，DCDの診断を受けられるようになるまで時間がかかると思われる。たとえDCDの診断が受けられるようになっても，それに応じた対応をするように学校や地域の間でもDCDに対する理解が広がらないと，せっかくの診断もDCDのある子どもの生活の質を向上させることにはつながら

ない。DCD先進国のカナダから日本への有益な教訓である。

　スコットランドでDCDと診断された子どもをもつ保護者にインタビュー研究を実施したステファンら（Stephenson et al., 2008）は，青年期に達した息子の現状を母親が次のように語ったことを紹介している。

　フラストレーションがたまりにたまって，怒りでいっぱいの若者になりました。誰に対しても怒っているんです。自分自身に対してさえも。大声でわめいて，私は息子と大声でわめき合っていました。でも，子どもと一緒に家族で精神科に行くことはしませんでした。家族全員を巻き込むので，それを避けるには口にしないほうがいいと考えるようになるじゃないですか。

　中学校に入ると，不器用さがよく目立つようになって，いじめられるようになりました。新しい友だちを作るのも難しかった。

　いつもいじめられていました。悪口を言われたり，いいように利用されたり。社交的な子なんですけれど，毎日，ほとんど一人で過ごさなければならなかったのです。

　今日，神経発達症候群の1つとされるDCDは，学童期だけでなく，思春期，青年期，成人期にも影響を及ぼす場合があることが知られている。しかし，学童期にDCDがある子がそうであるように，学童期以降のDCDの問題が，運動領域だけでなく，心理社会性の領域に及ぶ様子には個人差がある。この口述からは，量的なデータの平均値と標準偏差からでは得られない，一個人の全体像から，DCDに情緒的な問題が重なり，中学校では不器用さがいじめの原因として捉えられ，社会的に孤立しているライフヒストリーが母親によって構築されている。最後に，現在，世界中で唯一存在すると思われるDCDと診断された当事者自身によるライフヒストリーを紹介する。

(5) 当事者自身によるライフヒストリー

　笹森（2016）は自伝的ライフヒストリーの記述の中で，両親からの情報と自らの体験の記憶に基づいて，出生時から幼年期，学童期，青年期，そして結婚，出産，育児を経験した様子をライフストーリーとして語っている。DCDの正式な診断を受けたのは32歳になってからである。

　ここでは本人が回想している幼稚園の時期から高校までの経験を心情表現を中心に引用し，筆者のコメントと解釈を加える。

　　幼稚園に入園して，色々な経験をすることになるが，不器用さは，すでに私の心を苦しめていた。みんなでお遊戯をするが，その動きについていけない。特に先生が自分の正面でする手足の動きを真似ようとしても，左右が反対になったり，思うように身体が動かない。うまくいかなくて，イライラしたものである。

　　箸の扱いが下手なため，お弁当を食べる事に時間がかかり，いつも掃除が始まるまでや，母が迎えに来る頃まで終わらなかった。あまりに終わらないため，教室を追い出され，職員室で食べることがあり，それもイヤなことであった。

　学校に入学してからは，さまざまな学科で運動の問題が学業の達成に影響を及ぼす様子が描かれている。あらゆる科目で実技を網羅するのは，日本特有であると筆者には思われる。日本ほど体育で幅広く多様な運動やスポーツに触れる機会がある先進国は稀であろう。これがDCDのある者にとってはどうか。

　　体育の時間は苦痛で仕方がなかった。

　　運動会のかけっこで遅くても，誰にも迷惑はかけない。しかし，リレーとなると話しは別だ。チームプレーなので，一人遅いのがまじると，皆に迷惑がかかる。そこでまた，自分で自分がイヤになってしまった。

しかし，水泳では達成感を味わう喜びをこのように表現している。

　そうした泳げない日々がずっと続くなか，私が見た目，一応，泳いでいると認められたのは小学校6年生になる頃だった。当時，白い水泳帽に泳げたメートル数に応じた赤線と黒線が与えられたが，私はずっと真っ白なままだったので，最初の15メートルの赤線を一本もらったときの喜びはひとしおだったのを今も覚えている。

これは，本ライフヒストリーの中で，動きの達成感をポジティブに表現した唯一の記述であるだけに，DCDをもつ人々への貴重な示唆が含まれている。それは，スモールステップの原則にそって，目標に達するまでの過程を，一つひとつ達成可能な細切れにすることだ。そして，他人との比較でなく，自分自身の尺度で自分が向上していることを実感できたら，やればそれなりにできたという肯定的な人生体験として認識され，記憶され，人生の糧にさえなりうるのだ。

協調運動は，他の科目でも必要とされ，苦労した様子をこう語る。

　困ったのは体育だけではない。図工という科目や音楽という科目も私の天敵だった。

　そして音楽の時間は，特に楽器を扱う事に困難があって，リコーダーなどは本当に困った。

　これも個人プレーの間はまだいい。グループ活動で，グループの成績で評価される時間は地獄だった。（中略）同級生は私をしごいた。半ば，いじめに近いしごきで，本当に辛かった。必死の思いで練習したのを覚えている。二度とあんな思いはしたくないと大人になってからでも思ってしまう。

他に困った事として，家庭科が挙げられる。特に裁縫や料理の課題は困難が多かった。

調理実習の時間も困難があった。キュウリを輪切りにするのが課題だったが，あまりに手元がおぼつかないので，途中で先生に「もうやめて!!」と怖がってストップをかけられた。もちろん評価は最低だった。何をやってもうまくいかなかった。

学校のさまざまな教科で動きを必要とする課題があると，個人的に苦労するだけでなく，グループ課題となると他のメンバーに迷惑がかかる。グループメンバーからのプレッシャーと，メンバーへの気づかいに，青息吐息の思いをした様子がうかがえる。こうした状況を打開するには，教員がグループ課題を評価する基準を転換しなければならない。グループ課題の達成度だけを評価するのではなく，メンバー間で助け合い，協力する様子や，各メンバーの長所や弱点をいかにみんなで補いあうかという評価基準があってもいいのではないだろうか。

こうした洞察は，DCDで苦労している本人を直接観察したり，当事者の話を聞くことによって刺激され，浮かぶアイデアである。最後に，周辺的当事者の長期的な観察から得られる洞察の例を紹介する。

(6) 当事者や周辺的当事者のライフストーリーとライフヒストリーの重要性

DCDの当事者や当事者をとりまく人々の目や経験を通した気づきや洞察の中には，彼ら彼女らに頻繁に接している臨床家や研究者でも，なかなか気づかないことが多い。筆者は本章の執筆中，10年程前に運動発達クリニックに通っていた子どもの親に偶然出会った。息子さんはどうしているかと尋ねたら，「不器用な部分は当時のまま変わらなくて，そのことを言われるのが嫌みたい。それでも，あの頃クリニックに通ったお蔭で自信がつき，運動にチャレンジするようになりました。でも，ラグビーみたいなスポーツだと，補欠にしかなれず，なかなかプレーする機会がない。そこ

で選手交代を早く頻繁に行い，チーム全員が参加するバスケットボールを下手なりに楽しんでやっているわ。」と近況を話してくれた。

　ラグビーやサッカーの試合でベンチを温めているだけなのが嫌で，やめてしまう中高校生の話をよく聞く。しかし，ラグビーやサッカーに比べて必要とされる運動能力のハードルがより高いと思われるバスケットボールにそんな長所があったことは，恥ずかしながら筆者にとって新鮮な発見であった。このような視点は，20年間，運動発達クリニックで何百人という子どもを見てきた自分には得られなかった洞察であり，この子の運動特性や運動への興味や動機を10年間見守ってきたこの母親でこそ得られた洞察である。

　塚田（2008）は，ライフストーリーの3つの特徴として，話をしている時点における現在性，語り手の主体性，そして語り手の体験している現場性をあげている。この母親の語りの場合，筆者と運動発達クリニックで関わってから10年後という現在性，息子の能力や動機がバスケットボールというスポーツにフィットするという母親の主体から意味づけしたコンテクストの構造化，そして，毎日，息子と関わるという相互作用から子どもの運動参加へのあり方を形づける現場性を実感することができた。

5. あとがき

　ここまで本章では，読者の読む気を削がないように，歴史学的もしくは社会学的な専門用語を用いずに，DCDにまつわる歴史を3つの異なる視点から複眼的に見ようと試みた。こうすることによって，それぞれの視点とその背景にある歴史学の手法を具体的なDCDにまつわる歴史の記述に適用したのである。実際に導入した視点の背後にある理論を紹介すると，客観的な真実を追求する再構築主義，歴史の流れを抽象化し，特定の流れに還元しようとする構築主義，そして誰が誰のために歴史を語っているのかという力の上下関係を反省し，あえてDCDをもつ本人のなかにあるものとして歴史を捉えようとする脱構築主義である。

　本章では，主にDCDの診断とDCDを当事者や周辺的当事者がどのよ

うに経験してきたかに焦点を絞った。DCDの検査に関する歴史や介入の功罪については，他書（宮原，1999，2017）に当たっていただきたい。

　本章の読者がDCDをとりまく役割のうち，どの役割を担う人であれ，歴史を捉える際の多様な視点の存在を認識することによって，読者の一人ひとりがDCDにかかわる際に，自分以外の複数の視点とそれらの背後に様々な思惑があることを実感していただければ，本章の目的を果たせたことになる。そして，こうした実感がDCDをもつ子どもや大人の生活になんらかの形で役立てば幸いである。

謝辞

　本書の執筆に当たり，歴史学的考察について，武庫川女子大学教育研究所の田中佑弥氏から有益なコメントを得た。心より感謝の意を表する。

文献

アメリカ精神医学会（編）高橋三郎・花田耕一・藤縄昭（訳）（1988）．DSM-III-R精神障害の分類と診断の手引　医学書院

アメリカ精神医学会（編）高橋三郎・大野裕・染矢俊幸（訳）（1996）．DSM-IV精神疾患の診断・統計マニュアル　医学書院

アメリカ精神医学会（編）高橋三郎・大野裕・染矢俊幸（訳）（2003）．新訂版DSM-IV-TR精神疾患の分類と診断の手引　医学書院

アメリカ精神医学会　日本精神神経学会日本語版用語（監修）髙橋三郎・大野裕（監訳）染矢俊幸・神庭重信・尾崎紀夫・三村將・村井俊哉（訳）（2014）．DSM-5 精神疾患の診断・統計マニュアル　医学書院

綾屋紗月・熊谷晋一郎（2008）．発達障害当事者研究――ゆっくりていねいにつながりたい――　医学書院

Blackhall, S.（2014）．*Danel Radcliffe: The biography*. London: John Blake books.

Bowler, L.（2000）．My time at Phys Ed. In M. Miyahara(Ed.), *Learning from Individual Movement Development: 50th Anniversary of Movement Development Clinic*. Dunedin, New Zealand: Movement Development Clinic.

Cratty, B. J.（1972）．Psychology of perception and motor learning. In J. E. Kane (Ed.) *Psychological aspects of physical education and sport*.（J. E. ケーン（編著）太田鐵男（訳）（1983）．6章　知覚と運動学習の心理　身体と運動の心理学　大修館書店）

Dewey, D.（1995）．What is developmental dyspraxia? *Brain and Cognition*, **29**, 254-274.

土居健郎（1977）．方法としての面接――臨床家のために――　医学書院

Henderson, L., Rose, P., & Henderson, S.（1992）．Reaction time and movement time in children with a developmental coordination disorder. *Journal of Child Psychology and Psychiatry*, **33**(5), 895-905.

Henderson, S. E., & Barnett, A. L. (1998). The classification of specific motor coordination disorders in children: Some problems to be solved. *Human Movement Science*, **17**, 449-469.

Hillier, S. (2007). Interventions for children with developmental coordination disorder: A systematic review. *International Journal of Allied Health Sciences and Practice*, **5**(3), 1-10.

岩瀬善彦（1969）．やさしい生理学　南江堂

Lucas, B. R., Elliott, E. J., Coggan, S., Pinto, R. Z., Jirikowic, T., McCoy, S. W., & Latimer, J. (2016). Interventions to improve gross motor performance in children with neurodevelopmental disorders: A meta-analysis. *BMC Pediatrics*, **16**(1), 193.

Manassis, K. (2014). *Case formulation with children and adolescents.* New York: Guildford.

Missiuna, C., Moll, S., Law, M., King, S., & King, G. (2006). Mysteries and mazes: Parents' experiences of children with developmental coordination disorder. *Canadian Journal of Occupational Therapy*, **73**(1), 7-17.

宮原資英（1995）．「不器用な子」について　体育科教育，**43**(3)，61．

Miyahara, M. (1996). A meta-analysis of intervention studies on children with developmental coordination disorder. *Corpus, Psyche et Societas*, **3**(1), 11-18.

宮原資英（1999）．第2章 運動発達における問題——実践的な問題点——　辻井正次・宮原資英（編）子どもの不器用さ——その影響と発達的援助——　ブレーン出版　pp.55-108.

Miyahara, M.(Ed.). (2000). *Learning from individual movement development: 50th anniversary of movement development clinic.* Dunedin, New Zealand: Movement Development Clinic.

宮原資英（2014）．教育講演——発達性協調運動障害が子どもの発達に及ぼす身体および心理社会的影響と支援の方向性——　小児の精神と神経，**54**(2), 105-117.

宮原資英（2017）．発達性協調運動障害——親と専門家のためのガイド——　スペクトラム出版社

Miyahara, M., & Baxter, D. G. (2011). Children with "dyspraxia": A survey of diagnostic heterogeneity, use and perceived effectiveness of interventions. *Journal of Developmental and Physical Disabilities*, **23**, 439-458.

Miyahara, M., Lagisz, M., Nakagawa, S., & Henderson, S. E. (2017). A narrative meta-review of a series of systematic and meta-analytic reviews on the intervention outcome for children with developmental co-ordination disorder. *Child: Care Health and Development*, **43**(5), 733-742.

Miyahara, M., Lagisz, M., Nakagawa, S., & Henderson, S. E. (in press). Intervention for children with Developmental Coordination Disorder: How robust is our recent evidence? *Child: Care, Health and Development.*

Miyahara, M., & Möbs, I. (1995). Developmental dyspraxia and developmental coordination disorder. *Neuropsychological Review*, 5(4), 245-268.

Miyahara, M., & Wafer, A. (2004). Clinical intervention for children with developmental coordination disorder: A multiple case study. *Adapted Physical Activity Quarterly*, 21(3), 281-300.

七木田方美・七木田敦（1995）．発達期における不器用さ（clumsiness）の検討――微細運動と環境要因との関連から――　小児保健研究, 54(3), 370-375.

Offor, N., Williamson, P. O., & Caçola, P. (2016). Effectiveness of Interventions for Children With Developmental Coordination Disorder in Physical Therapy Contexts: A Systematic Literature Review and Meta-Analysis. *Journal of Motor Learning and Development*, 4(2), 169-196.

de Oliveira, I. S., Oliveira, D. d. S., Guendler, J. d. A., Rocha, B. M., & Sarinho, S. W. (2017). Effectiveness of motor intervention on children with Developmental Coordination Disorder (DCD): A systematic review. *Journal of Physical Education and Sport Management*, 8(3), 32-40.

Persons, J.B. (1991). Psychotherapy outcome studies do not accurately represent current models of psychotherapy: A proposed remedy. *American Psychologist*, 46, 99-106.

Pless, M., & Carlsson, M. (2000). Effects of motor skill intervention on developmental coordination disorder: A meta-analysis. *Adapted Physical Activity Quarterly*, 17(4), 381-401.

Polatajko, H. J., Fox, A. M., & Missiuna, C. (1995). An international consensus on children with developmental coordination disorder. *Canadian Journal of Occupational Therapy*, 62, 3-6.

Preston, N., Magallón, S., Hill, L. J., Andrews, E., Ahern, S. M., & Mon-Williams, M. (2017). A systematic review of high quality randomized controlled trials investigating motor skill programmes for children with developmental coordination disorder. *Clinical Rehabilitation*, 31(7), 857-870.

Saha, S., Sultana, F., Ahmed, M., & Saha, S. (2016). A systematic review on the effectiveness of perceptual motor training on improvement in motor performance in individuals with developmental coordination disorder. *Malaysian Journal of Movement Health & Exercise*, 5(2), 51-64.

笹森理絵（2016）．発達障害のある当事者視点からみた運動発達上の困難さ――「不器用さ」とともに生きる――　臨床発達心理実践研究, 11, 5-9.

Shea, B. J., Reeves, B. C., Wells, G., Thuku, M., Hamel, C., Moran, J.,.... Henry, D. A. (2017). AMSTAR2: a critical appraisal tool for systematic reviews that include randomised or non-randomised studies of healthcare interventions, or both. *BMJ (Online), 358*, j4008. doi: 10.1136/bmj.j4008%J BMJ

Smits-Engelsman, B., Vinçon, S., Blank, R., Quadrado, V. H., Polatajko, H., &

Wilson, P. H. (2018). Evaluating the evidence for motor-based interventions in developmental coordination disorder: A systematic review and meta-analysis. *Research in Developmental Disabilities*, **74**, 72-102.

Stephenson, E. A., & Chesson, R. A. (2008). 'Always the guiding hand': Parents' accounts of the long-term implications of developmental co-ordination disorder for their children and families. *Child Care Health & Development*, **34**(3), 335-343.

Stott, D. H., Moyes, F. A., & Henderson, S. E. (1984). *The Henderson revision of the test of motor impairment*. San Antonio, TX: Psychological Corporation.

杉山登志郎（1999）．第7章 児童精神科臨床における不器用さの問題　辻井正次・宮原資英（編）子どもの不器用さ――その影響と発達的援助――　ブレーン出版　pp.175-188.

塚田守（2008）．ライフストーリー・インタビューの可能性　椙山女学園大学研究論集　第39号（社会科学篇），1-12.

World Health Organization. (1993). *The ICD-10 classification of mental and behavioural disorders: Diagnostic criteria for reserch*. Geneva, Switzerland: World Health Organization.

World Health Organization. (2018). International classification of diseases for mortality and morbidity statistics (11th Revision). (https://icd.who.int/browse11/l-m/en)

山本雄士・佐藤陽子・小林正信・吉川領一（1994）．発達過程における記憶再生障害――発達性協調運動障害の1例――　児童青年精神医学とその近接領域，**35**(5), 477-486.

Yu, J. J., Burnett, A. F., & Sit, C. H. (2018). Motor skill interventions in children with developmental coordination disorder: a systematic review and meta-analysis. *Archives of Physical Medicine and Rehabilitation*, **99**(10), 2076-2099.

第 2 章

医学・脳科学からみた DCD

中井 昭夫

「力強さや持久力などのような身体能力そのものではない」「運動それ自体にあるのではなく，制御も予測も不可能な環境からの影響や，変わりうる外界の条件との相互作用によって現れる」「運動課題を正しく，すばやく，合理的に，そして資源を利用して解決する能力である」「かなり複雑な心理物理学的現象である」「実現には中枢神経系が最大の役割を果たす」「大脳皮質の機能に密接に関連している」（ニコライ・A・ベルンシュタイン 工藤訳, 2003）

1．はじめに

「協調（Coordination）」とは，視知覚・触覚・固有覚・位置覚など様々な感覚の入力をまとめあげ，運動意図に基づき運動計画を生成，運動として出力し，結果のフィードバックに基づき修正を行っていくという一連の「脳」の機能である。一般的に「運動能力」は「身体能力」とされがちだが，体格や骨格，筋力，関節の柔軟性，心肺機能などを除けば，実は，運動を制御するのは「脳」であるという認識が DCD の理解と支援の際には非常に重要である（中井，2016a）。協調はいわゆる体育・スポーツに限らず，構音・発話，咀嚼・嚥下，箸やナイフ，フォークなどカトラリーを使

用する食事，ボタン，ファスナー，スナップ，ホック，靴紐結びなど衣類の着脱，描画や書字，道具や文具の使用，楽器操作，バランスや姿勢制御，手と目の協応を必要とする遊びや，指先での操作を行うゲーム機，姿勢保持など，様々な日常生活や学校生活に深く関係する重要な脳機能のひとつであり，その発達は子どもたちの学習，認知，社会性，情緒の発達や自己認知，自尊感情とも深く関わる（中井，2016a；三上・斉藤・髙橋・足立・大里・増田・中井・中村・山田，2017；戸次・中井・榊原，2016；戸次・中井・榊原，2019）。

　この「協調」という脳機能の発達の問題が，DSM-5（APA, 2013）における神経発達障害のうち，運動障害群（Motor Disorders）における「発達性協調運動障害（Developmental Coordination Disorder: DCD）」に該当する。一方，ICD-10（WHO, 1992）では，この状態を F82 としてコードされる「運動機能の特異的発達障害：Specific Developmental disorder of motor function（SDDMF）」としていたが，2018年に改訂された ICD-11 では Developmental Motor Coordination Disorder とされた。

　小児期の DCD の頻度は 5 〜 6 ％と非常に高く，また，そのうち，50〜70％と高い頻度で青年期・成人になっても残存する（DSM-5）。青年期・成人期においては，小児期と異なる，そのライフステージ特有の様々な課題，例えば，メーキャップ・髭剃りなどの整容，料理，自動車運転，タイピング，細かい手作業，姿勢制御とその保持など，日常生活からアカデミックスキル，就業訓練・職業選択，生産性にも影響し，社会参加の減少，うつ病・不安障害などの精神障害，肥満や糖尿病などの生活習慣病から心血管障害などの二次障害につながってしまう（中井，2016b）。

　臨床的に，自閉症スペクトラム障害（ASD），注意欠如・多動性障害（AD/HD），限局性学習障害（SLD）などの神経発達障害に，いわゆる「不器用」と呼ばれる協調の問題を伴う例が多いことはよく知られている。従来，DCD は ASD や AD/HD など主な神経発達障害の単なる併存状態と扱われてきたが，近年の脳機能イメージング研究や構成論的アプローチなど様々な学際的研究から，胎児期を含めた感覚や運動など「身体性」と環境との相互作用が高次脳機能の発達，そしてその障害としての神経発達障害の進展に重要な役割を果たしていることが強く示唆されてきている。

2．DCD の医学的診断について

　DCD の診断には，1) 神経発達障害・精神疾患などの家族歴，2) 妊娠中や早産，仮死など周産期の異常，3) 乳幼児期の発達歴，4) 現病歴など，詳細な問診に加え，5) DCD に特化したアセスメント，6) 一般的な神経学的診察，7) 発達神経学的診察により，いわゆる Soft Neurological Sign(s)（SNSs：微細神経学的徴候）を評価，8) 協調，SNSs の標準化された系統的な検査，9) 一般的な身体疾患や神経・筋疾患の除外，10) ASD，AD/HD，SLD など他の神経発達障害の評価，11) 社会参加や自尊感情など心理社会的状況とそれらによる二次障害の有無の評価，など行い，包括的に診断する（中井，2017a）。
　ここでは，DSM-5 の DCD の診断基準に則して解説してみる。DSM-5 の診断基準は，A から D までの 4 つから構成され，診断は，「病歴（発達的，医学的），身体検査，学校または職場からの報告，および心理測定的に妥当性があり文化的に適切な標準化された検査を用いてなされた個別的評価を臨床的に総合判断することによってくだされる」とされている。

　　基準 A「協調運動技能の獲得や遂行が，その人の生活年齢や技能の学習および使用の機会に応じて期待されるものよりも明らかに劣っている。その困難さは，不器用（例：物を落とす，または物にぶつかる），運動技能（例：物を掴む，はさみや刃物を使う，書字，自転車に乗る，スポーツに参加する）の遂行における遅さと不正確さによって明らかになる。」

　基準 A の「明らかに劣っている」ことを客観的に評価するには，DSM-5 以外にも，「標準化された微細または粗大な協調運動の検査における評点が，その小児の暦年齢を基にして期待される水準から，少なくとも 2 標準偏差以下」（ICD-10），「適切で信頼性・妥当性のある標準的な検査を行う」（European Academy for Childhood Disability: EACD Blank et al., 2012) とされているように，標準化された検査が必要である。しかし，日本では 2019 年時点でもこのような検査が存在せず，一般的な神経学的所

見に加え，発達神経学的診察により，いわゆる SNSs を評価し，総合的に診断してきた（中井，2014a, 2014b, 2018）。神経発達障害において，いわゆる古典的な神経学的診察法ではほとんど異常はないが，脳の成熟，発達過程を基準にして開発された様々な小児発達神経学的診察を行うと中枢神経系の微細な異常，あるいは発達遅延や成熟の偏りの存在が疑われる種々の異常所見が得られる。SNSs は Touwen と Prechtl により体系化された，1）粗大運動（歩行，平衡機能を含む），2）協調運動（微細運動，回内・回外を含む），3）随伴運動（Associated movement），連合運動（Synkinesia），4）動作保持能力，や，閉眼持続，舌挺出（開眼・閉眼），側方視，開口持続，鼻注視，知覚検査の際，頭を反らす，アーと言う，など Garfield による Motor Impersistence Test，その他，注視眼振，指失認，振戦，2点同時触覚刺激の識別能低下などがある。ひとつの SNS が陽性でも異常の判断や診断にはつながらないことには留意すべきである（中井，2018）。

　近年，日本でも，日本版ミラー幼児発達スクリーニング検査（Japanese version of Miller Assessment for Preschoolers :JMAP），JPAN 感覚処理・行為機能検査（Japanese Playful Assessment for Neuropshychological Abilities: JPAN）が発表されたが，いずれも DCD の診断に特化したエビデンスに乏しく，また，対象年齢が JMAP では2歳9か月～6歳2か月，JPAN では4～10歳と狭いこと，さらに，JPAN はその実施に3時間かかるなど日常臨床での使用の際にも課題が多い。現在，国際ガイドラインでも推奨されている Movement Assessment Battery for Children第2版（MABC-2）日本語版の開発・標準化が進行中である（中井，2014a, 2014b；Kita, Suzuki, Hirata, Sakihara, Inagaki, & Nakai, 2016；Hirata, Kita, Yasunaga, Suzuki, Okumura, Okuzumi, Hosobuchi, Kokubun, Inagaki, & Nakai, 2018）。MABC-2 はすでに10か国語で出版，日本を含む6か国で開発が進行中など世界的に最も広く普及し，エビデンスも豊富であることに加え，対象年齢が3歳から16歳11か月と幅広く，実施時間も約30分と短いという利点がある。

　基準B「診断基準Aにおける運動技能の欠如は，生活年齢にふさわし

い日常生活活動（例：自己管理，自己保全）を著明におよび持続的に妨げており，学業または学校での生産性，就労前および就業後の活動，余暇，および遊びに影響を与えている。」

　日常生活などへの影響の程度を客観的に評価するためには，DCDに関するアセスメントツールが必要であるが，この点についても，日本では国際的アセスメントツールが存在していなかった（中井，2014a，2014b）。現在，国際ガイドラインでも推奨されている Developmental Coordination Disorder Questionnaire（DCDQ）（Nakai, Miyachi, Okada, Tani, Nakajima, Ohnishi, Fujita, & Tsujii, 2011）のほか，Motor Observation Questionnaire for Teachers（MOQ-T）（Schoemaker et al., 2006），Movement Assessment Battery for Children第2版（MABC-2）チェックリスト（Henderson, Sugden, & Barnett., 2007），Little Developmental Coordination Disorder Questionnaire（Little DCDQ）（Rihtman et al., 2013），Adult Developmental Co-ordination Disorders/Dyspraxia Checklist（ADC）の日本語版（Nakai, Takayama, Ohnishi, Mitsuhashi, & Kirby, 2015）の開発が行われている。

　基準C「この症状の始まりは発達段階早期である。」
　神経発達障害や精神障害などの家族歴，妊娠中や早産，出生体重，仮死や黄疸の有無など周産期歴，乳幼児期の発達歴，現病歴など詳細な問診が必要である。DSM-5では，運動技能の獲得にはかなりの差があり，幼少期において評価が安定しないこと，また，各国や各医療機関の事情から，神経筋疾患など運動の遅れの他の原因が必ずしも十分に明らかにされていないかもしれないことなどにも鑑み，「典型的には5歳前にはDCDと診断しない」としている。しかし，一方で，「幼い子どもでは，運動の里程標（例：座る，這う，歩く）に到達することが遅れていることがある」との記載があり，これらが気づきや診断への重要な情報となる。実際の症例においても，乳幼児期から，嚥下困難・むせの多さ，滑舌の悪さ，筋緊張の低下，寝返りの困難，坐位の不安定・左右差，ハイハイのバリエーション・左右差，歩行の遅延・左右差・重心の不安定など，運動発達の遅延が

認められることが多い（中井，2016b）。

　基準D「この運動技能の欠如は，知的能力障害（知的発達症）や視覚障害によってはうまく説明されず，運動に影響を与える神経疾患（例：脳性麻痺，筋ジストロフィー，変性疾患）によるものではない。」

　DSM-IV-TRまでは広汎性発達障害（Pervasive Developmental Disorders: PDD）とDCDの併存は認められていなかったが，DSM-5において，ASDとDCDの併存が認められたことは，実際の臨床においても，また，後述のように，病態理解や介入などの研究においても重要である。知的能力障害の評価のために個別の発達検査を行うが，田中ビネーやウェクスラーなどの発達検査におけるいくつかの項目は協調や知覚運動機能の要素によって構成されており，DCDでは時に成績が低下してしまう点には十分留意すべきである。また，視覚障害の鑑別，視知覚，視覚認知を評価する必要があるが，日本でこれまで使用されてきたフロスティッグ視知覚発達検査（Developmental Test of Visual Perception: DTVP）は4歳0か月から7歳11か月，Developmental Test of Visual Perception 2nd edition（DTVP-2）は4歳0か月から10歳11か月までと適用年齢幅が狭く，また，DTVP-2については日本での標準化がなされていない。「見る力」を育てるビジョン・アセスメント（WAVES）は適用年齢が小学校1～6年生と限られ，さらに現時点では国際的なエビデンスに乏しいなど，日本における視知覚のアセスメントについては今後の課題である（中井，2017a）。その他の鑑別診断として，脳性麻痺，筋ジストロフィー，先天性ミオパチー，遺伝性ニューロパチー，変性疾患など一般的な身体疾患や神経・筋疾患の除外を行う必要がある。

　このうち，実際の臨床で最も問題となるのは，脳性麻痺（Cerebral Palsy: CP）との異同であろう。CPの原因は様々であるが，CPの診断には麻痺など神経学的異常の他に脳MRIによる画像診断が有用である。脳MRIにより，様々な程度の低酸素性虚血性脳症や，脳室周囲白質軟化症（Periventricular Leukomalacia：PVL）などの異常所見が見出されることが多い。アメリカ神経学会および小児神経学会の臨床ガイドライン（Ashwal et al., 2004）では，脳MRIでの異常の検出率は平均89%（68－

100%）であったこと，CPの原因や受傷の時期の推察・診断にもつながることから，CPの診断には神経画像診断，特に脳MRIを行うことが推奨されている。さらに，薬物療法の適応を考慮する際や，DCDのサブタイプや脳内ネットワーク基盤などに基づいたニューロリハビリテーションの開発などに対し，DCDと，明らかにPVLなど異常のあるCPとの鑑別のために，やはり現時点で可能な最低限の検査として，脳MRIなど画像検査は必要と考えられる。

一方，独歩可能なCPの中にはPVLなどの異常が脳MRIでは検出できない例も少なくないという報告もある（Benini et al., 2013）。しかしながら，水分子の微小な動きである拡散の方向と速さを用いて画像化し，神経線維やその集合体である白質病変の検出に最適とされる拡散テンソル画像（Diffusion TensorImaging: DTI）を行うと，早産児でDCDと診断された児では，DCDのない早産児や正期産児と比べ，皮質脊髄路の拡散異方性（fractional anisotropy：FA）の減少を認め，白質繊維の損傷，密度の低下が示唆されている（de Kieviet et al., 2014）。

DCDとCPは運動障害という一連の連続体（Continuum），スペクトラム（Spectrum）として捉えるという考え方もあり（Pearsall-Jones, Piek, & Levy, 2010; Williams, Hyde, & Spittle, 2014），今後，さらに議論が必要である。

その他，DSM-5では「診断的特徴」の中に，各ライフステージごとの困り感に関する具体例が多く追記された。アメリカ精神学会はDSM-5の発行にあたり，世界中からパブリックコメントを受け付けたこともあり，国際DCD学会などからの意見も反映された結果，これらの例にはDCDQ, Little DCDQ，ADCなどアセスメントツールの質問項目が多く盛り込まれている。DCDが神経発達障害のひとつと位置づけられていることから，これらの具体的な例の記述は，これまでDCDへの関心や知識がなかった小児科医・精神科医などにとっても，自身の関わる神経発達障害の症例において，DCDの併存への気付きにつながるのではと考えている。

診断のためのインフォーマルな情報として，衣類・靴の着脱，食事，洗顔・入浴など生活場面，遊具，ブロック，プラモデル・パズル，ビーズなどの遊びの場面，描画・書字，はさみやコンパスなど文具の操作，体育，音楽，

図工・技術・家庭科など科目別に園や学校での活動，メーキャップなどのセルフケア，タイピング，料理，自動車運転などについても具体的な例をあげて訊く．ノートなどを持参してもらい，書字の際の筆圧やマス目や行の中に収まっているかなどチェックすることなども大変参考になる．

3．ICD-10 における「運動機能の特異的発達障害 SDDMF」の診断基準

一方，ICD-11（2018）における Developmental Motor Coordination Disorder の診断基準の正式な日本語訳は現時点では公表されていないため，ここでは ICD-10 における「運動機能の特異的発達障害（SDDMF）」の診断基準を紹介することとする．

ICD-10 の診断基準も，A から D までの 4 つから構成され，その他に診断ガイドラインが示されている．診断基準として，A）標準化された微細または粗大な協調運動の検査における評点が，その小児の暦年齢を基にして期待される水準から，すくなくとも 2 標準偏差以下である．B）基準 A の障害のために，学業成績あるいは日常生活の活動に明らかな支障をきたしていること．C）神経学的障害の所見はない．D）主な除外基準：標準化された検査を個別に施行して，IQ が 70 以下，となっており，DSM-5 では，「知的障害がある場合，その精神年齢から推定する必要がある」と知的能力障害は必ずしも除外診断ではないが，ICD-10 では除外基準となっている点が大きな違いである．

続く診断ガイドラインにおける重要な点として，1)「運動機能の発達の段階は標準より遅れ，関連した，特に構音での言語障害の合併がみられることがある．」と言語療法にも関する記載がなされていること，2)「多くの症例で注意深く臨床所見をとれば，微細および粗大な協調運動が拙劣である徴候（正常の幼児にも認められ，局在診断上の価値を欠くことから，一般的に「ソフトな」神経学的徴候として記述されるもの）に加え，四肢を支えないときの舞踏様の運動あるいは鏡像運動，そして他の随伴する運動徴候などの顕著な神経発達上の未成熟が認められる．」と，前述の

SNSs に関する記述がきちんとなされていること，3）「脳性麻痺や筋ジストロフィーのような診断可能な神経学的障害は存在しない。一部の症例では，しかしながら，生下時超低体重あるいは顕著な早産の既往のような周産期の合併症がみられる。」と，後述の早産・低出生体重児での課題が記載されていることである。

4．DCD と他の神経発達障害との関係について

　DCD は，AD/HD の 30-50％，SLD の 50％，特異的言語障害の 30％に併存する。特に，DCD と AD/HD の併存については，DSM においても重複が認められていたこともあり，以前から DAMP 症候群（Deficit in Attention, Motor control and Perception），DCD Plus, Distinct subtype of AD/HD として報告されている。日本人での検討でも，DCDQ, ADHD-RS のそれぞれの総スコアならびに各下位尺度のスコアはすべてよく相関し，協調を苦手とする子どもは不注意や多動・衝動性を示しやすい傾向にあった（Nakai, 2013；中井，2016a，2017b）。

　一方，以前より，臨床的には ASD に DCD が多く併存することはよく知られており，DSM-5 において，ようやく ASD と DCD の併存が認められたが，DSM-IV-TR までは PDD と DCD の併存は認められていなかった。しかし，ASD の協調を M-ABC を用いて評価した検討では，約80％に DCD を認めた（Green et al., 2009）などが報告されている。日本人高機能PDD男児においてDCDQ日本語版を用いた検討でも，約40％に極端な「不器用さ」を認め，さらに ADI-R（Autism Diagnostic Interview-Revised）のコミュニケーションと DCDQ 日本語版の総スコアならびに粗大運動・微細運動の下位尺度に相関を認め，協調と社会コミュニケーションとが関連することが示されている（Miyachi, Nakai, Tani, Ohnishi, Nakajima, Tsuchiya, Matsumoto, & Tsujii, 2014）。また，ASD における AD/HD と DCD それぞれの特性の程度の関連について，広汎性発達障害日本自閉症協会評定尺度（PARS）と DCDQ日本語版，ADHD-RS日本語版を用いた検討では，ASD と DCD それぞれの特性，中でも微細運動との強い関連，

また，AD/HD特性と協調との間に相関を認めた（水野ら，2015）。さらに，ASDとDCDの関連について，Social Responsiveness Scale（SRS）日本語版と開発中のMABC-2日本語版を用いた検討では，社会コミュニケーションと手先の巧緻性・微細運動に相関を認めた（Hirata et al., 2014））。加えて，SRS日本語版とDCDQ日本語版，開発中のMABC-2日本語版を用いてASDとDCDの関連について検討した結果，ASDとDCDそれぞれの特性の程度がやはり相関した（Hirata et al., 2015）。スウェーデンの疫学調査で約1.7%存在する重症DAMP症候群と呼ばれる状態はアスペルガー障害を含む広汎性発達障害（PDD）の診断基準を同時に満たすとされており，協調と実行機能，報酬系，時間処理などAD/HD特性，さらに社会コミュニケーションなどASD特性の発達の密接な関連が示唆される（中井，2016a）。

5．早産・低出生体重児とDCDについて

　周産期医療の進歩に伴い，早産児や極・超低出生体重児の学童期におけるASDやAD/HD，SLDなど神経発達障害が明らかになってきた。また，DCDに関しても，早産・低出生体重児はDCDのリスクとなることは以前から知られていたが，M-ABCを用いた研究のシステマティックレビューにおいても，CPを除いた早産児もしくは1,500g未満で出生した児において，M-ABCのカットオフポイントを5パーセンタイル，15パーセンタイルに設定したところ，オッズ比はそれぞれ，6.29，8.66と高く，早産児はDCDのリスクとなることが明らかとなった（Edwards et al., 2011）。また，1,250g以下のVLBWでリスクファクターを検索したところ，在胎週数，出生時体重，男児，ステロイド投与，人工換気期間，酸素投与期間，網膜症の有無，低ナトリウム血症がリスクとなり，さらに詳細に検討したところ，出生時体重，男児，ステロイド投与，中でも，ステロイド投与が運動障害の有意な予測因子となるという報告もある（Zwicker et al., 2013）。

　早産・低出生体重児において，DCDのリスクが増大する病態生理について，未だ明らかではないが，胎児期の自発運動が大脳皮質一次体性感覚

野における身体表象の発達に関与する可能性が示唆されてきた。大村ら（大村・國吉, 2014）は，ヒトの胎児期初期から観察される自発運動は外受容感覚が発達する以前から開始され，神経回路の形成には運動によって得られる入力情報が重要であると述べている。近年の構成論的アプローチから，子宮内の感覚運動学習・経験の不足は，体性感覚・一次運動野のマッピングに影響を与え，身体図式やそれをもとに形成される身体表象の発達に影響することがシミュレーションにより明らかとなった（Yamada et al., 2016）。さらに，在胎23週以降も神経遊走は続いており，虚血性脳障害を認めた超早産児ではその移動が障害されていることが見出された（Kubo et al., 2017）。

このように，早産・低出生体重児において，DCDのリスクが増大する機序として，脳の発達過程における在胎週数の短縮による感覚運動学習・経験の不足と，低酸素・虚血，出血，感染，低栄養，ステロイドを含めた薬物の影響など様々な周産期の要因が複雑に相互に影響しているものと考えられる。今後，例えば，胎内からの自発的な運動，感覚運動学習による身体図式・身体表象形成，受容感覚，運動の内部モデルの発達過程を模した身体所有感，運動主体感などを促進させる，早期よりの身体性を介したアプローチなど，このような早産・低出生体重児に対する科学的なディベロプメンタル・ケアの開発が求められる。

6. DCDの病因・病態生理

協調は，前述のように，感覚入力・統合から，運動企図，運動出力，フィードバックなど一連の脳の機能であることからも，DCDは単一の障害でなく，いわゆる症候群であることが容易に想定できる。実際，DSM-5では「細かな運動の問題，および書字の問題を伴う群，運動制御や運動の計画の障害を持つ一群」があげられており，ICD-10におけるSDDMFでは，F82.0 粗大運動機能障害とF82.1 微細運動機能障害の2つのサブタイプをあげている。DCDQ日本語版を用いた日本人での検討でも，クラスター解析から協調得意群・苦手群，微細運動得意群・苦手群の4つのサブグルー

プがあることが示唆された（Nakai et al., 2011）。また，オランダ・フローニンゲン大学の研究者らは，姿勢制御，筋肉の低緊張，微細運動，協調，過剰な随伴運動など軽微な運動障害（Minor Neurological Dysfunction：MND）を単純型MND，複雑型MNDの大きく2つに分類し，さらに，姿勢と筋緊張調整の機能障害，反射活動における機能障害，軽度のディスキネジ，協調運動における軽度の問題，微細操作能力における軽度の問題，過剰な連合運動，軽度の脳神経機能障害，軽度の感覚機能障害の8つのサブシステムを提唱している（Hadders-Algra 問川・大戸監訳, 2013）。筆者は，DCDの病態生理の様々な仮説から，DCDのサブタイプや構成要素を①筋緊張，②感覚の統合，③ボディスキーム・ボディイメージ，④内部モデル（運動計画・運動イメージ・運動学習を含む），⑤粗大運動のスキル，⑥微細運動のスキル，⑦書字のスキル，⑧模倣，⑨タイミング・リズム同調，⑩脳神経を巻き込むもの，のどれか，あるいはいくつかの組み合わせを想定している（中井，2017a）。また，当然，ASDやAD/HD，SLDなど他の神経発達障害との併存状況で，病因・病態が異なる可能性も常に考慮する必要がある。

(1) DCDの脳機能イメージング研究

「さまざまな巧みさ（デクステリティ）を脾臓の機能や脳内の言語野のように（発見）することは不可能だ。身体を解剖して顕微鏡で筋や関節やその他の組織をいくら詳細に観察しても（巧みさ）は見つからない。」（ニコライ・A・ベルンシュタイン 工藤訳, 2003）

DCDにおけるこれまでの機能的MRIの検討では，小脳，基底核，頭頂葉，前頭葉などが神経基盤の候補としてあげられている（Biotteau et al., 2016）（図2-1）。小脳は，協調や姿勢制御，運動の実行やコントロールに重要であることは古くから知られており，DCDでは（視覚運動制御：visuo-motor control）課題や運動の予測課題において定型発達との差が報告されている。基底核は運動の模倣や運動学習に重要であり，DCDにおいて異常が報告されている。

また，DCDにおいても，機能的MRIでのある課題に対する神経局在という，これまでの要素還元主義的な閉鎖系モデルから，神経ネットワークの異常や介入によるその変化という開放系モデル（オープンシステム）アプローチでの研究が進められてきている。DTIでは，運動-感覚野の経路の異常，視覚運動追従（visual-motor tracing）と内包レンズ核後部との関連，小脳半球と右上頭頂小葉との関連が報告されている。また，運動野と前頭葉・

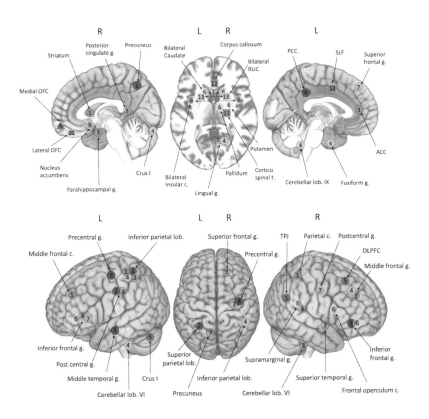

図2-1　DCDで報告されている脳内神経基盤（Biotteau, et al., 2016）

番号は文献番号（それぞれの詳細は参考文献を参照）
ACC, 前帯状皮質: DLPCF, 背外側前頭前皮質: OFC, 眼窩前頭皮質: PCC, 後帯状皮質: RLIC, 内包レンズ核: SLF, 上縦束: TPJ, 側頭頭頂接合部
c., 皮質: g., 脳回　: lob., 葉：t, 束

頭頂葉とのネットワークは年齢により変化し，一部のDCDにおいて，様々な経験を通じての成長・発達により症状が軽快していくことと関連があるのではと示唆されている（Debrabant et al., 2016）。

介入の効果としての神経ネットワークの再構築という観点では，すでに，SLDの中核であるディスレクシアにおいて，読字中のデコーディングを行うブロードマン39，40野での活動の低下や，ブローカ野や，反対側の過剰な活動が，有効な読字指導により，定型発達と同様の神経ネットワークの再構築が起こることが示されている（Shaywitz, S. 藤田訳，2006）。運動学習における成人での検討では，一次運動野−基底核の機能的連結（コネクティビティ）の減少，基底核−補足運動野，背側運動野−前頭前野の増強などの変化が観察されている（Ma et al., 2010； Patel et al., 2013）。DCDにおいても，これらの知見や研究手法は，脳科学に基づいたニューロリハビリテーションや薬物療法の開発，その効果判定に応用できるのではと考えられる。

(2) DCDの遺伝子研究

従来のAD/HDのドパミン関連遺伝子などの遺伝子多型研究における平均オッズ比は約1.2～1.3程度とされ，その意義や病態への関与などについては未だ議論も多い。しかし，DAMP症候群におけるゲノムワイド関連解析（Genome Wide Association Study: GWAS）および経路解析により，従来の主にモノアミン系神経伝達物質に関連したAD/HD遺伝子多型研究とはまったく異なり，細胞の増殖・分化に関わる成長因子とされるMAP2K5（Mitogen-Activated Protein Kinase Kinase）などが見出された（Fliers et al., 2009）。MAP2K5異常は，肥満を伴う不注意優勢型のAD/HDにおいても報告されている（Albayrak et al., 2013）。DCDではスポーツなどの活動の減少により肥満傾向になりやすいことが知られているが，この報告におけるAD/HD症例においてもDCDを伴うDAMP症候群が含まれていた可能性も否定できない。さらに，MAP2K5はむずむず脚症候群（Restless Legs syndrome: RLS）でも強い関連が報告されている。AD/HDにおいてRLSの併存は約4割，周期性四肢運動障害（Periodic

表2-1　DCDで見出されたコピー数多型（Copy-number variations: CNVs）

臨床診断	性別	染色体上の位置	遺伝子	他の疾患での報告
DCD	M	3p14.2	FHIT	ASD,TS,SZ
DCD	M	3p14.2	FHIT	ASD,TS,SZ
DCD	F	3p26.3	CNTN4	ASD,SZ
DCD	M	10q21.3	CTNNA3	ASD,TS,SZ
DCD	M	16p13.3	RBFOX1	ADHD, ASD,SZ, EP
DCD	M	22q13.33	SHANK3	ASD, SZ
DCD/ADHD	M	3q13.31	GAP43, LSAMP	SZ
DCD/ADHD/RD	M	7q36.3	PTPRN2	ADHD
DCD/ADHD/RD	M	7q36.3	PTPRN2	ADHD
DCD/ADHD/RD	M	7q36.3	PTPRN2	ADHD
DCD/ADHD	F	7q36.3	VIPR2	SZ
DCD/ADHD	M	10q21.3	CTNNA3	ASD,TS,SZ
DCD/ADHD	F	16p11.2	16p11.2 locus	ADHD,ASD,SZ
DCD/ADHD/RD	M	22q11.21,22q11.22	MAPK1, 22q11.2欠失	ADHD
DCD/ADHD/RD	M	Xp11.4,Xp21.1	DMD	ASD

TS：トゥレット障害，EP：てんかん，SZ：統合失調症，RD：読字障害

（Mosca et al., 2016より作成）

limb movements: PLMs）は約6割に併存し，逆にRLSの3割がAD/HDと診断されるなど，DCDとAD/HDと睡眠との深い関連が示唆される（Nakai, 2013；中井，2015）。

　また，DCDにおいて様々な遺伝子のコピー数多型（Copy-number variations: CNVs）を検討した研究では（Mosca et al., 2016）（表2-1），同じDCDという診断や，AD/HDやRD（SLDの一部）などの他の神経発達障害の併存の組み合わせでも様々な遺伝子が関係している。さらに，見出されたCNVSのうち，FHIT（fragile histidine triad protein），CNTN4（Contactin 4），CTNNA3（catenin (cadherin-associated protein)，alpha 3），GAP43（Growth Associated Protein 43），RBFOX1（RNA binding protein, fox-1 homolog），SHANK3（SH3 and multiple ankyrin repeat domains 3），LSAMP（limbic system-associated membrane protein），VIPR2（Vasoactive intestinal peptide receptor 2）など，多くがASDや統合失調症で報告されているものと共通の遺伝子であった。ASDと統合失調症は共通の遺伝子から異なる表現型として発症することがあること，また，ASDの経過中，統合失調症を発症することがあることは知られているが，協調の発達の問題であるDCDとこれらが共通の遺伝子であるこ

とは非常に興味深く，また大変重要な知見である。

7. ニューロモデレーターとしての薬物療法

　作業療法などいわゆる療育による介入の詳細については別章に譲るとして，ここではDCDに対するニューロモデレーターとしての薬物療法について述べる。
　DCDに対する保険適応のある薬剤は現時点では存在しないが，AD/HD併存例，いわゆるDAMP症候群では保険診療の範囲で薬物療法が可能である。メチルフェニデートに関してはすでに協調に対する有効性が報告されている。Bartら（Bart, Podoly, & Bar-Haim, 2010; Bart, Daniel, Dan, & Bar-Haim, 2013）は，AD/HDとDCD併存例において，メチルフェニデートの投与によりAD/HD症状の改善に加え，M-ABCのスコアの改善が見られた。システマティックレビューでも，報告により28から67％と幅があるものの，メチルフェニデートのAD/HDにおける協調への効果を認めている。メチルフェニデートによりAD/HD症状とM-ABCにて評価した協調の改善のみならず，健康に関連した生活の質（health-related quality of life: HRQOL）に関しても改善がみられたという報告もある（Flapper & Schoemaker, 2008）。選択的ドパミン再取り込み抑制剤であるメチルフェニデートはAD/HDとDCD両者に共通の脳部位である前頭葉や基底核のドパミン神経系を介して協調に効果があると推測される。
　一方，選択的ノルアドレナリン再取り込み抑制剤であるアトモキセチンについては，RCT（ランダム化比較試験）などまとまった報告は現時点では認められない。しかし，開発中のMABC-2日本語版を用いた予備的な検討では，アトモキセチンにより，MABC-2の総得点，ならびに手と目の協応やバランスの著明な改善が認められた（Nakai, Wakabayashi, Abe, & Konishi, 2017）。また，視知覚に注目して検討したところ，視知覚機能検査の結果が改善し，運動を伴う課題では，速度は低下せず，正確性が改善した。アトモキセチンにより運動機能や視知覚機能が改善したと考えられるが，一方で，注意機能の改善により二次的に改善した可能性も考

えられる。成人での機能的MRIによるMSIT（multi-source interference task）課題を用いた検討では，6週間のアトモキセチンの投与により，背外側前頭前野，頭頂葉，小脳が賦活化されることが報告されている（Bush et al., 2013）。ノルアドレナリン神経はドパミン神経分布のない小脳から脊髄にも広く分布していることから，アトモキセチンによる協調の改善はメチルフェニデートと異なる作用機序が示唆される。

さらに，グアンファシンについては報告がないが，グアンファシンがノルアドレナリン神経における後シナプスのα2受容体の作動薬であることを考えれば，アトモキセチンと同様にDCDに対する効果がある可能性も十分考えられる。

今後，どのような症例に，どの薬剤が効果的か，薬剤の選択やその機序などを含め，より詳細な検討が望まれる。

8. 胎児期からの協調と神経発達障害との関連

これまで述べてきたように，DCDはAD/HDやASD，SLDなど他の神経発達障害に多く併存すること，早産児・低出生体重児ではDCDの頻度が高く，その機序として，胎内での感覚運動学習・経験の不足と，様々な周産期の要因が複雑に相互に影響しているものと考えられること，さらに，DCDの遺伝子研究からASDや統合失調症と共通の遺伝子異常が多く見出されたことなど，協調という観点から，新しく，神経発達障害や統合失調症など精神障害の成因や早期発見，介入方法の開発を考え直す必要があると考えられる。

DSM-5において「幼い子どもでは，運動の里程標（例：座る，這う，歩く）に到達することが遅れていることがある」とされているように，DCDでは運動発達の遅れや異常を認めることが多い。一方，ASDの約3/4に，姿勢制御，筋肉の低緊張，微細運動，協調，過剰な随伴運動など軽微な運動障害（MND）が存在すること，後にASDと診断された症例やハイリスク児の新生児・乳児期のホームビデオからの運動解析により，4か月時のうつぶせ姿勢での持続性の非対称，寝返りの障害，坐位の不安定・非対

称姿勢，パラシュート反射の欠如，這い這いの異常・非対称，歩行の異常（非対称，ハイガード，体重移動のぎこちなさ）や，生後数日からも観察されるMoebius症候群様の口唇のゆがみなど，様々な協調の異常を認めたことが報告されている。このように，ASDの乳児期早期には粗大運動や協調，感覚など身体機能の問題が大きく，これらは単なる二次的な障害ではなく，むしろASDの基盤となること，そして，逆に協調と感覚の問題はASD発見の早期徴候として有用であることが提唱されている（中井，2016a）。

「DCDの医学的診断について」でも述べたが，ICD-10においても，「多くの症例で注意深く臨床所見をとれば，微細および粗大な協調運動が拙劣である徴候に加え，四肢を支えないときの舞踏様の運動あるいは鏡像運動，そして他の随伴する運動徴候などの顕著な神経発達上の未成熟が認められる。」との記載があるように，DCDの診断にはSNSsの評価が有用である。また，アスペルガー障害や高機能PDDなどASD，AD/HDなどの神経発達障害を早期に発見し，保・幼・小連携をスムースに行うことを目的とする5歳児・就学前健診の，問診項目（スキップ，ブランコ漕ぎ，片足ケンケン，ボタンのかけはずしなど）や，医師による診察項目（バランス，閉眼起立，片足立ち，指のタッピング，前腕回内・回外運動，手の左右交互開閉，安静閉眼など）の多くが，実は協調やSNSsに関するものである（軽度発達障害児に対する気づきと支援のマニュアル，厚生労働省，2007）。

従来，SNSsは18歳までにほぼ消失するとされてきたが，定型発達の成人でも検出されるという報告もある。さらに，SNSsは1947年にBenderが小児の統合失調症において報告したが，近年，改めて，SNSsの統合失調症の前駆症状，さらにその病勢や治療効果の判定における有効性が報告されている（中井，2018）。注目すべきこととして，様々なコホート研究から，後に青年期〜成人期において統合失調症を発症した症例では，すでに，乳児期，幼児期から協調の発達や微小な不随意運動，感覚-認知などSNSsの異常が認められ（Papiol, Fatjo-Vilas, & Schulze, 2016）（図2-2），青年期統合失調症の40%に新生児期から学童期にすでにSNSsや協調の異常が認められるという。また，統合失調症におけるSNSsに関連する神経基盤として，解剖学的には，中心前回，小脳，下前頭回，視床が，また，機能的MRIによる検討では，下前頭回，被殻，小脳，上側頭回との関連が報

告されている。さらに，GWAS により，SNSs と ZNF804A（Zinc finger protein 804A）遺伝子における rs1344706多型との関連が見出されている（Papiol et al., 2016; 中井, 2018）。統合失調症も神経発達障害のひとつと考えられているが，前述のように DCD や ASD など神経発達障害と統合失調症には共通の遺伝子があり，これらは遺伝学的にもスペクトラム，連続体であるとされている（Gandal et al., 2018）。

このように，協調とその発達の障害である DCD は，ASD や AD/HD など神経発達障害のみならず，統合失調症など精神障害にも深く関連する。乳幼児健診や就学前健診の精度やその後のフォローアップ体制，発達障害臨床における協調や SNSs を含めた詳細な検討は，神経発達障害のみならず，統合失調症など精神障害の早期発見，ニューロリハビリテーションを含めた介入などにおいて非常に重要な意義があること，小児科医はこれらに早期より最も関与できる立場にあることを再認識すべきである（中井, 2018）。

今後，これらの関係や発達の機序を明確にしていくためには，「協調」をキーワードとする胎児期からのオープンシステム・サイエンス・アプローチによるコホート研究が必要である。従来の要素還元主義的な閉鎖系モデル（クローズドシステム）ではネットワークは固定であり様々な発達の様

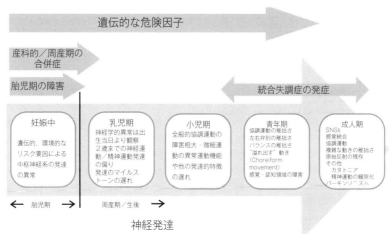

図2-2　統合失調症の進展と微細神経学的徴候（Papiol et al., 2016）

相の多様性を説明できないが，開放系モデル（オープンシステム）では構成要素の関係は環境との相互作用により，時間とともに動的に変化していく（桜田，2017）。

　さらに，身体性（Enbodiment）と環境の相互作用の中で，感覚運動経験が神経成熟の阻害，機能的ネットワークの低形成など，脳の構造的・機能的異常を起こし，運動機能障害に影響を与えるとする「拡張した脳-身体-行動ネットワーク（Extended Brain-Body-Behavior Networks）」という，ダイナミック・システムズ・セオリー，オープンシステム・サイエンス・アプローチと同様の概念が提唱されている（Byrge, Sporns, & Smith, 2014）。

9．おわりに

　このように，従来，身体の問題，神経発達障害の単なる併存状態と思われていた DCD であるが，脳機能イメージング，構成論的アプローチや遺伝子研究の発展により，従来とまったく異なる，胎児期からの運動，感覚など身体性からの，社会コミュニケーションや実行機能などの獲得とその問題である ASD や AD/HD のみならず，神経発達障害のひとつとしての統合失調症など精神障害も含めた，新しいアプローチが重要である。これらの視点やアプローチは，早産児・低出生体重児の NICU でのケア，プライマリケアでの乳幼児健診のあり方やその精度，長期フォローアップ体制，統合失調症の早期徴候を認める場合の介入方法，薬物療法やニューロリハビリテーションを含む適切な科学的介入法の開発，特別支援教育や合理的配慮などに寄与することが期待される。

謝辞
　本研究の一部は，科学研究費補助金，および厚生労働科学研究費補助金「障害者対策総合研究事業」により行った。

文献

Albayrak, Ö., Putter, C., Volckmar, A.L., Cichon, S., Hoffmann, P., Nothen, M.M., Jockel, K.H., Schreiber, S., Wichmann, H.E., Faraone, S.V., Neale, B.M., Herpertz-Dahlmann, B., Lehmkuhl, G., Sinzig, J., Renner, T.J., Romanos, M., Warnke, A., Lesch, K.P., Reif, A., Schimmelmann, B.G., Scherag, A., Hebebrand, J., & Hinney, A.; Psychiatric GWAS Consortium: ADHD Subgroup. (2013). Common obesity risk alleles in childhood attention-deficit/hyperactivity disorder. *American Journal of Medical Genetics Part B Neuropsychiatric Genetics*, **162B**(4), 295-305.

American Psychiatric Association (2013). *Diagnostic and statistical manual of mental disorders* (5th ed.) (DSM-5). American Psychiatric Association.

Ashwal, S., Russman, B. S., Blasco, P. A., Miller, G., Sandler, A., Shevell, M., & Stevenson, R. (2004). Practice Parameter: Diagnostic assessment of the child with cerebral palsy Report of the Quality Standards Subcommittee of the American Academy of Neurology and the Practice Committee of the Child Neurology Society. *Neurology*, **62**(6), 851-863.

Bart, O., Daniel, L., Dan, O., & Bar-Haim, Y. (2013). Influence of methylphenidate on motor performance and attention in children with developmental coordination disorder and attention deficit hyperactive disorder. *Research In Developmental Disabilities*, **34**(6), 1922-1927.

Bart, O., Podoly, T., & Bar-Haim, Y. (2010). A preliminary study on the effect of methylphenidate on motor performance in children with comorbid DCD and ADHD. *Research in Developmental Disabilities*, **31**(6), 1443-1447.

戸次佳子・中井昭夫・榊原洋一（2016）．協調運動の発達と子どものQOLおよび精神的健康との関連性の検討　小児保健研究，**75**, 69-77.

戸次佳子・中井昭夫・榊原洋一（2019）．子どもの協調運動の発達と行動特性およびQOLとの関連——小学2年生と5年生を対象とした保護者記入による質問紙調査——チャイルドサイエンス，**18**, 15-20.

Benini, R., Dagenais, L., & Shevell, M. I.; Registre de la Paralysie Cerebrale au Quebec (Quebec Cerebral Palsy Registry) Consortium. (2013). Normal imaging in patients with cerebral palsy: What does it tell us? *Journal of Pediatrics*, **162**(2), 369-374.

ベルンシュタイン，ニコライ，A. 工藤和俊（訳）佐々木正人（監訳）（2003）．デクステリティ——巧みさとその発達——　金子書房

Biotteau, M., Chaix, Y., Blais, M., Tallet, J., Peran, P., & Albaret, J. M. (2016).

Neural signature of DCD: A critical review of MRI neuroimaging studies. *Frontiers in Neurolgy*, **7**, 227.

Blank, R., Smits-Engelsman, B., Polatajko, H., & Wilson, P. (2012). European Academy for Childhood Disability (EACD): Recommendations on the definition, diagnosis and intervention of developmental coordination disorder (long version). *Developmental Medicine & Child Neurology*, **54**(1), 54-93.

Bush, G., Holmes, J., Shin, L.M., Surman, C., Makris, N., Mick, E., Seidman, L.J., & Biederman, J. (2013). Atomoxetine increases fronto-parietal functional MRI activation in attention-deficit/hyperactivity disorder: A pilot study. *Psychiatry Research*, **211**(1), 88-91.

Byrge, L., Sporns, O., & Smith, L.B. (2014). Developmental process emerges from extended brain-body-behavior networks. *Trends in Cognitive Sciences*, **18**(8), 395-403.

Debrabant, J., Vingerhoets, G., Van Waelvelde, H., Leemans, A., Taymans, T., & Caeyenberghs, K. (2016). Brain Connectomics of Visual-Motor Deficits in Children with Developmental Coordination Disorder. *Journal of Pediatrics*, **169**, 21-27.

Edwards, J., Berube, M., Erlandson, K., Haug, S., Johnstone, H., Meagher, M., Sarkodee-Adoo, S., & Zwicker, J.G. (2011). Developmental coordination disorder in school-aged children born very preterm and/or at very low birth weight: A systematic review. *Journal of Developmental and Behavioral Pediatrics*, **32**(9), 678-687.

Flapper, B.C., & Schoemaker, M.M. (2008). Effects of methylphenidate on quality of life in children with both developmental coordination disorder and ADHD. *Developmental Medicine and Child Neurology*, **50**(4), 294-299.

Fliers, E., Vermeulen, S., Rijsdijk, F., Altink, M., Buschgens, C., Rommelse, N., Faraone, S., Sergeant, J., Buitelaar, J., & Franke, B. (2009). ADHD and poor motor performance from a family genetic perspective. *Journal of the American Academy of Child & Adolescent Psychiatry*, **48**(1), 25-34.

Gandal, M.J., Haney, J.R., Parikshak, N.N., Leppa, V., Ramaswami, G., Hartl, C., Schork, A.J., Appadurai, V., Buil, A., Werge, T.M., Liu, C., White, K.P.; CommonMind Consortium; PsychENCODE Consortium; iPSYCH-BROAD Working Group, Horvath, S., & Geschwind, D.H. (2018). Shared molecular neuropathology across major psychiatric disorders parallels polygenic overlap. *Science*, **359**, 693-697.

Green, D., Charman, T., Pickles, A., Chandler, S., Loucas, T., Simonoff, E., Baird, G. (2009). Impairment in movement skills of children with autistic spectrum disorders. *Developmental Medicine & Child Neurology*, 51(4), 311-316.

Henderson, S. E., Sugden, D. A., & Barnett, A. L. (2007). *Movement Assessment Battery for Children? second edition (Movement ABC-2); examiner's manual.* Harcourt Assessment.

Hirata, S., Kita, Y., Yasunaga, M., Suzuki, K., Okumura, Y., Okuzumi, H., Hosobuchi, T., Kokubun, M., Inagaki, M., & Nakai, A. (2018). Applicability of the Movement Assessment Battery for Children-Second Edition (MABC-2) for Japanese children aged 3-6 years: A preliminary investigation emphasizing internal consistency and factorial validity. *Frontiers in Psychology*, 9: 1452. doi: 10.3389/fpsyg..01452

Hirata, S., Nakai, A., Okuzumi, H., Kitajima, Y., Hosobuchi, T., & Kokubun, M. (2015). Motor Skills and Social Impairments in Children With Autism Spectrum Disorders -A Pilot Study Using the Japanese Version of the Developmental Coordination Disorder Questionnaire (DCDQ-J). SAGE Open. July-September:1-7.

Hirata, S, Okuzumi, H., Kitajima, Y., Hosobuchi, T., Nakai, A., Kokubun, M. (2014). Relationship between motor skill impairment and social impairment in children with autism spectrum disorders. *International Journal of Developmental Disabilities*, 60(4), 251-256.

de Kieviet, J. F., Pouwels, P. J., Lafeber, H. N.,Vermeulen, R. J., van Elburg, R. M., & Oosterlaan, J. (2014). A crucial role of altered fractional anisotropy in motor problems of very preterm children. *European Journal of Paediatric Neurology*, 18(2), 126-133.

Kita, Y., Suzuki, K., Hirata, S., Sakihara, K., Inagaki, M., & Nakai, A. (2016). Applicability of the Movement Assessment Battery for Children-Second Edition to Japanese children: A study of the Age Band 2. *Brain Development*, 38(8), 706-713.

厚生労働省(2007). 軽度発達障害児に対する気づきと支援のマニュアル(http://www.mhlw.go.jp/bunya/kodomo/boshi-hoken07/)

Kubo, K.I., Deguchi, K., Nagai, T., Ito, Y., Yoshida, K., Endo, T., Benner, S., Shan, W., Kitazawa, A., Aramaki, M, Ishii, K., Shin, M., Matsunaga, Y., Hayashi, K., Kakeyama, M., Tohyama, C., Tanaka, K. F., Tanaka, K., Takashima, S., Nakayama, M., Itoh, M., Hirata, Y., Antalffy, B., Armstrong, D. D., Yamada,

K., Inoue, K., & Nakajima, K.（2017）．Association of impaired neuronal migration with cognitive deficits in extremely preterm infants. *JCI Insight*, 2(10), pii: 88609. doi:10.1172/jci.insight.88609.

Ma, L., Wang, B., Narayana, S., Hazeltine, E., Chen, X., Robin, D. A., Fox, P. T., & Xiong, J.（2010）．Changes in regional activity are accompanied with changes in inter-regional connectivity during 4 weeks motor learning. *Brain Research*, 1318, 64-76.

Mijna Hadders-Algra（著）問川博之・大戸達之（監訳）（2013）．発達障害が疑われる子どもの神経学的診察法 原著第3版 軽微な神経機能障害の評価 医歯薬出版

三上美咲・斉藤まなぶ・髙橋芳雄・足立匡基・大里絢子・増田貴人・中井昭夫・中村和彦・山田順子（2017）．幼児期における協調運動と行動及び情緒的問題との関連 保健科学研究, 8, 17-24.

Miyachi, T., Nakai, A., Tani, I., Ohnishi, M., Nakajima, S., Tsuchiya, K. J., Matsumoto, K., & Tsujii, M.（2014）．Evaluation of Motor Coordination in Boys with High-functioning Pervasive Developmental Disorder using the Japanese Version of the Developmental Coordination Disorder Questionnaire. *Journal of Developmental and Physical Disabilities*, 26(4), 403-413.

水野賀史・宮地泰士・大橋圭・浅井朋子・今枝正行・飯田陽子・今橋寿代・中井昭夫（2015）．自閉症スペクトラム障害児における特性の強さと協調運動の問題の関係について 小児の精神と神経, 55, 189-195.

Mosca, S.J., Langevin, L.M., Dewey, D., Innes, A.M., Lionel, A.C., Marshall, C.C., Scherer, S.W., Parboosingh, J.S., & Bernier, F.P.（2016）．Copy-number variations are enriched for neurodevelopmental genes in children with developmental coordination disorder. *Journal of Medical Genetics*, 53(12), 812-819.

Nakai, A.（2013）．Motor Coordination Dysfunction in ADHD: New Insights from the Classroom to Genetics. In Thompson, R. & Miller, N.J., (Eds.), *ADHD: Cognitive Symptoms, Genetics and Treatment Outcomes*. New York: Nova Science Publishers, Inc. pp.81-104.

中井昭夫（2014a）．発達障害領域でよく使用されるアセスメントツール──協調運動機能のアセスメント──DCDQ-R，Movement-ABC2── 辻井正次（監）発達障害児者支援とアセスメントのガイドライン 金子書房 pp.257-264.

中井昭夫（2014b）．アセスメントツールの活用の仕方──発達性協調運動障害

(Developmental Coordination Disorder: DCD)——— 辻井正次（監）発達障害児者支援とアセスメントのガイドライン　金子書房　pp.257-264.

中井昭夫（2015）．小児のむずむず脚症候群（RLS）　三池輝久・小西行郎・中井昭夫（編）いま，小児科医に必要な実践臨床小児睡眠医学　診断と治療社　p.86.

中井昭夫（2016a）．協調運動から見た神経発達障害　児童心理学の進歩 55　金子書房　pp.173-202.

中井昭夫（2016b）．発達性協調運動症のそだち（特集 そだちからみたおとなの発達障害）———（そだちとそだてられ）———　そだちの科学, **26**, 54-58.

中井昭夫（2017a）．協調からみた神経発達障害　日本小児科学会雑誌, **121**(5), 817-825.

中井昭夫（2017b）．ADHDと発達性協調運動障害（DCD）———DAMP症候群の再考と再興　精神医学, **59**(3), 247-252.

中井昭夫（2018）．微細神経学的徴候（ソフト・ニューロロジカル・サイン）の発達　小児内科, **50**(8), 1306-1309.

Nakai, A., Miyachi, T., Okada, R., Tani, I., Nakajima, S., Onishi, M., Fujita, C., & Tsujii, M.（2011）. Evaluation of the Japanese version of the Developmental Coordination Disorder Questionnaire as a screening tool for clumsiness of Japanese children. *Research in Developmental Disabilities*, **32**(5), 1615-1622.

Nakai, A., Takayama, K., Ohnishi, M., Mitsuhashi, Y., & Kirby, A.（2015）. The Development of the Japanese version of the Adult Developmental Coordination Disorders/Dyspraxia Checklist（ADC）. *Journal of Comorbidity*, **5**, 91.

Nakai, A., Wakabayashi, H., Abe, K., & Konishi, Y.（2017）. Atomoxetine Improves Motor Coordination in the Children with AD/HD：A Preliminary Report. *Brain & Development*, **39**（Sup），292.

大村由幸・國吉康夫（2014）．初期運動発達に関わる神経発達　ベビーサイエンス, **14**, 44-67.

Papiol, S., Fatjo-Vilas, M., & Schulze, T.G.（2016）. Neurological soft signs in patients with schizophrenia: Current knowledge and future perspectives in the post-genomics era. *Translational Developmental Psychiatry*, **4**(1), 30071.

Patel, R., Spreng, R. N., & Turner, G. R.（2013）. Functional brain changes following cognitive and motor skills training: A quantitative meta-analysis. *Neurorehabil Neural Repair*, **27**(3), 187-199.

Pearsall-Jones, J. G., Piek, J. P., & Levy, F.（2010）. Developmental Coordination

Disorder and cerebral palsy：Categories or a continuum? *Human Movement Science*, 29(5), 787-798.

Rihtman, T., Wilson, B. N., Cermak, S., Rodger, S., Schoemaker, M. M., Cantell, M., Jover, M., Albaret, J. M., Ray-Kaeser, S., Magalhaes, L., Cardoso, A. A., Van Waelvelde, H., Hultsch, D., Tseng, M. H., Sun, S. H., Pineaar, A., Coetzee, D., Nakai, A., Green, D., Martine, R., & Parush, S. (2013). Can a little instrument make a big noise? A cross-cultural collaboration for identifying motor delay in young preschoolers. *Brazilian Journal of Motor Behavior*, 7, 24.

桜田一洋（2017）．生命科学のパラダイムシフト　実験医学　特集 生命の複雑生徒個別性に挑むオープンシステムサイエンス，35(1), 2-14.

Sally, Shaywitz（著）藤田あきよ（訳）(2006). 読み書き障害（ディスレクシア）のすべて——頭はいいのに，本が読めない——　PHP研究所

Schoemaker, M. M., Flapper, B., Verheij, N. P., Wilson, B. N., Reinders-Messelink, H. A., & de Kloet, A. (2006). Evaluation of the Developmental Coordination Disorder Questionnaire as a screening instrument. *Developmental Medicine and Child Neurology*, 48(8), 668-673.

Williams, J., Hyde, C., & Spittle, A. (2014). Developmental coordination disorder and cerebral palsy：Is there a continuum? *Current Developmental Disorders Reports*, 1(2), 118-124.

World Health Organization. (1992). *The ICD-10 classification of mental and behavioural disorders : Clinical descriptions and diagnostic guidelines*. Geneva : World Health Organization.

World Health Organization. (2018). (https://icd.who.int/en)

Yamada, Y., Kanazawa, H., Iwasaki, S., Tsukahara, Y., Iwata, O., Yamada, S., & Kuniyoshi, Y. (2016). An Embodied Brain Model of the Human Foetus. *Scientific Reports*, volume 6, Article number: 27893.

Zwicker, J.G., Yoon, S. W., Mackay, M., Petrie-Thomas, J., Rogers, M., & Synnes, A. R. (2013). Perinatal and neonatal predictors of developmental coordination disorder in very low birthweight children. *Archives of Disease in Childhood*, 98(2), 118-122.

第 3 章

DCD に対する介入の方法論
過程指向型アプローチと課題指向型アプローチ

増田 貴人

1. 介入における2つのアプローチ

　教師や保育者，医療・福祉・心理の援助者は，DCD を示す子どもたちに対して，どのようなことに心がけた介入をすれば，効果的に援助を展開できるのだろうか。DCD の周知・社会的認知，発症機序，判別・評価（アセスメント）と並んで，介入は教育や医療の現場においては特に関心が高い課題である（Henderson & Henderson, 2002）。

　例えば DCD を示す子どもは，10歳以前に介入されるなど適切に対応されることで，身体運動面での改善傾向が見られる傾向がある（Kurtz, 2008 七木田他監訳, 2012）。他方で，運動に不器用さがみられる子どもたちの多くは，運動場面で自分の不得意さに直面するため，運動することを避ける傾向にあるという指摘もある（増田, 2012; 澤江, 2015）。キャンテルら（Cantell, Smyth, & Ahonen, 1994）も，適切な介入がなければ，DCD を示す子どもの運動困難は決して自然消失するわけではなく，さらに二次的な影響として自己肯定感などの心理的・情緒的側面へと負の方向に強く影響していくことを報告している。

　DCD を示す子どもへの介入は，それぞれその内容や方略に違いこそあれど，対象となる子どもの運動スキル水準を向上させ，日常生活を妨げて

いる困難をいかに改善していくかを主たる目的としている，という一点については，どの取り組みも異なることはない。ただ，援助者がDCDをどう捉えるかその立場によって，それぞれの介入の内容や方略は多種多様である。

これまでに報告されたDCDを示す子どもへの介入をみると，大きく2つのアプローチにまとめることができるだろう（増田, 2002）。一方は過程指向型アプローチ（process-oriented approach）と呼ばれる介入であり，他方は課題指向型アプローチ（task-oriented approach）と呼ばれる介入である。

本章では，過程指向型アプローチと課題指向型アプローチのそれぞれの介入の考え方やその評価を紹介しつつ，その議論のなかで，今後のDCDを示す子どもへの介入の質の向上につながるような示唆を得たいと考えている。

2．過程指向型アプローチとその効果

(1) 過程指向型アプローチの考え方

過程指向型アプローチの立場にある研究者・実践者たちは，対象児が課題遂行のために必要とされる運動スキルを獲得できないのは，何らかの心理的過程の欠陥（deficiency）があるためだと考えている（Laszlo & Bairstow, 1983, 1985）。つまり過程指向型アプローチは，運動スキルの発達の遅れや阻害の原因となっていると考えられる感覚運動系のプロセスの一部（例えば感覚や知覚，記憶，注意，動作のプランニングなど）に焦点化して，その部分の向上をはかることで，DCDを示す対象児の運動パフォーマンスを向上させようとしているアプローチということができるだろう。過程指向型アプローチの代表的なものには，エアーズ（Ayres, 1972）によって提案された感覚統合療法（sensory integration therapy）がある。日本国内でも，エアーズの著書の訳書が1978年に刊行されて以降，長らく特別な支援を要する子どもへの支援に用いられてきた（佐藤, 1992）。

アーンハイムとシンクレア（Arnheim & Sinclair, 1979）によるとエアーズは，強い多動性，注意力の散漫や発話の発達の遅れ，学習困難，行動上の問題など，発達障害児に顕著にみられる発達的問題について，外界から得られた様々な情報をうまく統合することができないために，困難が生じていると考えた。そして，感覚刺激を与えることによって大脳皮質下の発達を促し，様々な学習を妨げている神経学的条件のいくつかを除去していくことで，子どもが感覚の処理や構成する方法を変化させていくことが重要であると考え，援助を試みた。なかでも，ブラシやブランコなどの器具で身体を揺すったり回転させたりする活動を行って，平衡機能や姿勢の確立に重要な働きをしている前庭系の機能を高め，視聴覚や触覚，運動覚（kinesthesis）といった感覚の統合をはかろうとしたのである。

　国内ではほぼ紹介例が乏しいが，ラズロとベアストウ（Laszlo & Bairstow, 1980, 1983, 1985）が提唱している運動覚訓練法（kinesthetic training）も過程指向型アプローチに含まれる。運動覚は「隠れた第六感」とも呼ばれ，視覚や聴覚などからの情報を通さずに，筋や骨格，関節の内部や付近から得られる身体の緊張の感覚のことで，これに困難があると正確な身体意識が得られないため，物にぶつかりやすくなる。ラズロらは，DCDの背景としてこの運動覚に注目し，運動覚の向上によって身体運動制御が改善され，DCDを示す子どもの運動パフォーマンスが全般的に改善されるとともに，書字や描画，体力が向上すると述べたのである。

　運動覚訓練法について，日本語で書かれた資料としては宮原（1999）などに記載がみられる。

　過程指向型アプローチによる介入の特徴は，次の2点といえる。すなわち，ある特定の感覚や知覚運動など運動困難の背景と考えられる要因に焦点化し，それらをひとつずつ改善させて脳の機能を高め，DCDの改善をはかろうとしている介入の考え方であるという点，そして，日常生活のなかで困難にしている特定の技能を直接教えようとするものではないという点である。あえて極端に例えれば，箸が上手に使えない子どもに対して介入しようとするとき，その原因が視覚や手指操作にあると考えて，間違い探し遊びやひもとおし遊びを練習させたりして，改善をはかろうとする考え方の介入アプローチといえる。

(2) 過程指向型アプローチによる介入の評価

ところで過程指向型アプローチによる介入の効果については，どのように評価されているのだろうか。

感覚統合療法に関する研究レビューを分析したオッテンバッカーら (Ottenbacher, 1982; Ottenbacher & Petersen, 1985) は，感覚統合療法が大脳前庭系への刺激の効果が高いことを量的に示し，とても有効な介入アプローチであると結論づけている。

しかしながら，この介入アプローチの有効性を支持していない先行研究も少なくない。ポラタイコ (Polatajko, H. J.) らの研究グループは，感覚統合療法と他の知覚運動訓練法とで効果を比較して，読字や書字，微細運動，粗大運動，自尊心それぞれでほとんど差が得られなかったというデータ (Polatajko, Miller, & Law, 1991) や，DCDを示す子どもには全く効果が得られなかったという結果 (Polatajko et al., 1995) を報告した。さらに米国小児科学会からも，障害児部会から「神経生理学的訓練と称して実施されるパターニング，視力訓練，感覚統合療法などは，効果があったという報告もあるが，実施する価値があるとはいえない (Committee on Child with disabilities, 1985)」，障害児部会と補完統合医療部会から「感覚に基づいたセラピー (sensory-based therapies) は，作業療法の一環として取り入れることができるかもしれない。だが，感覚統合療法の有効性に関する研究は限定的で，決定的なものとはいえない。効果が十分に確認されていないことを保護者に知らせ話し合うことが重要である (Section on Complementary and Integrative Medicine and Council on Children with Disabilities, 2012)」と，それぞれ批判的立場を示す声明文が出されている。

運動覚訓練法についても，多くの批判がみられる。例えばポラタイコら (Polatajko et al., 1995) は，DCDを示す子どもたちが運動覚訓練法による訓練結果を般化することができなかったことを報告した。さらにシムスら (Sims et al., 1996a, 1996b) も，実証的データにより批判している。シムスらによれば，DCDを示す子どもたちを，運動覚訓練法を受けている子ども群，運動覚訓練法の要素を意図的に避けるようデザインされた介入を受けている子ども群，特に介入を受けていない子ども群の3群に分け，

いくつかの課題での成績を比較したところ，運動覚訓練法を受けた子ども群と，特に介入を受けていない子ども群との間で，体力や描画における有意差が認められなかった。さらに運動パフォーマンス成績についても，介入を受けていた2つの子ども群は成績の向上が確認されたものの，方法の違いによる差はほぼ認められなかったという。

さらに，ロードとヒュルム（Lord & Hulme, 1987）は，DCDの原因として視知覚に着目し，視知覚訓練によってDCDの改善が見込めることを提案したが，これも過程指向型アプローチによる介入に位置づけることができる。だがこれも，DCDを示す子どもを対象とした視知覚訓練の実践報告事例は未だ見当たらない。

DCDを示す子どもへの過程指向型アプローチによる介入効果については，子どもによっては改善されることもあるかもしれないが，十分な根拠は示されていない。このことは，長崎で行われた特別講演においてポラタイコも指摘したように，過程指向型アプローチが悪いということではなく，現時点では，介入効果の研究が十分に示されていないので，ネガティブな評価として判断せざるをえないと考えるべきであろう（Polatajko, 2019）。現在DCDの生じる具体的な発症機序や原因が明確に特定されているわけではないことから，今後それらが明らかにされたならば，介入成果の十分な根拠が期待される新たな過程指向型アプローチが提唱される可能性もあるだろう。

3．課題指向型アプローチについて

(1) 課題指向型アプローチの考え方

課題指向型アプローチによる介入は，個々の子どもに合わせた教授方法やペースで，適切な運動スキルを直接的に教えようとするものである。例えば書字課題であれば，教師・援助者は，子どもの姿勢や運動制御をよく観察し，「ペンの握りは適切か」「筆圧は必要以上にかかっていないか」など，書字に関係する情報をしっかり収集して，それらの情報をふまえて字

の綴りが改善されるように課題を設定するだろう。このとき，子どもが生活する文脈に結びつけた自然な流れのなかで，時に基本課題に戻り，時に応用課題に挑戦させながら，書字に要求される運動スキルを，少しずつ子どもに獲得させるようにすることと思われる。このとき，あくまで子どもが抱えている書字困難に直接焦点をあてて改善のための指導を行い，目や指の動きなど特定の感覚や知覚運動，心理的過程を強調することはしないのが特徴といえる。

　生活の文脈に沿った介入実践を重視しているのは，運動スキーマ理論（Schmidt, 1975; Schmidt & Wrisberg, 2000）を実践的に応用しているためである。生活の文脈に沿った介入実践だと，周囲の状況が刻々と変化するため，決まった課題を何度も何度も繰り返すという状況は考えにくく，むしろ，常に異なった状況がランダムに呈示されることになりがちである。マギル（Magill, 1989）は，ランダムな実践になると反復がほとんどないので，現前の課題をどう解決するか考えるようになり，対象児の学習への熱心さを促すと述べている。その結果，対象児への多様な実践のなかでの教授・援助により，多くの変数の調整に関係した運動スキーマ（motor schema）と呼ばれる一連の法則が更新され，新しい状況で経験する課題に般化を促していくことにつながっていく。したがってボール活動を導入した介入をするにしても，同じ動きや同じ活動を何度も繰り返すのではなく，様々な方向や様々なスピードで捕球の経験をさせ，捕球に必要な運動スキーマの形成を促すことで，場面が違ったり，異なるタイプのボールを用いても，多様な状況のなかで対応できるようになることをねらっていくことになる（Schumidt, 1975; 宮原, 2013; Henderson, 2016）。

　サグデンとウェイド（Sugden & Wade, 2013）は，課題指向型アプローチによる介入として，生態学モデルによる介入（Ecological Intervention: 以下EI）をあげている。これはニューウェル（Newell, 1986）が提案したダイナミックシステムモデルを元にしており，図3-1 で示すように，身体の動きで困っている対象となる子どものリソース（やってみたいという意欲や身体能力，障害の状況など）と，環境における文脈（用具が充足しているか，子どもが課題をこなせるように調整してくれる援助者・仲間・家族の態度，援助者がアダプテッドな身体活動を意識している支援），課

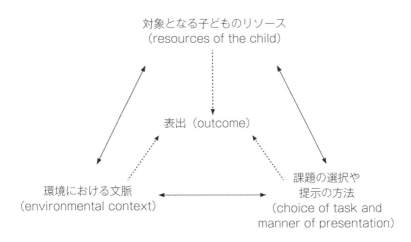

図3-1　動作の表出において関連し合った三角形（Sugden & Wade, 2013）

題の選択や提示の方法（対象児が自らやってみたい，できるようになりたいと思って自ら決め意思を提示した課題）の3つが，ダイナミックな関係のなかで調整されるなかで，子どもの動作が表出するというものである。言い換えれば，DCDを示す子どもの動作の改善のためには，この三者の相互関係を調整することが重要であり，単に身体運動の側面だけでなく，認知や意欲といった心理面へもアプローチをはかる必要があるといえる。

EIでは，従来の介入法のように，介入を行おうとする援助者が一方的に対象児へ指導・援助を行うものではない。対象となる子ども自身が，やってみたい・できるようになりたいと思う課題を自ら決め，目標を設定するようにする。援助者の役割は，対象児の発見学習を援助するとともに，対象児とのラポールを基盤として動機付けし，運動行為を「適切に運動企画が立てられているか」，「どのように運動行為を遂行しているか」，「動きの評価（どのような動きとして表出されているか，周囲からどのように評価される動きか）」の3要素から介入を検討することとなる。

ラーキンら（Larkin & Parker, 2002; Revie & Larkin, 1993）による「課題特定的な介入（task-specific intervention）」は，課題指向型アプローチ

による介入のひとつにあてはまる。ラーキンらは，的当てボール蹴り（target kicking）や上手投げでの遠投，ホッピング，バレーボールを用いたバウンドでのキャッチボール（volleyball bounce and catch）といった特定の4つの課題を，9週間，20セッション実施したところ，DCDを示す子どもの運動パフォーマンスが改善されたと報告した。この介入では，EIをベースにして，活動内容を単純なものから次第に複雑なものへとなるよう構成され，援助者も全体－部分－全体へとメリハリをつけて働きかけるような援助・教授方法を採用していた。そのため，ほとんどの子どもたちは課題遂行に成功し，意欲の向上につながって，反復練習につながってより効果的な動きのパターンに洗練させる機会が増大したという。これについてラーキンらは，「『課題特定的な介入』は，過程指向型アプローチによる介入以上に，子どもたちにとって直接的でわかりやすいという長所が確認された。この介入プログラムを終えたとき，とある9歳児の母親からのコメントに『今や（子どもも）ゴム跳びもできるようになり，とてもうれしく思っています』と記載されていた。」と述べ，介入の効果を強調している。

　通常の学級に在籍するASDとDCDが疑われる小学校1年の男児に対する消しゴムの使い方指導の事例報告においても，単一事例報告であるが，EIのエッセンスが垣間見える（増田, 2015）。これは，スキル学習の理論（Fitts, 1964）をふまえつつ，対象児本人の興味に沿って設定された，未確認生物に関する文章の修正課題を含めた援助を試みている。すなわち，認知的段階（cognitive stage）として「どうすればきれいといえるのか（『きれいに消えた』状態とはどういう状態かの基準づくり）」を学習させ，さらに連合的段階（associative stage）として「どうすればきれいに消えるのか（『きれいに消えた』状態にするために必要な力加減）」を，本人の意欲をふまえながら確認した。さらに自動的段階（autonomous stage）として，家庭でも継続的に練習できるよう家庭との連携・協働をはかることで，対象児が自ら誤りを発見して修正できるようになり，一定の改善がみこめたことを報告している。

　英国（Sugden, 2007）やニュージーランド（宮原, 2017; Miyahara et al., 2009）の研究報告では，家族援助を強調し，DCDを示す子どもへの介入が試みられている。つまり研究者が，DCDを示す子どもやその親，教師

と話し合って，ワークブックなどを用いて一緒に課題指向型アプローチによる運動課題の具体的目標を立て，家庭や学校でできるだけ毎日練習するようにしたことで，DCD症状の改善が見込まれた，とする報告である。このときの毎日の練習を支えたのは，対象児に日常的に接していて，対象児を最もよく理解できている存在であるとともに，対象児にとっても慣れ親しんでいて自然体で活動に取り組める存在である親や保護者であった。そしてこのとき専門家の役割は介入そのものではなく，介入を担当する家族が意欲を減退させないように，頻繁に電話連絡などで励ましや状況確認，子どもが反発しないようにする助言などの後方支援であった。つまり，介入の主担当者だけでなく，対象児を取り巻く家族や地域も含めたリソース全てが多様で複層的に介入効果に影響していたことを示唆している。あわせて，専門家や療育リソースが乏しい遠隔地への介入の可能性を示している点も，たいへん興味深い。

　これら課題指向型アプローチによる介入のねらいは，対象児が，求めている運動スキルの水準まで到達させ，運動スキルの獲得と洗練を促し，自動的に運動スキルを遂行できるよう般化させることにある。対象となる子ども自身の意欲や認知機能に働きかけるようにしたり，子どもにとって最も身近な立場の者が主たる援助者となることで，子どもが自らの運動スキルを改善しようとする際に援助する，いわば「好きこそ物の上手なれ（誰でも好きでやっていることは一生懸命になるし，それに関して勉強したり工夫したりするので，自然に上達するだろうという諺）」をめざしたアプローチともいえる。

(2) 課題指向型アプローチによる介入の効果

　近年，DCDについての定義や診断，アセスメント，介入についての多くの研究成果を集約して，DCDの処遇に関する国際的なガイドラインの作成が試みられている（Blank, et al., 2019）。

　それによれば，DCDを示す子どもに対しては，「介入として課題指向型アプローチが有効である」「CO-OP（Cognitive Orientation to daily Occupational Performance）やNTT（Neuromotor Task Training）など

の課題指向型アプローチによる介入を推奨してもよいかもしれない」と示されている。カナダで開発された CO-OP は，援助者が子どもの認知に具体的に働きかけ，子どもが課題活動の目標設定や計画，実行，評価といった問題解決の流れを口に出して言うことで，自分の行動を制御できるように援助する点が特徴的である（Kennedy-Behr & Rodger, 2019; Polatajko & Mandich, 2004）。またオランダで開発された NTT も，課題分析をとおして運動技能のスモールステップ化をはかり，その課題のなかで問題となる部分に集中的に取り組めるように，援助者が環境設定に働きかけるもので（Schoemaker & Smits-Rngelsman, 2005），CO-OP，NTT のいずれも，認知行動療法の考え方を基盤に，身体活動援助へと応用したものといえる。ただしそれぞれの介入法の開発者が，このガイドライン作成の主要メンバーであることも考慮する必要はあるだろう。

　研究により得られたより良質な成果を長年収集し，健康上の意思決定のための根拠を提供している世界規模のネットワーク組織のコクラン（Cochrane）は，DCD を示す子どもに対する課題指向型アプローチによる介入効果のメタ分析結果を報告している（Miyahara et al., 2017）。それによれば，課題指向型アプローチによる介入では，中程度に運動検査の得点を向上する効果があることが示唆され，有害な結果も示されていなかった。しかし，ランダム化比較などより信頼できる手続きを踏んでいた質の高い研究は非常に少なく，数少ない質の高い研究成果のみ取り上げると，課題指向型アプローチによる介入によって運動の問題が改善されたとはいえない結果が示されていた。そのため，「現時点では，課題指向型介入は，DCD のある児童の運動検査の得点を向上するのに有効であるかもしれない」けれど，「効果の推定はほとんど信用に値しないという評価をせざるを得ない。つまり，真の効果は，メタ解析で算出した効果推定値とかなり異なる可能性が高い。過去のレビュー研究は，一貫して介入には有益な効果があると報告しているが，我々の結論とは一致していない。本レビューにより，DCD の児童に対する介入効果の検証には，慎重に設計され実施されたランダム化比較試験の必要性が強調された。」と結論づけられている。

4．おわりに

ランスダウン（Lansdown, 1988）は，DCD を示す子どもの援助にあたって，援助者が3つの段階をふむことを薦めている。それはすなわち，第一に対象児には実際に支援が必要なのか十分確認をすること，第二に対象児の困難の状態を確認すること，第三に活動プログラムを準備して介入や管理をすること，の3つである。そしてさらに実際の介入においては，自明の前提（ground rule）として以下の5つを提案している。

① 対象児からの信頼を得ること，そして対象児の自尊心維持のために，対象児が課題を遂行するために必要な時間は，十分に保つことが重要である。
② 介入における実践のセッションは長くしない。むしろ短くすべきである。
③ 課題は，介入を実施する援助者が細かく管理できる段階まで，スモールステップに細分化する。
④ 指導や援助を行う際，対象児を急かすことはせず，対象児自身のペースやスピードで課題をさせるようにする。
⑤ 具体的な方略は，衣服の着脱など，特定の問題を克服するために教えられるべきである。

ランスダウンの提案は，特定の原因を追及することよりも，対象児の関心やペースに沿った介入を意識しつつも，援助者が対象児をよく観察する必要性，そして多様な運動方略を経験する課題・環境を提供することを重視しているといえる。
　かつてヒリエー（Hillier, 2007）は，DCD を示す子どもへの介入として効果がある要因として，「介入は週3回以上の頻度で，1回概ね50分程度で行われたものが最も効果的」「主に介入を担うのは対象児にとって身近な人物であること」「過程指向型アプローチによる介入は効果があがって

いるとは言い難く，課題指向型アプローチの方が介入の効果について説得力がある」と指摘していた。しかし最近の知見は，以前推奨された「良質な介入」が，必ずしも良質な介入とはいえないものも混ざっていたという指摘もあり，より質の高い根拠が示されていないという点ではどの介入法も同じ条件にあるといえる。

今後より質の高い介入実践や，対象児の改善に至った文脈が十分考慮された縦断研究・事例研究が，ひとつでも多く蓄積されることが，今後の日本におけるDCD研究・支援の発展のために不可欠といえよう。

文献

Arnheim, D.D., & Sinclair, W.A. (1979). *The clumsy child* (2nd ed.). LA: Mosby.

Ayres, A.J. (1972). Improving academic scores through sensory integration. *Journal of Learning Disabilities*, 5(6), 338-343.

Blank, R., Barnett, A.L., Cairney, J., Green, D., Kirby, A., Polatajko, H., Rosenblum, S., Smits-Engelsman, B., Sugden, D., Wilson, P., & Vinçon, S. (2019). International clinical practice recommendations on the definition, diagnosis, assessment, intervention, and psychosocial aspects of developmental coordination disorder. *Developmental Medicine & Child Neurology*, 61, 242-285.

Blank, R., Smits-Engelsman, B., Polatajko, H., & Wilson, P. (2012). European Academy for Childhood Disability (EACD): Recommendations on the definition, diagnosis and intervention of developmental coordination disorder (long version). *Developmental Medicine & Child Neurology*, 54, 54-93.

Cantell, M.M., Smyth, M.M., & Ahenen, T.P. (1994). Clumsiness in adolescence: Educational, motor, and social outcomes of motor delay detected at 5 years. *Adapted Physical Activity Quarterly*, 11(2), 115-129.

Committee on Child with disabilities (1985). School-aged children with motor disabilities. *Pediatrics*, 76(4), 648-649.

Fitts, P.M. (1964). Perceptual-motor skill learning. In A.W. Melton (Ed.), *Categories of Human Learning*, NY: Academic press.

Henderson, S. (2016). Congraturations to DCD-Japan! 第1回日本DCD研究会基調講演記録

Henderson, S. E., & Henderson, L. (2002). Toward an understanding of developmental coordination disorder in children. *Adapted Physical Activity Quarterly*, **19**(1), 11-31.

Hiller, S. L. (2007). Intervention for children with developmental coordination disorder: A systematic review. *Internet Journal of Allied Helth Science and Practice*, **5**(3), 1-11.

Kennedy-Behr, A., & Rodger, S. (2019). Occupational therapy for DCD. In A.L. Barnett & E.L. Hill (Eds.), *Understanding motor behavior in Developmental Coordination Disorder*, NY: Routledge, pp.173-188.

Kurts,L.A. (2008). *Understanding motor Skills in Children with Dyspraxia, ADHD, Autism, and Other Learning Disabilities*. London: Jessica Kingsley Publishers. (カーツ，L. A.（著），七木田敦・増田貴人・澤江幸則（監訳）（2012）．不器用さのある発達障害の子どもたち　運動スキルの支援のためのガイドブック――自閉症スペクトラム障害・注意欠陥多動性障害・発達性協調運動障害を中心に――　東京書籍）

Lansdown, R. (1988). The clumsy children. In N. Richman & R. Lansdown (Eds.), *Problems of preschool children*, London: Wiley, pp.75-82.

Larkin, D., & Parker, H.E. (2002). Task-specific intervention for children with developmental coordination disorder: A system View. In S.A. Cermak & D. Larkin (Eds.), *Developmental Coordination disorder*, Canada: Delmar, pp.234－247.

Laszlo, J.I., & Bairstow, P.J. (1980). The measurement of kinaesthetic sensitivity in children and adults. *Developmental Medicine and Child Neurology*, **22**(4), 454-464.

Laszlo, J.I., & Bairstow, P.J. (1983). Kinaesthesis: Its measurement, training and relationship to motor control. *Quarterly of Journal of Experimental Psychology*, **35**（Pt2），411-421.

Laszlo, J.I., & Bairstow, P.J. (1985). *Perceptual-motor behavior: Development assessment and thetapy*. London: Holt, Rinehart and Winston.

Lord, R., & Hulme, C. (1987). Perceptual judgement of normal and clumsy children. *Developmental Medicine and Child Neurolegy*, **29**(2), 250-257.

Magill, R.A. (1989). *Motor learning and control: Concepts and application*. Dubuque. IA: Brown.

増田貴人（2002）．身体的不器用さを示す子どもへの介入指導とその課題――介入指導方略の違い――　幼年教育研究年報，**24**，57-62.

増田貴人（2012）．運動が苦手・不器用．辻井正次（編著）特別支援教育　実践の

コツ――発達障害のある子どもの〈苦手〉を〈得意〉にする―― 金子書房 pp.48-54.

増田貴人（2015）．特別支援教育の観点からの不器用さへの教育的配慮 チャイルドヘルス, 18(6), 27-30.

宮原資英（1999）．運動発達における問題――実践的問題点―― 辻井正次・宮原資英（編著）子どもの不器用さ――その影響と発達的援助―― ブレーン出版 pp.55-108.

宮原資英（2017）．発達性協調運動障害――親と専門家のためのガイド―― スペクトラム出版社

Miyahara, M., Butson, R., Cutfield, R., & Clarkson, J.E. (2009). A pilot study of family-focused tele-intervention for children with developmental coordination disorder: Development and lessons learned. *Telemedicine and e-Health*, 15, 707-712.

Miyahara, M., Hillier, S. L., Pridham, L., & Nakagawa, S. (2017). Task-oriented interventions for children with developmental co-ordination disorder (review). *Cochrane Database of Systematic Reviews 2017*, Issue, 7.

Newell, K.M. (1986). Constraints on the development of coordination. In M. Wade & H.T.A. Whiting (Eds.), *Motor development in children: Aspects of coordination and control*. Dordrecht: Martinus Nijhoff. pp.341-360.

Ottenbacher, K.J. (1982). Sensory integration therapy: Affect or effect. *American Journal of Occupational Therapy*, 36(9), 571-578.

Ottenbacher, K.J., & Petersen, P. (1985). A meta-analysis of applied vestibular stimulation research. In K.J. Ottenbacher & M.A. Short (Eds.), *Vestibular Processing Dysfunction in Children*. NY: The Aworth Press.

Polatajko, H. J. (2019). From practice to research and back again: Addressing the needs of DCD children. 日本DCD学会第3回学術集会特別講演

Polatajko, H. J., Macnab, J. J., Anstett, B., Malloy, M. T., Murphy, K., & Noh, S. (1995). A clinical trial of the process-oriented treatment approach for children with developmental co-ordination disorder. *Developmental Medicine and Child Neurology*, 37(4), 310-319.

Polatajko, H. J., & Mandich, A. D. (2004). Enabling occupation in children: The Cognitive Orientation to daily Occupational Performance (CO-OP) Approach. Ottawa, ON: CAOT Publications ACE.

Polatajko, H.J., Miller, J., & Law, M. (1991). The effect of a sensory integration theory program on academic achievement, motor performance and self esteem in children identified as learnillg difficulties: Result of a clinical trial. *American Occupational Therapy Journal of Research*, 9, 155-176.

佐藤剛（1992）．感覚統合療法の治療論と臨床の有効性について　坂本龍生（編）発達障害臨床学　学苑社　pp.94-110.

澤江幸則（2015）．小学校における不器用さに配慮した体育科教育の工夫　チャイルドヘルス, 18(4), 22-25.

Schmidt, R.A.（1975）. A schema theory of discrete motor skill learning. *Psychological Review*, 82, 225-260.

Schmidt, R. A., & Wrisberg, C. A.（2000）. Motor learning and performance（2nd ed.）. Champaign: Human kinetics.

Schoemaker, M. M., & Smits-Rngelsman, B. C. M.（2005）. Neuromotor Task Training: A new approach to treat children with DCD. In D.Sugden & M.Chambers（Eds.）, *Children with Developmental Coordination Disorder*, London: Whurr. pp. 212-227.

Section on Complementary and Integrative Medicine and Council on Children with Disabilities（2012）. Sensory Integration Therapies for Children with Developmenatal and Behavioral Disorders（policy statement from American Academy of Pediatrics）. *Pediatrics*, 129, 1186-1189.

Sims, K., Henderson, S. E., Hulme, C., & Morton, J.（1996a）. The remediation of clumsiness: 1. An evaluation of Laszlo's kinaesthetic approach. *Developmental Medicine and Child Neurology*, 38(11), 976-987.

Sims, K., Henderson, S. E., Hulme, C., & Morton, J.（1996b）. The remediation of clumsiness: 2. Is kinaesthesis the answer? *Developmental Medicine and Child Neurology*, 38(11), 988-997.

Sugden, D. A., & Wade, M.（2013）. *Typical and Atypical Motor Development*, London: Mac Keith Press.

第Ⅱ部

DCDの発達的特性の理解とその支援

第 4 章

典型的な運動発達と
DCD の発達特性

七木田　敦

1. 運動発達とは何か

(1) **運動発達研究の動向**──連続性，直線的なモデル

　運動発達の研究はじつに90年もの歴史を有している。トーマス（Thomas, 1989）は，「現代の発達心理学とは，可能な限り短い時間で風変わりな大人が，普通でない状況で，子どもの特別な行動を科学する学問」というブロンフェンブレンナー（Bronfenbrenner, 1977）のコメントを引きながら，「不幸なことに，この状況は運動発達の研究にもあてはまるのである」と辛口なコメントを寄せている。しかしこれは短見と言うべきものであろう。1920年代から1930年代の初期における伝統的な運動発達の研究（Ames, 1937; Bayley, 1936; Burnside, 1927; Gutterige, 1939; McCaskill & Wellman, 1938; McGraw, 1936; Shirley, 1931; Wild, 1938）は，実践によって裏付けられた詳細な観察により，運動のさまざまな変容の局面を誰もが納得できるようなイメージで時系列に沿った見事な里程標を提示することに成功している。以来，踏襲されてきた綿密な観察法は，よりよい科学であることを基礎づけ，現在の運動発達研究の基礎的な部分を提供してきた。
　ただ初期の運動発達研究そのもの，つまり運動パフォーマンスとその機

序についての心理学研究者の関心はそれほど高いものではなく，これは運動と他の心理的発達との関連で関心がもたれているに留まった。そのため運動の記述との相関関係を示すことに研究方法の主眼が置かれた（Burton & Miller, 1998）。それ以降，詳細な記述が積み上げられ，運動発達の機序や機構そのものにも焦点が当てられることとなった。ベイリー（Beyley, 1935），マクグロウ（McGraw, 1936），ハルバーソン（Halverson, 1931）などの研究は上記の観点からなされたものである。なかでも乳幼児の運動を観察したゲゼル（Gesell, 1946）の発達診断は，言語や個人一社会性の発達を独立して観察することが難しい乳児から幼児までの発達の展開を説明したものとしてよく知られている。今日，ゲゼルの発達診断は，鍵年齢での各領域の行動型は，それ自体が子どもの到達した発達水準であるというよりむしろ，中枢神経組織の成熟と統合の進展の程度を示す症候的指標であり，診断的意義をもつものと見なされている。つまり外から観察しうる行動や反応によって神経心理学的な成熟を判定・診断して，発達遅滞や障害を早期に発見，治療や指導を行う方法を基礎づけたもので，現在の乳幼児健康診断や障害児の運動などの発達診断にも受け継がれている。このように身体は理論に対してとても実直であり，運動発達は発達の諸領域のなかで優等生の地位を維持し続けてきた。

　これまでに解き明かされた運動発達における一般的な傾向については，子どもの発達的特徴の指標に反映されるようになる。例えば，一人座りができるか，一人歩きができるか，階段はどのように登るのか，といった運動の課題を評価することに焦点が当てられてきた。そして多くの実践場面で，発達期の子どもの運動の発達現象を説明することに役立ってきた。特に生まれて最初の1年あるいは2年を通しての運動の発達傾向は，人間の種としての特性を示しており，一般に子どもの実際の活動や文化的影響とは独立して根づいているものと考える。ただこれは，ややもすると運動発達の複雑さをより簡便に理解しすぎる傾向を助長した。下記にあげるような5つの運動発達の理解は，長い間，多くの実践場面で子どもの運動発達支援のために手がかりとして有効なものと考えられてきた。

① 頭部から足部へ発達する

　頭部から足部への傾向とは，成長と発達の方向性の順序に関連がある。身体上部の筋コントロールの達成の後で身体下部がそれに続く。

② 中枢から末梢へ発達する

　胴体や中心部に近接している身体の発達から，末梢あるいは末端部分の発達という順序がある。それゆえに体幹運動コントロールと肩の機能は，肘，手首，そして指のコントロールされた機能に先行して発達する。下肢においては，運動コントロールは，臀部から下腿部，足部，そして足指へと進む。

③ 全体から部分へ発達する

　運動発達は，身体の全体から身体部位へという傾向がある。すなわち粗大な全体的反応から，動きの特殊なパターンの出現へと分化していく。例えば，指や手でおもちゃを扱うことは，肩，肘など，全体あるいは全体に近い身体の操作から発現してくる。

④ 両側から片側へ発達する

　身体の両側から片側への偏向という方向性が見られる。最初の発達に現れる両側の活動（身体の左右両サイドがかかわる活動）に，どちらか一方の優先側の発達が，見られるようになることである。例えば，乳幼児は，発達初期は両方の手で食べたりする。しかしその後，どちらかの手や足で物を叩いたり，蹴ったり，あるいはどちらかの手で紙を切ったりできるようになる。

⑤ 粗大から微細筋へ発達する

　子どもは，小筋肉群のコントロールが獲得される前に，大筋肉群のコントロールを獲得する。換言すれば，粗大運動のコントロールは，微細運動に先行する。正確さのためのボールトスやバスケットのシュートにおいて，コントロールされた動きは，肩の比較的大きな筋肉から比較的小さな肘，手首，そして指の筋肉へ移行する。書くことや切ることは，肩，肘，手首のコントロールされた動きに続く微細運動の例である。

(2) 運動発達研究の転換——情報処理理論からのパラダイム転換

一方でこのような運動行動の変化の様相を，大脳の成熟の副産物として生起する事態で説明するのではなく，新たな運動技能の獲得，つまりは主体の学習といった観点から，構築するという試みがなされるようになった。例えばアダムスの閉ループ理論（Adams, 1968）では，情報処理理論の考えを取り入れ，正確な運動のために必要な運動の記憶とはフィードバックされた情報と比較して誤差を検出するための内的基準である知覚痕跡と，運動を開始する働きを持つ記憶痕跡という2つによって構成されているとする。運動が始まると知覚痕跡は活性化されて，進行中の運動によって生じるフィードバックと比較され，次の運動を修正するための手がかりを提供する役割を果たすことになる。このように1960年代後期に入って，アダムスやビロドー（Bilodeau, 1966）などの研究が刺激となって，単純な行為でさえ複雑な構造を持つということが議論になり始めたのである。フィードバックやＫＲ（knowledge of results: 結果の知識）を強調する彼らの理論は，その後1970年代から1980年代にかけて運動発達に対して研究の振興・再生を促すきっかけとなる。

この種の観察から得られた経験的な指標は，デジタル化して動きを記録するビデオやコンピュータによる分析処理によって確認され，近年では，さらに人間工学の進歩に伴った新しい分析法，洗練された技法の開発により，新たな知見が加えられるようになってきた。例えば新生児の随意的な動き（Thelen, 1979）や，動いている対象物を捕まえる行動（von Hofsten, 1980）などに関する研究が盛んに行われ，子どもの全体発達を考える上でとても重要な事実を与えている。研究の流れは，動き手のパフォーマンスしている課題の成否に焦点を当てたもの（task-oriented approach）から，動き手としての子どもそれ自体に焦点を当てる（process-oriented approach）ように研究パラダイムが変化してきた。つまり子ども自身の動きに注目し，彼らが動くプロセスに焦点を当てるようになっているのである。研究者の多く（Curtis, 1982; Gentile, 1972; Keogh & Sugden, 1985; Ridenour, 1978; Wickstron, 1977）は，子どもを

子ども自身とその取り巻く環境とのダイナミックな相互関係で捉えようとしている。

　研究パラダイムの変化は，子どもは，自己の環境との相互作用における変化する動作の主体（agent），すなわち彼ら自身が学習するダイナミックなプロセスとして捉えようとする最近の発達支援の実践とも矛盾を生じないものであろう。ここには，遊びを通して得られる創造的なファンタジー経験から高度な動きのスキルまでの学習プロセスが含まれている。さらに環境は，子どもにとって相互作用のための原動力と見なされ，指導者は環境の促進者として捉えられる。子どもが環境と相互作用をしようとするとき，そこに指導者は動きの状況を作りだし，子どもがそれを解決することで，子どもは自分で発達を促進させていくことが可能になると考えられる。幼児期における発達支援の目標を，「創造的で自立的な思考者，問題解決者を育てること」（Curtis, 1987）に置くとき，「動き」は明らかに，問題解決の媒介となりうる理由がここにある。

　さらに，近年この分野の研究は，より広い機能行動の実際的な文脈，そして知覚，認知，社会的な行動の理論的文脈などを考慮するようになってきている。このような展開は運動制御の機構と運動発達の経路への深い理解をもたらしている。例えば，ロボットの操作におけるコンピュータの制御などの領域研究では，単純な行動でさえそれを作り出すためにはとてつもなく複雑な回路が必要なことを教えてくれる。乳児がみせるリーチング，把握（von Hofsten, 1991），あるいは原始歩行やハイハイなどはこの観点（Thelen, 1994）からみると未知の領域がまだ山積みされているといってよいだろう。

(3) 運動発達研究の新たな展開——非線形，非連続的な関係変数モデル

　これまで示された運動発達研究は，発達する子どもに適した教育や治療の介入を実現する最適な方法に関することに主眼を置いてきた。とはいえ研究の方向性は，実践者や研究者が最初に運動発達の研究を開始してから，変わりばえはしない。そのなかで個としての発達が種としての進化を繰り返すというような視点は，運動発達の里程標を説明する上で興味深いもの

である。誕生から思春期までのすべての子どもに共通の発達的変化であると見なされ，世界中の小児医学と教育の双方の領域でこの発達の里程標が，いわゆる「正常な」発育と発達をチェックするために利用されている。具体的な達成年齢のための発達の度合が，個々の子どもでかなり異なる場合があるが，前述したように発達初期の運動は，ほとんどの子どもに類似するもので，その機序や方向性も決まっているという前提が共有されていたのである。

　ところが1990年以降，直線的，法則的に見える運動発達のプロセスが，じつはスムーズかつ単調ではない，不連続性，変異性，不安定性，及び回帰性などの現象が観察できるという実証的な報告が続くのである（Savelsbergh, Davis, van der Kamp, & Bennett, 2003 ; Van Geert, 1999 ; Van der Maas, 1993; Wimmers et al., 1998）。これらの現象は，運動力学方程式に関係変数を用いて，不安定な運動行動が安定化する過程を運動行動の機能パターンを特徴付ける非線形力学の動的プロセスで表現することで明らかにされる。この展開を予期していたかのようにロシアの生理学者のベルンシュタイン（Bernstein, 1967）は，最も単純な動きにも様々な身体の内外の要素からなる協応性が必要であると述べ，従来から固定的に考えられてきた運動の中枢支配モデルに関して異議を唱えていた。彼は現実の人間の動きは，それが実行される文脈に存在する環境の変化をも事前に投影したシステム間の「自由度（the degree of freedom）」に大きく影響されることを示唆していたのである。ベルンシュタインが仕組んだタイムカプセルを開封すると，そこから運動においてシステム間の自由度と相互関係を解き明かそうとする研究が一挙に解き放たれたのである。それを基にテーレン，ウルリッチとジャンセン（Thelen, Ulrich, & Jensen, 1989）は，人間の運動発達の特性を説明するために次のような仮説を提示している。

　まず第1に，運動し，発達している生体が複雑な協応システムであるということである。最も単純な指の動きでさえも，動いている指とはまったく無関係な要素，例えば姿勢調節が必要であることが知られている（Marsden, Merton & Morton, 1983）。生体のすべての要素，感覚，知覚などの神経系の構成要素はもちろんのこと，呼吸，心臓血管系機能，解剖

学的な構造や，自律神経機構といった機能も含んで，機能的に適切な成果を上げるために協同しなければならない。

　第2に，ある動きと発達のシステムが，「自己組織化（self-organizing）」の特性を持っているということが考えられている。複合システムの条件下において，自己組織化は，潜在的に可能である量よりも，むしろより少ない自由度で安定したパターンをとる。システムのパラメーターが拡大されるにつれて，安定した状態が失われ，システムはそれが定着するまでの"混沌"状態を経て，おそらくはもっと安定した状態に「自己組織化」が可能になる。このように運動システムを自己組織化するものとして特徴づけることで，運動プログラムや反射を固定的に決定されたものではなく，相対的で柔軟性のある連続体としてとらえることが可能になる。テーレン（Thelen, 1985）によれば，刺激特異性を持つといわれるバビンスキー反射でさえ環境に対し融通性を持つことがいわれている。

　このアプローチによる第3の重要な仮説は，ある運動行動の構成要素の構造やプロセスは，非同時的，非直線的な発達を示すというものである。発達するシステムは，それぞれ独自の発達的プロフィールを持ち，相互作用する層状の多次元要素から成っている。よって結果となる行動は，課題と環境がもたらす文脈（状況）に依存している。

　この理論に基づいて，ニューウェルら（Newell & Corcos, 1993）は，

図4-1　Newell & Corcos（1993）による運動実行の制約モデル

運動発達の支援を対象者（児）の個体と，動きの課題と，環境とのダイナミックなシステム間の相互の制約関係（図4-1）を調節することで，改善に結びつけるというモデルを提案している。これによると，まず，環境への働きかけとしては，対象者（児）が運動を実行する際に指導者はその課題を子どもがこなせるように環境を調節したり，子どもが課題に取り組む際に，指導者が環境の一部として手助けしたりする。個体への働きかけとしては，子どもの動き自体を，課題や環境に適合するように変容させる方法，例えば運動指導や運動療法が行われる。この枠組みは，医療機関や教育機関といった公的機関に体系的な運動発達の支援の可能性を示唆している（Nanakida, 1995）。

以上，運動発達研究の展開を，歴史的に概観してきた。研究はより人間の運動行動の実相を明らかにするように深化してきた。以降では，運動発達の中でも，(1)姿勢制御研究，(2)協調運動研究，の視点から発達支援の手がかりを示す。

2．運動発達の支援のためのいくつかの示唆

(1) 姿勢制御能力の発達

物を真っ直ぐ持ち上げたり，座ったり，立ったり，そして歩いたりするような比較的簡単な課題の実行にとって姿勢制御は必要な機能である。しかし姿勢制御はその他の運動との関係において重要なのにもかかわらず，運動と見なされてはいなかった（ウーラコットら，1993）。姿勢制御とは，身体の重心位置を中心に持ち直そうとするために，あるいは平衡を維持するために姿勢調整をする能力であるが，そこには前庭器官，基礎的な反射，そして姿勢を調整しようとする意識的な能力と同様に，無意識な能力にも依存していると見なされる。このような姿勢を，重力に対して中枢神経系が追随的に「反応する」能力であると考える伝統的な姿勢制御観では，不安定で予想できない身体に加わるあらゆる力を制御し，加えて重力にも抗いうるような動的な過程（抗重力姿勢）という視座を得ることはできない。

トーマス（Thomas, 1989）は，近年の運動発達の研究を概観して，運動技能の獲得と身体形成要因との関係が考慮されるべきであるとし，「例えばてこが長くなればバランスの重心が変わるようにサイズの増加と体型の変化が，基本的運動スキルの発達を促しているのか考慮する必要がある」（p.357）と指摘している。周知のように人の成長という観点からみると幼児期は，第一次成長期の終わりの時期に当たり，伸張期と充実期が入れ替わり表れる時期である。このような時期において運動は，その母体となるところの身体のいわゆるサイズの問題と不可分なものである。

　一般に直立姿勢は，①大脳による意思的調節，②視覚・迷路系，自己受容器などの平衡反射受容器による姿勢反射，③抗重力筋緊張，④小脳機能による協同調節などにより保持されていると考えられるが，外乱や筋活動により微細な揺らぎ，重心の動揺が生じている。重心動揺は，年少者や高齢者で大きくなることが報告されている（Shumway-Cook & Woollacot, 1985）。特に幼児期における直立姿勢の保持には上記の要因の他に，物理的な成長要因（身長，体重）も深く関与していると考えられる。エルバー（Erbaugh, 1984）は，姿勢安定性の発達を身体部位の形態測定値から検討し，両者の相関関係の高さについて言及しているが，これまで多くの姿勢制御能力の研究は加齢に比例して直線的に発達していく能力と捉えられていた。そこで七木田・安井（1990）は，静的な姿勢保持能力を定量的に評価することのできる重心動揺検査によって姿勢制御能力を評価し，この能力と加齢，および一定期間内（6ヶ月）の身体の成長率（身長・体重）すなわち身体成長の変化（カウプ指数増減率）とがどのような関係にあるのか検討した。対象児は，3歳から6歳までの合計262人である。対象児は，重心動揺測定装置（パテラ社製）に両足を揃えた直立姿勢で立ち，開眼で30秒間，閉眼で20秒間測定する。測定項目は，重心点の移動した距離とその軌跡を囲む面積とし，それぞれ内蔵するコンピュータによって自動計算したものを記録した。

　姿勢制御は，4歳の前半から後半にかけて著しい重心動揺値の減少を示したが，その後は，一時的に動揺値の変動が停滞することが認められた。一方，身長，体重の成長率を見ると，加齢に伴って痩身化する傾向が認められたが，4歳後半から5歳前半において大きく変化した（図4-2）。従来

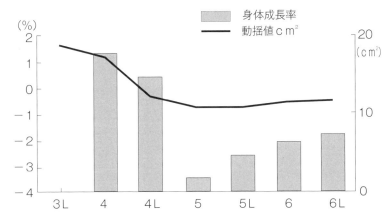

図4-2 開眼時の動揺面積と身体成長の変化（七木田・安井，1990）

の研究では幼児の平衡機能は年齢と比較して直線的に発達していくと述べられており（小島・竹森，1980；小山・藤原・池上，1982），本研究ではこれと異なった結果が示された。

　幼児的体格からプロポーションの整った体格へと徐々に変化するのに伴って姿勢制御の能力も急激に安定していく時期と，それ以降の急激な身体成長期にはむしろ姿勢制御の能力が不安定になる時期があることを表している。この傾向は，視覚的な手がかりが与えられない，すなわち静止姿勢をいわば筋感覚のみで維持するといった閉眼時で顕著であり，身体成長の変動の影響と無関係ではないと考えられた。

　経験的に4歳後半から5歳前半までの間は幼児の発達を考える上で大きな節目と言われているが，まだ十分な検討はなされていない。運動を実行する主体の環境要因の制約という観点から見ると，身体的成長に伴う身体情報の変化がひとつの制御変数となり，直立姿勢の制御といった運動パフォーマンスの実行においても，常に新しい環境においても安定化を指向するように能動的に機能しているといえよう。つまり新しい行動の出現は，生体の知覚や運動能力の発達がある臨界点に達したことを意味し，環境や他の相互交渉の対象に対し，必要な新しい対応が可能になったことを示している（七木田，1994）。

　姿勢制御を動的な過程（抗重力姿勢）ととらえることで，運動発達にお

いては，姿勢制御が他の運動スキル実行の基礎となるという可能性も示唆された。このような観点は「新しい」行動の発現や発達転換についての必要条件に対する仮説を提供し，一定の原理に基づいた検証の必要性を要請するものとなるだろう。またSavelsberghら（Savelsbergh et al., 1994）が述べるように，静的な立位姿勢から歩行に至るまでの過程において，個々の過程が相互に作用し，複雑にからみ合った創発的特性が必要であること，またその構成している要素の過程を明らかにすることでさらに複雑な移動の様相を提示できるものと考える。

(2) 協調運動能力の発達

ベルンシュタイン（Bernstein, 1967）によれば，人間の運動器官はそれぞれいろいろな関係で結ばれており，この力の結び合いが一定の形をとるときに新しい動作が生まれる，とされる。つまり，人間はその存在する環境のなかで均衡やバランスを能動的に崩しつつ，うまく利用しながら動いているのであり，そのバランスの崩し方，あるいは，力の歪みの作り方が運動の根拠となっていると考えるのである。「体肢と首だけで100以上の自由度（動き）がある」ように力の場のなかにはめこまれている運動器官は，この場の複雑さに対応するための構造を持っている。様々な力の影響下にありながらも，運動器官には膨大な自由度が用意されている。協調運動とは，「運動器官の冗長な自由度を克服すること，すなわち運動器官を制御可能なシステムに転換すること」なのである。運動の協調性の難しさは，中枢神経が律しきれない莫大な自由度をどのように扱うかということに尽きる。要するに，スキルの熟達とは末梢の自由度の数を最小にするため，いろいろな工夫が必要となるのである。発達が未熟な段階では，新しい運動の協調性を習得する際には，四肢や全身を固く緊張させ，キネマティックな自由度を排除し，その数を少なくしようとする。成熟するにつれて，運動器官が自由に動くことによって産み出される力や能動的な外力を上手に利用するために，制御可能なシステムを使うことができるようになる。

ありあまる運動器官の自由度に，個々の器官を固定することができずに，不安定な状態にあるものは，精緻な運動行動の達成は苦手とするだろう。

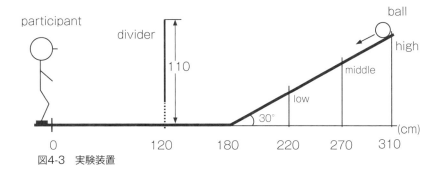

図4-3 実験装置

　人間は予期せぬ環境からの刺激の介在に対し、どのように瞬時の行動をするのか。ベルンシュタイン（Bernstein, 1967）の言うように「協調性とは運動そのものの結果にあるのではなく、制御も予測も不可能な環境からの影響や変わりゆく外界の条件との相互作用によって現れる」ならば、このような状態にこそ運動の協調性が端的に発現する行為に違いない。

　七木田（2005）は、前方より転がってくるボールを跳び越して避けるという、制御も予測も不可能な環境からの影響との相互作用を明らかにする実験を行った。対象は3歳から6歳までの幼児20名（典型発達児15名、DCD児5名）であった。実験では、ジャンプする地点より120cm前になってはじめてボールが見えるように、発射口を遮蔽し、またボールのスピードは、発射位置を変えることにより、遅い・普通・速いの3つの速度で、ランダムに投射した。被験児の跳び越しのパフォーマンスを、高速度カメラ（nac社製MEMRECAM ci RX-2）で計測し、その画像データを動作解析装置（Dynas 2-D）にて分析した（図4-3）。

① 跳び越し成績の分析

　全9試行中、成功数となった試行数を比較したところ、典型発達幼児がDCD児に比べて有意な差（$p<.05$）をもって課題の失敗が少なかった。ボールスピード別の成功数の差で見てみても、同様な傾向が認められた。また予測不可能な跳び越し課題では、年齢によって、スキルが高くなり、個別の身体部位の協調が、年齢とともに身体全体との相互作用的な協調へと変

化しているということがわかる。ただこれは、パフォーマンスしている課題の成否に焦点を当てた分析（task-oriented approach）で、運動のひとつの局面の説明にしかなっていない。いわば表層的な変容を、多様で異質な要因が、どのように流動的に結びつき、スキルの獲得を達成しているのか。そこに身体全体の構造とパターンがどのように関係しているのか。そこで、身体全体と身体部位（頭部、腰、つま先部）との相互作用的な変動について見てみよう。

② 跳び越し過程の分析

　図4-4, 4-6はそれぞれ典型発達児とDCD児の跳び越し（ボールの速度が遅い場合）の様子を、画像解析装置によって分析しスティックピクチャーにて表したものである。

　また図4-4, 4-6は、頭部、腰、つま先の3点のパフォーマンス中の変動を表したものである。典型発達児のスティックピクチャー（図4-4）からは、

図4-4　典型発達児の跳び越し（スティックピクチャーから作図）

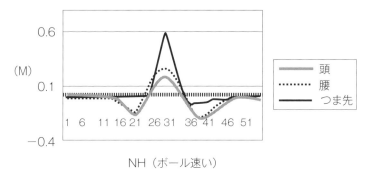

図4-5　典型発達児の3点の変動

それぞれの部位が無駄のない軌跡を描いている。特に頭部や体幹の地面に対する角度は終始一定に保たれている。これは頭, 腰, つま先3点の変動において顕著で, 3点とも跳び越しの際そのピークが見事に同期している（図4-5）。ところがDCD児（図4-6）では, 頭部や体幹の角度は, 跳び越す際に前方へ傾斜し, 位置の変動も大きい。3点の変動では典型発達児で見られたようなピークの同期は認められなかった（図4-7）。

乳児のリーチング運動のパフォーマンスにおいても, 頭部と姿勢の制御が深く影響を与えていることが知られている（Savelsbergh & Kamp, 1993）。

動作解析による運動過程の分析からは, ある特定の身体部位の動作はその部分だけで完結するものではなく, 多くの個別の部分の協調によって, 全体の構造とパターンが生み出され, その総和が結果として目に見えるパフォーマンスに現れているに過ぎないということが示唆された。

前方より転がってくるボールを跳び越して避けるという, 制御も予測も

図4-6　DCD児の跳び越し（スティックピクチャーから作図）

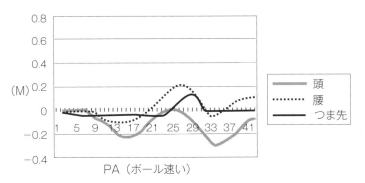

図4-7　DCD児の3点の変動（七木田, 2005）

不可能な，そしてこれまでに経験したことのない運動で見ると，DCD児の場合は明らかに成績が低かった。そこには時間と空間のパターンを形成する複雑な下位システムを「結合する」という機能がDCD児には課題があるということがわかる。神経系やあるいは何か抽象的な発達の里程標において，「前もって用意されている」というよりもむしろ，すべてが機能的に協同して作用し，関係づけられた結果，生み出されたものであることを意味している。DCDにおいては，この機能が発達的に遅延しているといえるのではないか。

3. 運動発達研究のめざすもの

　運動し発達している生体とは，かくのごとく複雑な協同システムの集合体なのである。生体のすべての要素は，機能的に適切な成果をあげるために協同的な方法で相互に関与している。おそらくそこには，感覚，知覚，神経系の構成要素，さらに呼吸，心臓機能，解剖学的な構造上の要素やさまざまな段階の自律神経機構のようなものまで含まれるだろう。特有で，なおかつ環境依存的（課題と身近な環境）な条件下においては，要素の協同的相互作用は，いったい何を基軸として達成されるのであろうか。不連続性，変異性，不安定性，および非回帰的な下位システム，あえて換言すれば野放図ともいえる混沌の中で，発達はどのようになされるのであろうか。

　それは，運動の発達のシステムが，ある種の「自己組織化」の特性をもっているということで説明される。自己組織化とは，上位システムはその構成部分の下位システムの相互作用からランダムに発生するパターンを，集約し自発的に一つの組織として形成することができるということである。つまり運動発達の理解のためには，身体の単一な動きや行動の過程を検討することではなく，身体の要素や過程がいかにしてある状況の中で組み立てられ，運動として生起しているのかということを考慮することが求められる。このように運動システムを自己組織化するものとして特徴づけることは，運動を相対的な安定性と融通性のある連続体としてとらえていく道筋を開くものである。抽象的な表現になるが，ここにこそ運動発達支援の

基軸が設定されるべきであろう。要するに現在に至るあらゆる時間スケールが重層的に絡み合う網目のなかで，環境を相手に人間が多様に変わり続けることを前提とする。研究者に対しては，発達を所与のものとして実時間から切り離し，その青写真を回顧的に眺めるような「発達パターン」に安住した態度ではなく，「今，ここ」で生じる変化の機序に迫ろうとする試み（丸山，2013）が求められる。この視点からは従来の「運動発達支援」なる教科書的な指導イメージを想定することはできない，そして生得的な要因に基づいて，段階的に生じるという従来の運動発達観ではとらえきれない事実が蓄積されてきている。今後，環境要因の多大な影響下にあるいわば"ヒトが生きられるリアルな動的時間"という枠の中での研究の進展が望まれよう。

文献

Adams, J. A. (1968). Response feedback and learning. *Psychological Bulletin*, **70**(6, Pt.1), 486-504.

Ames, L. B. (1937). The sequential patterning of prone progression in the human infant. *Genetic Psychology Monographs*, **19**, 409-460.

Bayley, N. (1935). The development of motor abilities during the first three years: A study of sixtyone infants tested repeatedly. *Monographs of the Society for Research in Child Development*, **1**(1), 1-26.

Bernstein, N. (1967). *The co-ordination and regulation of movements*. Oxford: Pergamon press.

Bilodeau, E.A. (Ed.). (1966). *Acquisition of skill*. Oxford, England: Academic Press.

Bronfenbrenner, U. (1977). Toward an experimental ecology of human development. *American Psychologist*, **32**(7), 513-531.

Burnside, L. H. (1927). Coordination in the locomotion of infants. *Genetic Psychology Monographs*, **2**(5), 283-372.

Burton, A.W., & Miller, D. E. (1998). *Movement skill assessment*. Champaign, IL: Human Kinetics.

Curtis, S. R. (1982). *The joy of movement in Early Childhood* (*Early Childhood Education Series*). NY: Teachers College Press.

Curtis, S.R. (1987). New views on movement development and the implications for curriculum in early childhood. In C. Seefeldt (Ed.), *The Early Childhood Curriculum : A Review of Current Research*, New York: NY Teachers College Press, Columbia Univ. 257-270.

Erbaugh, S. J. (1984). The relation of stability performance and the physical growth charactristics of preschool children. *Research Quarterley for Exercise and Sport*, **55**(1), 8-16.

Gentile, A. M. (1972). A Working Model of Skill Acquisition with Application to Teaching. *Quest*, **17**, 3-23.

Gesell, A. (1946). The ontogenesis of infant behaviour. In L. Carmichael (Ed.), *Manual of child psychology*. New York: Wiley. pp.295-331.

Gutteridge, M. (1939). A study of motor achievements of young children. *Archives of Psychology*, **244**, 1-178.

Halverson, H.M. (1931). An experimental study of prehension in infants by means of systematic cinema records. *Genetic Psychology Monographs*, **10**, 107-286.

von Hofsten, C. (1980). Predictive reaching for moving objects by human infants. *Journal of Experimental Child Psychology*, **30**(3), 369-382.

von Hofsten, C. (1991). Structuring of early reaching movements: Alongitudinal study. *Journal of Motor Behavior*, **23**(4), 280-292.

Keogh, J., & Sugden, D. (1985). *Movement skill development*. New York: Macmillan.

小島幸枝・竹森節子（1980）．小児の身体平衡の発達について――正常小児，起立位を中心に―― 耳鼻咽喉科臨床，**73**(5), 865-871.

小山吉明・藤原勝夫・池上春夫（1982）．幼児の立位姿勢における身体動揺 姿勢研究，**2**(2), 79-85.

マージョリー・H. ウーラコット，アン シャムウエイ・クック（編）（1993）．姿勢と歩行の発達――生涯にわたる変化の過程―― 大修館書店（Marjorie H. Woollacott (Eds.) (1989). *Development of posture and gait across the life span*. University of South Carolina Press.）

Marsden, C. D., Merton, P. A., & Morton, H. B. (1983). Rapid postual reactions to mechanical displacement of the hand in man. In J. E. Desmedt (Ed.), *Motor control mechanisms in health and disease*. New York: Raven Press. pp.645-659.

丸山慎（2013）．発達――身体と環境の動的交差として―― 佐々木正人（編著）

知の生態学的転回――身体――　東京大学出版会

McCaskill, C. L., & Wellman, B. L. (1938). A study of common motor achievements at the preschool ages. *Child Development*, 9(2), 141-150.

McGraw, M.B. (1936). Growth: A study of Johnny and Jimmy. *American Journal of Diseases of Children*, 51(1), 231-232.

七木田敦（1994）．ダイナミカル・システムズ・アプローチによる運動発達の理解　兵庫教育大学附属障害児教育研究実践センター紀要，2, 35-42.

Nanakida, A. (1995). Toward a theoretical development of physical activities for children with handicaped;motor, movement, and action. Research and Clinical Center for Child Development. *Annual Report* 1993-1994 No.17, pp.45-55.

七木田敦（2005）．身体的不器用さを示す子どもの動作分析――Bemsteinのアプローチからみえてくるもの――　発達障害研究，27(1), 24-31.

七木田敦・安井友康（1990）．幼児の姿勢制御能力の発達について――身体成長との関係――　日本小児保健学会 第37回大会講演集, 154-155.

Newell, K. M., & Corcos, M. D. (1993). *Variability and motor control*. Human Kinetics.

Ridenour, M. V. (1978). *Motor development: Issues and applications*. Princeton, NJ: Princeton Book Co.

Savelsbergh, G., Davis,K., van der Kamp, J., & Bennett, S.J. (2003). *Development of Movement Coordination in Children: Applications in the Field of Ergonomics*. Health Sciences and Sport, New York: Routledge.

Savelsbergh, G. J. P., & Kamp, J.v.d. (1993). The coordination of infants' reaching, grasping, catching and posture: A natural physical approach.In G.J.P. Savelsbergh (Ed.), *The development of coordination in infancy* (pp.289-317). Amsterdam: Elsevier.

Savelsbergh, G. J. P., & van der Kamp, J. (1994). The effect of body orientation to gravity on early infant reaching. *Journal of Experimental Child Psychology*, 58(3), 510-528.

Shirley, M.M. (1931). *The first two years: A study of twenty-five babies. Postural and locomotor development*, Vol.1. Minneapolis, MN: University of Minnesota Press.

Shumway-Cook, A., & Woollacott, M. (1985). The growth of stability: Postural control from a developmental perspective. *Journal of Motor Behavior*, 17 (2), 131-147.

Thelen, E. (1979). Rhythmical stereotypies in normal human infants. *Animal

Behaviour, **27** (Pt3), 699-715.

Thelen, E. (1985). Developmental origins of motor coordination: Leg movements in human infants. *Developmental Psychobiology*, **18**(1), 1-22.

Thelen, E. (1994). Three-month-old infants can learn taskspecific patterns of interlimb coordination. *Psychological Science*, **5**(5), 280-285.

Thelen, E., Ulrich, B. D., & Jensen, J. L. (1989). The developmental origins of locomotion. In M.H. Woollacott & A. Shumway-Cook (Eds.), *Development ofposture and gait across the life span.* Columbia: University of South Carolina Press, pp. 25-47.

Thomas, J.R. (1989). Naturalistic research can drive motor development theory. In J.Skinner, C. Corbin, D. Landers, P. Martin, & C. Wells (Eds.), *Future directions in exercise and sport science research.* Champaign, IL: Human Kinetics, pp. 349-367.

Van der Maas, H.L.J. (1993). *Catastrophe analysis of stepwise cognitive development.* Academic thesis, University of Amsterdam.

Van Geert, P.C.L. (1999). *Dynamic systems of development. Change between complexity and chaos.* New York: Harvest Wheatsheaf.

Wickstron, R. L. (1977). *Fundamental Motor Patterns, 2nd.* New York: Lea & Febiger.

Wild, M. R. (1938). The behavior pattern of throwing and some observations concerning its course of development in children. *Research Quarterly for Exercise and Sport*, **9**(3), 20-24.

Wimmers, R. H., Savelsbergh, G. J. P., Kamp, van der, J., & Hartelman,P. (1998). A developmental transition in prehension modeled as a cusp catastrophe. *Developmental Psychobiology*, **32**(1), 23-35.

第 5 章

乳幼児期の DCD の評価と
支援の実際

渋谷 郁子

1. 乳幼児期の DCD の評価

(1) DCD の評価はいつから可能？

　子どもに DCD があるかどうかは，子どもの成長のどの段階でわかるものなのだろうか。『精神疾患の分類と診断の手引き』(以下DSM-5) をみると，DCD の診断基準の一つとして，症状が発達段階早期に始まることが挙げられているが，5歳より前に DCD と診断されることは「典型的ではない」とも書かれている (APA, 2013)。5歳以前には運動技能の獲得の個人差が大きいこと，評価が安定しないことなどが，その理由である。しかし，発達障害の早期発見，早期支援の必要性が叫ばれる今日では，DCD も例外ではなく，なるべく早くからその存在に気づき，支援を進めていくことが望ましい。DCD の判定には運動機能検査Movement Assessment Battery for Children (以下MABC; Henderson & Sugden, 1992) が用いられるが，その改訂版が作成される際にも，検査対象の年齢幅が拡充され，適用開始年齢が従来の4歳から3歳へと早められた (Henderson, Sugden, & Barnett, 2007)。これは，DCD の早期発見を意識しての変更であった (Blank, Smits-Engelsman, Polatajko, & Wilson, 2012)。

発達段階早期に生じるリスクのうち，DCDと関わりが深いのが，早産や低出生体重での出産などの問題である。これまで蓄積されてきたデータによれば，在胎32週以前に生まれた早産児か，1,500g以下の低出生体重児，あるいはその両方の条件を備えた子どものうち，6％がDCD，9％がDCDの可能性が高いと診断される（Edwards, Berube, Erlandson, Haug, Johnstone, Meagher, Sarkobee-Adoo, & Zwicker, 2011）。DSM-5に記載された有病率によると，7歳児の1.8％がDCD，3％がDCDの可能性が高いと診断されるとあり，それと比べてもリスクの高さは明らかである。

　もっともこれらのデータは，当該の子どもが学童期の段階に至ってから，MABCなどの検査を実施して集めたものであり，発達早期の彼らの運動発達がどのようであるかははっきりとしない。DSM-5では，座る，這う，歩くといった運動発達のマイルストンの達成が，DCD児で遅れる可能性があることは指摘されているが，乳児期の運動そのものに質的な違いが存在するかどうかについては言及されていない。DCDとの合併がしばしば起こるASD児に関しては，原始反射の様子などを解析し，定型発達児と比較するという取り組みがなされている（Teitelbaum & Teitelbaum, 2008）。DCD児についても，こうした観点から研究を進めていくことで，発達のごく初期の段階から，DCDの評価を行うことが可能になるかもしれない。

(2) 幼児期のDCDを評価する

① 運動機能検査

　幼児期からDCDを評価することのできる，代表的な運動機能検査として，Movement Assessment Battery for Children-2（以下MABC-2；Henderson, Sudgen, & Barnett, 2007）を紹介する。MABC-2には，第1年齢層（3～6歳），第2年齢層（7～10歳），第3年齢層（11～16歳）の，計3つの年齢層があり，それぞれの年齢層に応じて，異なった下位検査項目が設定されている。どの年齢層においても「手先の器用さ」，「的当て・キャッチ」，「バランス」の3検査領域が用意されていて，それぞれ3, 2, 3の下位検査を備えている。

表5-1 MABC-2 第1年齢層に含まれる検査項目 (Henderson et al., 2007)

		検査法	粗　点
手先の器用さ	コイン入れ	片手で貯金箱を押さえ，もう片方の手で12枚のコインを1枚ずつ取り，できるだけ速く箱に投入する。3～4歳児はコインの数を6枚にして実施する。	右手，左手それぞれで測定した所要時間（秒数）。
	ビーズのひも通し	12個のビーズを1個ずつ，できるだけ速くひもに通す。3～4歳児はビーズの数を6個にして実施する。ひもを持つ手は左右どちらでもよい。	所要時間（秒数）。
	線なぞり	検査用紙に描かれた，曲線を含んだ2本線の間を，赤いペンを使って1本の連続線を描く。検査者は急がずに丁寧に行うよう伝える。	迷路の線から外れた数。
キャッチ・アあてい的	お手玉受け	1.8m先のマットに立った検査者が，もう片方のマット上に立った子どもにお手玉を投げ，それを両手で受け取る。3～4歳児は身体を使って受けてもよい。	10試行中の成功回数。
	お手玉投げ	1.8m先のマット上に，お手玉を投げ入れる。片手で下手から投げる。	10試行中の成功回数。
バランス	片足立ち	マット上に開眼で片足立ちをし，30秒間その姿勢を維持する。	右足，左足それぞれでの持続時間（秒数）。
	つま先立ち歩き	4.5mの直線上を，踵を上げてつま先立ちで歩く。	15歩間のうち，正しく歩いた歩数。
	両足とび	5枚のマットの上を，両足をそろえて連続的に跳ぶ。	連続して正しく跳ぶことのできた回数。

　表5-1に下位検査の具体的な内容を示した。これらの下位検査から得られた粗点を標準化された得点に換算し，DCDの評価指標とする。この値が低いほど，協調運動の遂行における問題が大きく，不器用さが強いことを意味する。3検査領域の総合得点が，標準化サンプルの下位5～15％域に入る場合には，DCDである可能性が高いと考えられ，下位5％域に入る場合にはDCDであると判定される。

　増田（2009）は，MABC-2の前身であるMABCを日本の幼児602人に実施した。そして，協調運動の困難の程度が大きかった50人の下位検査の得点を用いて，不器用さの現れ方を，粗大運動困難優位型，微細運動困難優位型，微細運動困難顕著型の3カテゴリに分類した。粗大運動困難優位型の子どもは，集中や力加減を要する課題の遂行に困難さを示し，微細運動困難優位型や微細運動困難顕著型の子どもは，両手の協調や目と手の協応を要する課題の遂行に困難さを示した。このように，協調運動の困難さは，個々の子どもによって様々な現れ方をする。運動機能検査の総合得点だけを問題とするのではなく，子どもが特に苦手とする領域をとらえ，具体的な症状把握に努める必要があるといえる。

② 保護者や保育者による評価

　運動機能検査を実施する以外のDCDの評価方法として，保護者や保育者など，普段の子どもの様子をよく知る大人が，質問紙に記入する方法がある。このような目的で作成された質問紙のうち，幼児期に適用可能なものとして，ここではLittle Developmental Coordination Disorders Questionnaire（以下Little DCDQ; Wilson & Creighton, 2015）を紹介する。

　Little DCDQは，3～4歳児の保護者に，同年齢・同性の子どもと比較して，自分の子どもの運動技能を評価するよう求める質問紙である（Rihtman et al., 2011; Rihtman et al., 2013; Nakagawa et al., 2016）。粗大運動と微細運動の2領域をカバーする15の質問項目から構成されており，各々に対して5段階で評定する。粗大運動に関連する質問項目には，ボールスキルや大型遊具での遊び，走行や座位の安定性などが，微細運動に関連する質問項目には，食具の使用や描画，ビーズのひも通しなどのスキルを尋ねる内容が，それぞれ含まれている。

　この質問紙は，スクリーニングのためのツールとして開発されたことから，実際に子どものDCDを評価する上では，複数の評価尺度と組み合わせて用いるよう，注意が喚起されている（Wilson & Creighton, 2015）。また，前述のように，5歳より前の段階でDCDと診断することは，評価の安定性からみて推奨されないため（Blank et al., 2012），その後の運動スキルの発達を注意深く見守る姿勢が必要であることも併記されている。

　最後に，保育者による評価について述べる。保育者は保護者よりも多くの幼児に日頃から接し，その運動を観察できる状況にある。子どもの運動についての保育者の素朴な評価は，実際の子どもの運動遂行と，どのような関係にあるのだろうか。渋谷（2010）は保育者を対象に，子どもに不器用さを感じる頻度を5段階で尋ね，MABCの成績との関連を調べた。その結果，両者の間には統計的に有意な関連がみられ，保育者が不器用さを強く評価した子どもは，MABCの成績も低いということが示された。さらに，保育者の評価は，「手先の器用さ」領域の成績と特に強く関連することがわかった。これらのことから，保育者は子どもの運動困難をある程度正しく検出しているが，その判断は，子どもの微細運動の様子に依拠している可能性が示された。

微細運動は日常活動に欠かせない要素の一つであり，微細運動が困難であると，子どもの遊びや学び，身辺自立など多くの点において不利益をもたらすため，保育者の関心を集めやすいと考えられる。日本では女児が器用であることに対して，保護者の期待が高いともいわれるが（中井, 2014），保護者や保育者の評価には，こうした，大人が重視するポイントや，子どもへの期待などが影響を及ぼす可能性を考慮しておくことが必要である。

③　日常的な運動課題の観察と分析

　ここまでみてきたように，DCDの評価法は，運動機能検査の実施によるものと，保護者・保育者の回答によるものの2種類に大別される。これらの方法は，子どもにDCDが存在するかどうかを判別したり，DCDの深刻さの程度を把握したりする際に有用である。しかし，子どもの生活の質を向上させるための具体的な支援を行っていく上では，より日常的な運動課題に焦点を当て，実際に子どもがどこに困難を示しているのかを把握しなければならない。以下では，こうした問題関心に基づく研究を紹介する。

　課題の具体性・日常性が極めて高いものとして，ジョスマンら（Josman, Goffer, & Rosenblum, 2010）の研究がある。彼女らは，5～6歳児がサンドイッチとチョコレートミルクを作る様子から，課題遂行の達成度，感覚運動スキル，実行機能の3点を評価するDo Eatテスト（以下，Do Eat）を開発した。Do Eatの感覚運動スキルの得点はMABCの成績と強い関連があり，運動機能検査で測定される運動困難の一部を反映していることが証明されている。Do Eatの問題点としては，熟達した評価者や作業療法士などの専門家でなければ，評価が難しいことが挙げられる。また，サンドイッチやチョコレートミルクを作るといった課題の意図を理解し，それに沿って自分の行動を組み立てて活動する必要があるため，実施可能年齢が幼児期の中でも高めの設定になり，年齢幅が限られてくる。

　以下では，ジョスマンら（Josman et al., 2010）と同様に，子どもに馴染み深い日常的な活動を対象とした渋谷の一連の研究（渋谷, 2011, 2015）を紹介したい。この研究は，ハサミで紙に描かれた図形を切り抜くという課題を通して，微細運動に困難をもつ子どもの特徴を明らかにしている。

ハサミは，3歳頃から使用され始める，幼児にも身近な工作道具の一つである。ハサミを滑らかに操作するためには，全身のバランスや手首の安定，手の開閉，指の制御，両手の協調，腕や手と目の協調など，数多くの要素を満たす必要がある（Klein, 1990）。したがって，幼児期の手指運動の発達にとって，習得することが望ましい課題だと考えられてきた（Stephens & Pratt, 1989）。協調運動技能の獲得・遂行の困難さの例として，DSM-5に「物を掴む」や「書字」と並んで「はさみや刃物を使う」ことが挙げられているように（APA, 2013），DCD児がハサミ操作に困難を示すことはよく知られている。

　渋谷（2011）では，不器用さのある幼児が，ハサミを使うときにどのような特徴を示すかが検討された。子どもの不器用さの程度（以下，不器用度）は，保育者に対して，子どもに不器用さを感じる頻度を5段階で尋ねて調べた。前述の通り，この方法で調べた保育者の評価は，MABCの手先の微細運動を調べる検査領域の成績と強く関連することが確認されている（渋谷，2010）。調査には年中・年長児92人（男児46人，女児46人：4歳児2人，5歳児57人，6歳児33人）が参加した。参加児は，図5-1に示す5種類の図形を，ハサミで「なるべく丁寧に，なるべく速く」切り取るよう求められた。各不器用度に該当する子どもの人数は，不器用度1が17人（平均年齢5歳8ヶ月），不器用度2が30人（平均年齢5歳9ヶ月），不器

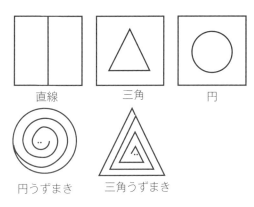

図5-1　5種類の図形（渋谷，2011）

用度3が17人（平均年齢5歳7ヶ月），不器用度4が18人（平均年齢5歳8ヶ月），不器用度5が10人（平均年齢5歳6ヶ月）だった。不器用度の値が高いほど，子どもの不器用さの程度が深刻であることを示す。

　子どものハサミ操作を評価する指標として，運動の正確さと速さを調べた。運動の正確さは，ハサミの切り口が刺激図形からはみ出た長さを用いた。各図形を1cm間隔で区切り，その区間で1mm以上はみ出た切り口の長さを測った。その後，はみ出た切り口の長さの総和を計算し，全体での逸脱量を求めた。

　運動の速さは，紙にハサミを入れてから切り終えるまでに要した運動時間を求めた。課題間での比較を行うため，5課題についての運動時間（秒）と逸脱量（mm）を，各刺激図形の全体の長さ（直線15cm，三角29cm，三角うずまき51cm，円24cm，円うずまき57cm）で割り，1cmあたりの逸脱量と運動時間を算出した（図5-2，5-3）。

　ハサミ操作の正確さの結果（図5-2）について統計的な分析を行ったところ，不器用度1～4の子どもと，不器用度5の子どもの逸脱量との間に違いがみられ，不器用度5の子どもの逸脱量の方が大きいことがわかった。また，直線以外の三角，三角うずまき，円，円うずまきの4図形では，不器用度1～4の子どもと，不器用度5の子どもの逸脱量との間に差がみられ，いずれも不器用度5の子どもの逸脱量の方が大きいことが示された。これらのことから，最も不器用さが強いと判断された子どもは，直線よりも複雑な図形になると，他の子どもたちと比べて，ハサミ操作が顕著に不正確になることが確認された。一方，ハサミ操作の速さの結果（図5-4）について分析を行ったところ，不器用度による違いは認められなかった。このことから，ハサミ操作における不器用さの特徴は，運動の速さよりも正確さに現れることがわかった。

　ハサミ操作の正確さの違いは何によって生まれるのだろうか。基本的な道具の使い方を検討するため，ハサミの持ち方を観察したところ，以下に示す（A）から（F）の6パタンがみつかった。（A）ひとさし指と中指を入れる，（B）ひとさし指，中指，薬指を入れる，（C）中指と薬指を入れ，ひとさし指で押さえる，(D)ひとさし指を入れ，中指と薬指で押さえる，(E) 中指を入れ，ひとさし指と薬指で押さえる，（F）薬指を入れ，ひとさし

指と中指で押さえる。

全体の50％程度の子どもが5課題ともパタン（A）を，20％程度がパタン（B）を使用していることが確認された。持ち方のパタンについて不器用度による違いを調べたが，不器用さの強い子どもに特有だと考えられるような特徴はみつからなかった。

以上の結果を受け，渋谷（2015）では，ハサミ操作の不正確さを生み出す要因がさらに検討された。小学校1年生47人（男児16人，女児31人）に

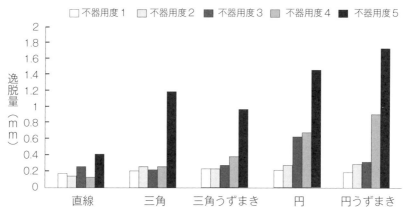

図5-2　図形別にみた1cmあたりの逸脱量（渋谷，2011）

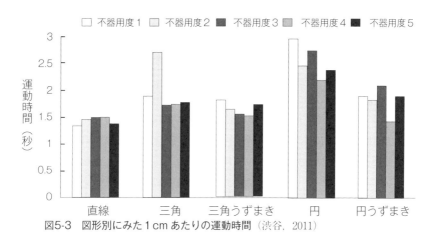

図5-3　図形別にみた1cmあたりの運動時間（渋谷，2011）

円図形を課題として与え，渋谷（2011）と同様の手法で，運動の正確さ（逸脱量）を測定した。課題遂行中の様子をビデオ録画し，両側の上肢運動が，運動パフォーマンスに与える影響を検討した。注目したのは，切り終わるまでにハサミを持つ側の肘がもっとも開いた角度（0-45度，45-90度，90度以上），切り終わるまでにハサミを開閉した回数の2点であった。

　逸脱量の中央値を基準として，参加児を，不正確群，正確群の2群に分類した。各群から，それぞれの典型例だと思われる参加児を全部で3〜4人抽出し，それぞれの上肢運動の特徴を分析した（表5-2）。その結果，不正確群は正確群と比べて，「ハサミを持つ側の肘が開きやすい」「ハサミ開閉数が多くなりやすい」という特徴をもつことがわかった。これらはいずれも，紙を持つ側である非利き手の手首を柔軟に動かせないことに起因するのではないかと考えられた。なぜなら，非利き手側の手首を柔軟に動かせない場合，円図形を切り取っていくハサミの動きに合わせて，少しずつ紙を回していくことができず，ハサミを持つ側の肘を開いて，腕の方を動かして調整することになるからである。また，腕を動かすことで肩の位置が上がり，紙が切り取りづらくなるので，それを補うためにハサミを頻繁に開閉することになる。こうした方略をとると，ハサミを持つ側の腕が不安定な状態になり，ハサミの位置が線からずれやすくなったり，ハサミの紙への入れ直しが増えたりして，結果として線からのはみ出しが増えると察せられる。

　この知見を支援につなげるためには，まずは子どもの非利き手側の手首

表5-2　各群の典型的な参加児の逸脱量，運動時間と上肢運動の特徴（渋谷，2015）

	対象者	逸脱量（mm）	運動時間（秒）	肘の角度	ハサミ開閉数
不正確群	男児	51	30	45-90度	36
	男児	49	74	90度以上	27
	男児	41	47	45-90度	44
	男児	33	68	90度以上	33
正確群	女児	0	35	0-45度	30
	女児	0	44	0-45度	11
	女児	0	94	0-45度	21

の柔軟性を確認し，柔軟性の高い場合と低い場合とで，対応を変える必要がある。柔軟性が高ければ，言葉での教示やモデル提示等によって非利き手側の手首を使って紙を回すことを意識させることが有効かもしれない。一方，柔軟性が低ければ，手首の柔軟性が増すような運動を経験させる必要があると考えられる。

このように，特定の日常的な課題について，子どもの運動を詳細に観察すると，具体的にどういったところに子どものつまずきがあるかが見えてくる。観察の実施や運動の分析に時間と労力を要するという問題点はあるが，観察によって得られた知見は支援に直結しうるため，欠くことのできない評価プロセスといえる。

2．乳幼児期のDCDの支援

(1) 認知的側面を重視する支援

DCDの支援には，作業療法，理学療法，医療，教育など，複数の分野からのアプローチが存在するが，多くの子どもに適用されているのは作業療法である。作業療法の手法には，大きく課題志向型アプローチと過程志向型アプローチの2種類がある（Blank et al., 2012）。課題志向型アプローチとは，活動を行っている際の運動パフォーマンスに影響する要因と文脈を分析し，より良い方略をとれるようにしようとするものであり，過程志向型アプローチとは，活動の遂行に必要な要素や身体機能に働きかけようとするものである。両者のうち，課題志向型アプローチの方が，日常生活に必須の活動をターゲットとし，家庭や学校での活動，余暇やスポーツなどへの子どもの参加を促進させることから，DCDの支援法としては効果が高いとされてきた（Blank, Barnett, Cairney, Green, Kirby, Polatajko, Rosenblum, Smith-Engelsman, Sugden, Wilson, & Vinçon, 2019）。

この課題志向型アプローチを代表する支援法が，Cognitive-Orientation to Occupational Performance（以下，CO-OP）である。CO-OPでは，パフォーマンスの向上を目指す活動を子ども自身が選択し，教えられた問題解決

方略に従って，問題解決の仕方を自ら考え，発見し，パフォーマンスの改善や技能の獲得を目指す（Polatjko, Mandich, Missiuna, Miller, Macnab, Malloy-Miller, & Kinsella, 2001）。CO-OPで学んだ問題解決の方法を，他の日常活動に転移・般化させることで，より大きな効果を得ることができるとされる。

しかしながらCO-OPでは，自ら課題を選んだり，問題解決の仕方を考えたりしなければならないため，子どもに十分な認知的，言語的能力が備わっていることが前提となっている。そうしたことから，CO-OPは主として就学後の子どもに適用されるが，就学前の子どもへの適用が可能かどうか，確認した例もある。テイラーら（Taylor, Fayed, & Mandich, 2007）は5-7歳児を対象とし，CO-OPを実施した。その結果，ターゲットとなった活動のパフォーマンスがすべての子どもで向上していたことから，就学前の子どもにも適用は可能だと結論付けた。ただし，年少の子どもの特徴として，自分のパフォーマンスを過大評価する傾向があり，集中の維持にもムラがあるので，1回あたりのセッションの時間を短縮してセッション回数を増やすなどの工夫が必要だと述べている。

もしも，子どもの発達の程度や能力に関わる問題で，CO-OPのように認知的側面を重視する支援を実施できない場合には，ある特定の課題の学習を進めることが次善の策である（Blank et al., 2012）。これは前述した渋谷の一連の研究のように，一つの課題に特化して，遂行上の問題点を分析し，改善を目指す方法である。鴨下・立石・中島（2013）がまとめた，日常的な生活動作77項目に対する具体的支援は，この一例であろう。子どもと一対一での支援が可能な場面では，こうした知見を利用して，ターゲットとなる運動のパフォーマンスが向上するよう，類似の練習課題を与えたり，効果的な教示を行ったりしていくことが有効である。

(2) 保育現場での支援

保育現場では，クラス全体の運営を行いながらの対応が中心となるため，一対一の支援の時間を確保することはなかなか難しい。しかし，そうした制約の下でも，保育者一人ひとりは，様々な工夫を凝らして保育にあたっ

ている。ここでは，保育者による実際の支援例の中から，保育現場ならではの資源をうまく活用した事例を2点紹介したい。

渋谷・笹井・少徳（2016）は，約40年の勤務経験のある元保育士2人（うち1人は，障害児保育の主担当を務めた経歴を持つ）に，保育現場での幼児の不器用さに関する支援の実践例をそれぞれ聞き取った。どちらの事例も，対象児には不器用さ以外に，落ち着きのなさや社会性の乏しさなどの問題が併存していたが，発達障害の診断はなく，療育に通ったりもしていなかった。いわゆる「気になる子」といわれる範疇に入る子どもたちである。

① 5歳児の微細運動の支援例

5歳男児Aくんは，持ち物の片付けや，一つの物事に集中して遊ぶといったことが苦手な子どもであった。友だちとの間でよくトラブルを起こすので，保育者は気にかけていたが，家庭の理解がなかなか得られず，専門機関につなげられないでいた。

1月のある日，Aくんの担任保育者が，1ℓのペットボトルの空容器と割り箸で作った編み機を持ってきた（図5-4）。クラスの子どもが数人，興味津々で集まり，その編み機でマフラーを作り出した。やり方が理解できた子どもは友だちに教え，マフラー作りは次々にクラスに広まっていった。1週間が経つ頃には，クラスのほぼ8割の子どもたちがマフラーを仕上げ，

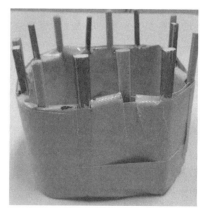

図5-4　手作りの編み機

戸外に出るときは，自分の作ったマフラーを巻いていた。友だちの作ったマフラーを首に巻いているAくんを見かけた保育者は，マフラー作りにAくんを誘った。

　集中力が持続しにくく，手先を思うように動かしにくいAくんは，保育者が作り方の手本を見せても，交互に毛糸を編む作業が理解しにくいようだった。そこで，14本の割り箸を赤と黄の2色に色分けし，毛糸を交互に編んでいくことが分かりやすいように工夫した。周りで見ていた子どもたちが，「次は赤色」「今度は黄色」と声をかけてくれる。その声に励まされながら，やっと1周編むことができた。長時間の集中は困難なので，保育者がAくんの様子を見ながら，「続きは明日ね」と適当なところで切り上げるようにした。

　毎日少しずつ，この作業を繰り返したが，編み上げた部分が形になって見えてくるまでは，なかなか意欲的に取り組めなかった。編んだ部分が容器の下の方に確認できるようになると，クラスの子どもたちの「Aくん，今から赤・黄するよ！」との声かけで，編む姿が見られるようになった。Aくんのマフラーは，友だちのような長さには至らなかったものの，どうにか首に巻けるまでになり，完成を迎えた。Aくんはとても嬉しそうに首に巻いて皆に見せて周り，得意気な表情で喜んでいた。

② 5歳児の粗大運動の支援例

　5歳女児Bちゃんは，戸外での遊びから保育室に戻る際の切り替えが難しいとか，絵本の読み聞かせに集中できずに何度もトイレに立つなど，気になる行動の多くみられる子どもだった。また，偏食が多くて食事に時間がかかることや，友だちとのごっこ遊びが見られないことも保育者には気がかりだった。

　11月に入って戸外で大縄をして遊ぶ子どもが増えてきたころ，それまで縄跳びに興味を示さなかったBちゃんが，「ゆうびんやさん」をしている女児グループの様子をじっと見つめていた。保育者が「一緒にしよう」と誘ったが，Bちゃんは「できないもん」と答え，その場を離れてしまった。Bちゃんが他児と一緒に遊びを楽しむ機会になるのではと考えた保育者は，大縄遊びの最初に必ず「○○さんおーはいり」「はーい」と歌ってから順々

に大縄をくぐっていく遊びを取り入れ，Ｂちゃん自らが遊びの様子に関心を向けるのを待つことにした。ことばのリズムと縄が回転するリズムの心地良さに惹かれたのか，大縄の近くでＢちゃんが他児を見ている姿が増えてきた。

　そこで，保育者が「先生と一緒にゆっくりくぐろ」と言って，Ｂちゃんと手をつなぎ，縄を少しゆっくりと回してもらって，くぐり抜けることに成功した。保育者に褒められると，Ｂちゃんはにっこり笑って自分から列に並びに行った。10回ほど手をつないでくぐってから，「今度は一人でやってみる？」と声をかけ，入るタイミングが分かるように保育者が背中を押して誘導した。他児が「Ｂちゃん，おーはいり」と言ってくれるのも嬉しくて，この遊びを繰り返し楽しむことができた。Ｂちゃんが「はーい」の返事をすると，縄をくぐるタイミングがずれてしまうので，返事をする役割は保育者が引き受けた。

　しばらくすると，保育者は縄をくぐるのではなく，跳び越す段階に移る手立てを考え始めた。縄の中心の地面に白線の丸を描いて，立つ位置を示すことにした。その丸の中にＢちゃんと二人で入り，Ｂちゃんの腰を持って「さん，はい」で跳び上がったところを，別の保育者が二人の足元をくぐらせるように縄を回すようにした。何度かこれを繰り返すと，次第にＢちゃんの腰を持つ手にそれほど力を入れなくてもよくなり，ジャンプが最高4回まで連続してできるようになった。その状態まで達すると，Ｂちゃんは，保育者が間に入らなくても他児と一緒に順番を待ち，大縄跳びに参加できるようになった。さらにもう少し経って，他児が一人縄跳びを始めるとＢちゃんも練習をし始め，前に前に進みながら一人縄跳びを2回，3回と連続してできるようになった。

③　保育現場での支援のコツと課題

　どちらの事例においても，他児の行っている特定の活動に，子どもが関心や憧れをもった瞬間を見逃さず，その活動を支援のターゲットにしている。また，取り組みを継続させるのに，他児からの声かけや励ましを大いに活用している。これらは，モチベーションの生成・維持に関わる，重要なポイントである。さらに，動作の手順やタイミングがわからないときに，

視覚的な手がかりを導入したり，保育者が一緒にしたりと，子どもに伝わりやすい方法を工夫している。活動を進めるペースも共通しており，集中困難や自信のなさといった特徴をもつ子どもに対して，一気に技能を獲得させようとするのではなく，小さな目標を決めて，日々少しずつ取り組むようにしている。子どもとの時間が毎日確保されている保育現場だからこそ，可能な進め方だといえよう。

　この2事例から，保育現場での支援を成功させるには，集団の中に身を置くことで生じる活動への興味・意欲を支援に生かすこと，個人の能力に応じた支援と並行して他児からの影響力を活用すること，小さな目標の達成を少しずつ体験させること，以上の3点が重要であると考えられる。そのための前提条件として，まず，子ども同士が支え合えるクラス集団を形成できているかどうか，クラス運営の質が問われる。また，子どものつまずきのポイントを的確に見抜き，具体的な支援の手立てを考えることができるかどうか，保育者の観察眼・洞察力が問われる。いずれも今の時点では，個々の保育者の力量に委ねられている。

　保育は生涯にわたる生きる力の基礎を培うものであり（厚生労働省，2017），基本的な生活習慣や動作を子どもに教えることは極めて重要な営みである。その意味で，運動の学習・遂行に困難を示す子どもが，どんな保育環境下であっても一定のレベルの支援を受けられるようにすることは，保育の本来の目的に合致する。保育者の力量や努力に任せてしまうのではなく，効果的な支援方法の開発，保育者への研修，支援のための環境整理，人的資源の確保など，支援体制を包括的に整えていくことが求められる。

文献

American Psychiatric Association (2013). *Diagnostic and statistical manual of mental disorders* (5th ed.), Washington, DC: American Psychiatric Publishing.

Blank, R., Barnett, A., Cairney, J., Green, D., Kirby, A., Polatajko, H., Rosenblum, S., Smith-Engelsman, B., Sugden, D., Wilson, P., & Vinçon, S. (2019). International clinical practice recommendations on the definition, diagnosis, assessment, intervention, and psychosocial aspects of developmental coordination disorder. *Developmental Medicine & Child neurology*, 61(3), 242-285.

Blank, R., Smits-Engelsman, B., Polatajko, H., & Wilson, P. (2012). European academy for childhood disability (EACD): Recommendations on the definition, diagnosis and intervention of developmental coordination disorder (long version). *Developmental Medicine & Child Neurology*, 54(1), 54-93.

Edwards, J., Berube, M., Erlandson, K., Haug, S., Johnstone, H., Meagher, M., Sarkobee-Adoo, S., & Zwicker, J. G. (2011). Developmental coordination disorder in school-aged children born very preterm and/or at very low birth weight: A systematic review. *Journal of Developmental & Behavioral Pediatrics*, 32(9), 678-687.

Henderson, S. E., & Sugden, D. A. (1992). *Movement assessment battery for children*. London: Psychological Corporation.

Henderson, S. E., Sugden, D. A., & Barnett, A. (2007). *Movement assessment battery for children-2*. London: Psychological Corporation.

Josman, N., Goffer, A., & Rosenblum, S. (2010). Development and standardization of a "Do-Eat" activity of daily living performance test for children. *American Journal of Occupational Therapy*, 64, 47-58.

鴨下賢一・中島そのみ・立石加奈子（2013）．苦手が「できる」にかわる！発達が気になる子への生活動作の教え方　中央法規出版

Klein, M. D. (1990). Pre-scissor skills: Skill starters for motor development. Arizona: Communication Skill Builders.

厚生労働省（2017）．保育所保育指針　https://www.mhlw.go.jp/file/06-Seisakujouhou-11900000-Koyoukintoujidoukateikyoku/0000160000.pdf

増田貴人（2009）．幼児期に現れる発達性協調運動障害の類型化について——MABCを用いた試み　障害者スポーツ科学, 7(1), 69-77.

Nakagawa, A., Sukigara, M., Miyachi, T., Nakai, A. (2016). Relations between Temperament, Sensory Processing, and Motor Coordination in 3-Year-Old Children. *Front. Psychol.*, 29. April 2016 (https://doi.org/10.3389/fpsyg.2016.00623)

中井昭夫（2014）．協調運動機能のアセスメント：DCDQ-R，Movement-ABC2 (M-ABC2)．辻井正次・明翫光宜・松本かおり・染木史緒・伊藤大幸（編著）発達障害児者支援とアセスメントのガイドライン　金子書房　pp.257-264.

Polatjko, H. J., Mandich, A. D., Missiuna, C., Miller, L. T., Macnab, J. J., Malloy-Miller, T., & Kinsella, E. A. (2001). Cognitive orientation to daily occupational performance (CO-OP) : Part III- the protocol in blief. *Physical & Occupational Therapy in Pediatrics*, 20, 107-123.

Rihtman, T., Wilson, B.N., Cermak, S., Rodger, S., Schoemaker, M.M., Cantell, M., Jover, M., Albaret, J.M., Ray-Kaeser, S., Magalhaes, L., Cardoso, A.A., VanWaelvelde, H., Hultsch, D., Tseng, M.H., Sun, S.H., Pineaar, A., Coetzee, D., Nakai, A., Green, D., Martine, R., & Parush, S. (2013). Can a little instrument make a big noise? A cross-cultural collaboration for identifying motor delay in young preschoolers. *Brazilian Journal of Motor Behavior*, 7, 24.

Rihtman, T., Wilson, B.N., & Parush, S. (2011). Development of the Little Developmental Coordination Disorder Questionnaire for preschoolers and preliminary evidence of its psychometric properties in Israel. *Research in Developmental Disabilities*, 32, 1378-1387.

渋谷郁子 (2010). 幼児の不器用さについての保育者の印象――MABCとの関連から―― 立命館人間科学研究, 21, 67-74.

渋谷郁子 (2011). 就学前児の不器用さと保育者の評価に関する研究 立命館大学博士論文 (未公刊).

渋谷郁子 (2015). 児童のハサミ操作に上肢運動が与える影響 日本特殊教育学会第53回大会自主シンポジウム57「発達障害と不器用 (6)」

渋谷郁子・笹井久嗣・少徳仁 (2016). 保育現場における子どもの不器用さの実態と支援の可能性――3年間の縦断調査の結果から―― 日本発達障害学会第51回研究大会ポスター発表

Stephens, L. C., & Pratt, P. N. (1989). School work tasks and vocational readiness. In P. N. Pratt & A. S. Allen (Eds.), *Occupational therapy for children* (2nd ed.). St. Louis: Mosby, pp.311-334.

Taylor, S., Fayed, N., & Mandich, A. (2007). CO-OP intervention for young children with developmental coordination disorder. *Occupation, Participation and Halth*, 27(4), 124-30.

Teitelbaum, O., & Teitelbaum, P. (2008). Does your baby have autism? NY: Square One Publishers.

Wilson, B, N., & Creighton, D. (2015). The little developmental coordination disorder questionnaire-Canadian (Little DCDQ-CA). Retrieved from http://www.dcdq.ca/

第 6 章

学童期の DCD の評価と
支援の実際

松原　豊

1. 学童期の運動発達

　学童期は，小学校入学から卒業までの 6 歳から 12 歳までを指す。安藤（2006）は学童期について，「人格の基礎が形成される幼児期と第二次性徴が現れ，身体的変化とともに親から精神的に離れ自立し，自己を確立していく思春期の間に位置し，一般的には，情緒的に安定し，外部の世界への関心や好奇心を高める時代といわれる。」と幼児期の営みを受け，思春期につながる重要な時期であると述べている。

　また学童期は，集団生活の中で人間関係を広げながらさまざまな体験を積み重ね，自分の役割を認識し，思いやりや豊かな心を育てるとともに，多様な知識や基礎的な体力を身につける時期でもある。遊びを中心とした日常生活での活動や地域行事への参加など，さまざまな体験を積み重ね，学校における友だちを中心とした集団や異年齢とのかかわりの中から，よりよい人間関係を形成する力を身につけ，友だちを思いやる心を養うことが必要である。また，基礎的な学力や体力，基本的生活習慣，規範意識を身につけ，家庭や学校などにおいての役割を積極的に担っていくことや，将来への夢をもつことが必要となる。

　学童期の運動発達段階について，ギャラヒューら（Gallahue &

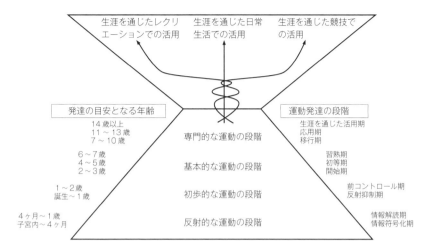

図6-1　運動の発達段階説明図（Gallahue & Ozuman, 2002 より作成）

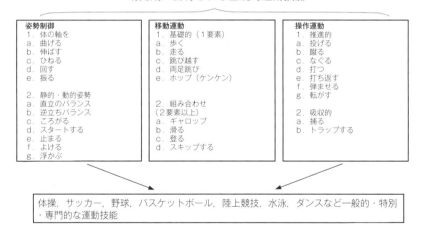

図6-2　基礎的な運動能力の発達とスポーツ（Gallahue & Donnelly, 2003 より作成）

Donnelly, 2003）は，基本的な運動の段階の習熟期（6～7歳），専門的な運動の段階への移行期（7～10歳），応用期（11～13歳）に分類している（図6-1）。すなわち学童期にあたる6歳から12歳は，基本的な運動技能習得の段階から，専門的な運動を応用していく時期にあたり，その後の生涯を通じた運動やスポーツに活用できる身体能力を育成するための重要な時期といえる。ただし，学童期の運動発達育成には，幼児期の基礎的運動能力の習得が前提となる。図6-2は，ギャラヒューら（Gallahue et al., 2003）が，7歳までに習得する基礎的な運動技能の分類を示したものである。生涯にわたって実施するスポーツ種目や身体活動の基礎となる運動技能は，定型発達児においては小学校に就学するまでに，ほぼ習得されることがわかる。

2．学童期に学ぶ必要がある身体能力

　健やかな体を育む教育の在り方に関する専門部会（2005）は，体育・保健の二つの分野について，「初等中等教育修了の段階で，すべての子どもたちが身に付けているべきミニマムは何か？」ということについて，具体的な審議検討を行っている。その中で，「『身体能力』に過度の重点を置くことは，逆に子どもたちの体育嫌いやスポーツ嫌いを助長することにつながりかねないことから，避けなければならない。しかし，一方で，長期的に子どもの体力の低下傾向が続く中で，教科・科目の『体育』は，直接『身体能力』を養うことのできる唯一の教科・科目であるという性格にもかんがみ，『身体能力』についてもその内容を明らかにすることが重要である。これにより子どもたちが，必要な身体能力を身に付け，その結果，生涯にわたって運動やスポーツに積極的に取り組むきっかけとなっていくことが期待される。」と述べている。こういった考え方から，子どもたちに必要な身体能力の要素として，1）「短時間に集中的に力を発揮する身体能力」，2）「持続的に力を発揮する身体能力」，3）「柔軟性を発揮する身体能力」，4）「巧みに身体を動かす身体能力」の四つに整理し，それぞれ具体的に以下のような目標をあげている。

1)「短時間に集中的に力を発揮する身体能力」
- 全力で加速した後，数十メートルは最高スピードを維持して走ることができること
- 全身を使って，その場で高く，あるいは遠くへ跳ぶことができること

2)「持続的に力を発揮する身体能力」
- 一定のペースで数分間以上走り続けることができること
- 自分の体重と同じ程度のものを，一定時間以上支えたり，運んだりすることができること

3)「柔軟性を発揮する身体能力」
- 膝を伸ばしたまま上体を一定の深さまで曲げること

4)「巧みに身体を動かす身体能力」
- 水の中で，浮いたり，潜ったり，進んだり，息継ぎをすることができ，二つ以上の泳ぎ方で一定の距離を泳ぐことができること
- 身体を，柔らかく動かしたり，力強く動かしたり，リズムを取って動かすことができること
- マットや鉄棒で，体を支えたり，回ったりすることができること
- 大きさの異なるボールを，手や体や足を使って，捕る，投げる，打つ，蹴るなど様々に操作することができること
- 運動やスポーツの用具をうまく操作することができること
- 危険やけがを回避できるよう手を使うなど安全に転がったり，飛び降りたりすることができること

　健やかな体を育む教育の在り方に関する専門部会（2005）では，「これらは，例示として挙げたものであり，これら以外にも身に付けるべき具体的な『目的』として設定すべきものがあると考えられる。よって，ここに例示したものを含めて，今後，専門的見地から検討を継続することが必要である。」と述べている。これから，どのような内容が含まれるかについては，今後の検討の経過に注目していきたいが，例示された内容は，運動面で困難さがある子どもにとっては目標達成の困難が予想される。特に，4)「巧みに身体を動かす身体能力」については，発達性協調運動障害（以後，DCD）などで運動面の不器用さがある子どもに対して，「子どもたちが身

に付けているべきミニマム」の具体的な内容について配慮し，指導・支援の方法などについても十分に考慮していかなければならないであろう。

3．学童期における運動面で気になる子の実態

　DCDの子どもは，幼児期から暦年齢や知的能力に比して，協調運動を必要とする日常生活動作が著しく劣る状態にある。養育環境に問題がなく，かつ知的水準もほぼ正常でありながら不器用さが目立ち，全身運動のぎこちなさや，手先の巧緻性の困難さなどがみられる。特に学童期では，体育だけではなく，他の教科の授業や学校生活など様々な場面での困難さが見られるかもしれない。その結果，学校生活全般において，成功体験がなかなか得られずに，チャレンジしていく意欲をなくしてしまうかもしれない。

　今回の執筆にあたり，公立小学校2校，私立小学校1校の教員32名に対して「運動面で気になる子どもの実態に関するアンケート調査」を実施した（2016年実施）。表6-1に，粗大運動，微細運動，及び学校生活の全体の困難さについて回答の多かった項目を列挙した。調査結果については，サンプル数が少なかったために統計処理は行っていない。教員の視点からの運動面で気になる子どもの実態の例として理解してほしい。

　粗大運動で全体的に多かった回答が「姿勢が崩れやすい」「長縄跳びでタイミングよく入れない」「狙ったところにボールがいかない」「ボールを上手くキャッチできない」「ドッジボールですぐに当たる」「動きがぎこちない」であった。また，低学年では上記以外に「縄跳びができない」「短距離走で加速できない」「転びやすい」「力が弱くてふにゃふにゃしてしまう」などが多かった。体育や運動あそびの場面では，うまくいかないことや失敗することが多く，鬼ごっこでは鬼になると他の子どもをなかなかつかまえられず，逃げる役のときはすぐにつかまってしまい，結果的に鬼の役をし続けることになる姿がみられた。縄跳び，跳び箱，鉄棒などの器械運動も苦手で，練習しても上達が遅く，自信をなくしてしまう。ドッジボールやサッカーなどの集団活動では，属しているチームやグループの仲間から負けたときの原因を作ったとして責められたり，チーム決めで最後まで

表6-1 運動面で気になる子どもの実態（小学校の教員の視点から）

	全体	低学年	中学年	高学年
粗大運動	・姿勢が崩れやすい ・長縄跳びでタイミングよく入れない ・狙ったところにボールがいかない ・ボールを上手くキャッチできない ・ドッジボールですぐに当たる ・動きがぎこちない	・姿勢が崩れやすい ・長縄跳びでタイミングよく入れない ・縄跳びができない ・短距離走で加速できない ・転びやすい ・力が弱くてふにゃふにゃしてしまう ・リズム体操・ダンスの振りが覚えられない	・姿勢が崩れやすい ・水泳でなかなか進まない ・動きがぎこちない ・リズム体操・ダンスの振りが覚えられない	・姿勢が崩れやすい ・狙ったところにボールがいかない ・鉄棒，跳び箱など器械運動が苦手 ・動きがぎこちない
微細運動	・文字が升目からはみ出る ・雑巾をしっかり絞れない ・プリントをきれいに折れない ・書写で文字のバランスが悪い ・食べ方が汚い	・箸が上手く使えない ・食事を口からこぼしやすい ・文字が升目からはみ出てしまう	・プリントがきれいに折れない ・文字が升目からはみ出てしまう	・リコーダーの演奏が苦手 ・コンパスで円を描くのが苦手 ・家庭科の裁縫や調理が苦手
学校生活全体	・自信がない ・あきらめやすい ・意欲がない ・一人でいることが多い ・友だちが少ない ・休み時間に教室にいることが多い	・自信がない ・あきらめやすい ・意欲がない ・おとなしい	・自信がない ・友だちが少ない ・おとなしい	・一人でいることが多い ・休み時間は教室にいることが多い ・友だちが少ない ・体育以外の教科も苦手意識がある

選んでもらえなかったりすることもあり，疎外感を感じることもある。その結果，彼らは運動嫌い，体育嫌いになってしまう。本来楽しいはずの体を動かして遊ぶことが苦痛になってしまうのである。

微細運動では，「文字が升目からはみ出る」「雑巾をしっかり絞れない」「プリントをきれいに折れない」「書写で文字のバランスが悪い」「食べ方が汚い」が多く挙げられた。特に，「雑巾をしっかり絞れない」は全学年にわたって，多くの先生から回答された。低学年では，これ以外に「箸が上手く使えない」「食事を口からこぼしやすい」などが多かった。高学年では，「リコーダーの演奏が苦手」「コンパスで円を描くのが苦手」「家庭科の裁縫や調理が苦手」などが挙げられた。微細運動の苦手さがある場合は，国語の書写，算数の図形，理科の実験，図工，音楽，家庭などの技術教科など様々な場面での困難があることが示された。

微細運動は手と手指の動きを中心とした運動である。ただし，器用にものを操る場合は粗大運動と微細運動が巧く協調していることが必要となる。例えば，ノートの枠に沿って字を書くときは，手と手指のコントロールだけではなく姿勢のコントロール，上肢の安定性，筋緊張の調節などが求められる。つまり，器用にものを操るためには身体全体と手指の協調性が必要となる。このような操作能力は，学習面では字を丁寧に書くこと，作品を丁寧に作ること，生活面では指先に力を入れたり，力加減をコントロールする力となり，物を丁寧に正確に扱う力につながっていく。また，書字において決められた枠から字がはみ出る，ハサミがうまく使えない，定規でまっすぐに線が引けない，おはじきなどの遊びが苦手などの背景には，目と手の協調や手と手指の動きの分化の未成熟などによる不器用さが考えられる。そのような場合，学習の達成感が得られにくく意欲が低下することもある。多動性や衝動性のある子どもでは，力やスピードのコントロールが苦手なため物を落として壊してしまったり，用紙を破ったりちぎったりしてしまうことがあり，失敗体験によって物を扱う経験が少なくなりがちである。触覚過敏がある場合には，持ったり触ったりする行為そのものが不快となり，行為そのものを避けようとする場合もある。

　学校生活全体では「自信がない」「あきらめやすい」「意欲がない」などの回答が多く，「一人でいることが多い」「友だちが少ない」「休み時間に教室にいることが多い」など仲間との関係がうまくいかない様子もみられた。運動面の困難さが自己肯定感の低下を招き，対人関係を育てる機会を少なくしていることにつながっていることを十分に考えるべきであろう。特に，学年が上がるに連れて「一人でいることが多い」「友だちが少ない」という回答が増えていっていることに対しては，早期からの発見と支援の必要性が示されたと考えられる。また，高学年では，運動面の困難さがある子は，「体育以外の教科も苦手意識がある」という回答が複数あった。

　DCDが疑われる子どもの中には，読み書きや発語など言語に関する困難さなどがみられることもある。このような困難さをそのままにしておくと，コミュニケーションや情緒，行動上の問題など日常生活全般に影響してしまうため，自信をなくし自己イメージや自尊心の低下をもたらすことがある。失敗体験が多いため，何かにチャレンジすることへの苦手意識が

出てきて，消極的な態度になるかもしれない。また，運動面の困難さは周囲に理解されにくいことが多く，そのため，本人にはかなりのストレスになっていることが多いようである。時には，まわりからのいじめやからかいの対象になることもある。

　そのため，DCDなどによる運動面の困難さがある場合は，早期発見，早期支援が大切である。必要であれば療育計画を立て，専門機関との連携のもとに療育や訓練を行うことになる。例えば，作業療法で感覚統合訓練や目と手の協応運動の練習を行ったり，学校では工夫した運動あそびや体育で協調運動の力を育てていくことが大切であろう。

4．運動面の困難さに対する実態把握の方法

　運動面の困難さの背景には，多面的，複合的な要因が含まれていると思われる。そのため，実態把握（アセスメント）をする場合も，様々な面から観る必要がある。現状では，学校や家庭における日常的な様子を観察したり，チェックリストを作成したり，運動能力の検査を行ったりしていると思われる。また，実態把握した情報を整理して，子どもの抱える運動の困難さの背景について解釈することも大切である。運動面の実態把握には，毎年学校で実施されている新体力テストのような体力・運動能力の測定以外に協調運動能力の測定が必要だと思われる。協調運動能力の測定には協調運動に関するチェックリストや神経学的ソフトサイン，指模倣テスト，随意運動発達検査，神経心理学の観点から開発された Movement Assessment Battery for Children - Second Edition（MABC-2）などがある。

　学校保健安全法施行規則の一部改正により，平成28年度からの学校健康診断において『「四肢の状態」を必須項目として加えるとともに，四肢の状態を検査する際には，四肢の形態及び発育並びに運動器の機能の状態に注意することを規定する』ことが通知された。例示されたチェック項目は「背骨が曲がっている」「腰を曲げたり，反らしたりすると痛みがある」「上肢に痛みや動きの悪いところがある」「膝に痛みや動きの悪いところがある」「片脚立ちが5秒以上できない」「しゃがみ込みができない」とされており，

具体的な疾患としては脊椎では脊柱側弯症，脊椎分離症，上肢では野球肘，野球肩，股関節・下肢ではPerthes（ペルテス）病，大腿骨頭すべり症，発育性股関節形成不全（先天性股関節脱臼），Osgood‐Schlatter（オスグッド・シュラッター）病が挙げられている。今回の運動器検診は内科健診の一部として学校医が行うもので，事後措置として専門医受診を勧められた児童生徒が整形外科医を受診する。その際には，「隠れた運動器疾患」を有する児童生徒のほか，治療の対象でない運動器機能不全であるものも数多く含まれているかと思われる。治療の対象でない運動器不全の児童生徒に対しても運動習慣の奨励やストレッチの指導など運動器の専門家としての指導が期待されている。チェック項目の中で「片脚立ちが5秒以上できない」「しゃがみ込みができない」などの項目は，協調運動の困難さが原因としても考えられる。今後学校健康診断の中に協調運動の検査項目が含まれることが期待される。

　以下に，学童期における協調運動の困難さの例を載せた。対象年齢は5〜12歳の幼児期後半から児童期までを想定しているが，発達段階によって困難さの程度や内容が異なるため，慎重に判断してほしい。日常生活や体育の場面から観察して判断できるように考えた。同年代の子どもと比べて，例に示したような様子が頻繁に見られ，学習上及び生活上の困難があるような場合はDCDが疑われる。

◎協調運動の困難さの例
【粗大運動】
・立って靴下を履くときにふらつく
・片足で5秒以上立っていられない
・平均台をうまくわたれない
・台から両足ジャンプで飛び降りられない
・ボールが狙ったところにいかない
・ドッジボールで当たりやすく，当てることが苦手
・長縄跳びでタイミングよく入れない
・「ドンじゃんけん」で動きを止められずに相手とぶつかる
・鬼ごっこですぐにつかまるが鬼役のときは捕まえられない

- 危険に応じて姿勢を変化させることができない
- ラジオ体操のときの動きがぎこちない，ふらつく
- 片手だけを動かすときにもう片方の手も動いてしまう
- お盆に載せたコップの水を運ぶときによくこぼす
- 運動するときに力が入らず弱々しい感じがする
- 椅子を運ぶときわざとではなく振り上げてしまうことがある
- ダンスの振りが覚えられない
- リズムと動きがずれてしまう

【微細運動】
- 雑巾がしっかり絞れない
- ボタンやジッパーをはめたり外したりすることが苦手
- ハサミの使用や折り紙が苦手
- お菓子の包装をはがすのが苦手
- プリントがきれいに折れない
- 文字が升目からはみ出してしまう
- 食べ方が汚い

5．学童期のDCD児に対する指導・支援

　身体を器用に動かすことができるようになるためには，各身体部位が協力しながら動きを調整しあう協調運動が必要である。また，発達的には各身体部位が，独立的に動かないと成立しない。協調運動の苦手な子どもたちにとっては，体育や運動あそびの中で，平均台，ジャングルジム，前回り，的に向かってボールを投げる，ボールを蹴るなど様々な運動を行うことが，各身体部位の動きを分化させる刺激になると考える。ただし，成功体験が多くなるように，最初は簡単な課題を繰り返し，徐々に難しくなるように工夫していく必要がある。特に，体育や運動あそびの場面では，成功体験や達成感が得られるように，指導・支援をしていってほしい。そして，周囲の人たちは，子どもの困難さに理解を示し，本人なりの努力や向上をきちんと評価することを心がけてほしい。

(1) 運動の発達段階と分析による指導・支援

　定型発達の子どもたちには，5歳から7歳にかけて飛躍的な運動能力の発達がみられる。子どもは成長に伴い走り，跳び，登り，投げ，振り，様々なことに挑んでいく。自転車に乗り，泳ぎ，あるいはスキーなども行うかもしれない。ダンスを習い，複雑なステップを習得する子もいるであろう。このような複雑な運動を遂行するには，多様な基本的運動技能を獲得し，さらに習熟段階への途上にあることが求められる。しかし，基本的な運動技能が未熟であったり，複数の運動を協調的に組み合わせて実施することが苦手な場合，運動課題の遂行が困難となる。そこで，対象児の運動発達の段階を把握し，課題となる運動の分析をすることによって，適切な指導・支援の方法を選択することができる。
　以下に指導・支援の例を示した。

【スキップの指導・支援】
　スキップができない子どもの指導として，以下のような指導・支援の方法が考えられる。
①ホップ（けんけん）を連続して行える。（左右）
②左右交互のホップを行える。
③重心を前に傾けられても，左右交互のホップを行える。
④左右交互のホップを行いながら前に進んでいくことができる。
⑤スムースなスキップをすることができる。

【サッカーの指導・支援】
　サッカーのパスやシュートなどの「蹴る」動作がうまくいかない場合，対象児の「蹴る」動作の発達段階を把握し，「蹴る」動作の運動分析（表6-2）を行った上で①②のような指導・支援の方法を考える。
〈「蹴る」動作の発達段階〉
・開始期：蹴る動作の間，動きが制限される，胴体は直立している，手はバランスのために使われる，蹴る足はバックスイングが制限される，前

方のスイングは小さい，振り抜く動きよりは押す動きが中心
- 初等期：バックスイングは膝を中心にする，キックする足は曲げたままになりやすい，フォロースルーは膝の動きの前に制限される，ボールに向かって一歩以上のステップがある
- 成熟期：蹴る動作の間，腕のスイングは反対になる，フォロースルー中，胴体が曲がる，蹴る足の動きはお尻から開始される，軸足はボール接触時には軽く曲がる，スイング時の脚の振り出し方が増す，フォロースルーは高い，軸足は爪先立ちか地面から離れる，ボールへのアプローチは走るあるいは軽くジャンプする

〈「蹴る」動作の指導・支援の方法〉

①対象児の「蹴る」という動作の発達段階を把握し，未熟な動きに対して次の段階のポイントをスモールステップで指導する。学年が上であっても現在の段階が開始期であれば，成熟期の動きを指導せず，次の段階である初等期の動きを習得するような発達段階に沿った指導が有効である。

②運動分析の結果に基づいた指導・支援の方法を工夫する。例えば，片足のバランスが悪いときは，片手を支えるなどバランスが安定するような支援をしたり，目と足の協応動作やボールに対して次の足を踏み出す能

表6-2 「蹴る」動作の運動分析例

筋力	・片足で立てる ・キックする足を持ち上げる ・ボールを蹴るために前に足を前に動かす ・バランスをとるために腕を横に広げる ・一定の距離までボールを転がす
柔軟性	・バックスイングで足を後ろに曲げる ・ボールに触れるために足を上げる ・フォロースルーができる ・バランスをとるために腕を広げる
持久力	・練習の間ボールをキックし続けることができる
目と足の協調動作	・ボールへの正確なコンタクトができる
バランス	・バックスイング，コンタクト，フォロースルーの間バランスをとって立っていられる
協調性	・大腿部と下腿部の相互作用 ・上肢と下肢の相互作用 ・ボールに対して次の足を踏み出す能力

力に課題がある場合は，足型をボールの横に置いて踏み出す足の位置がわかるようにする，止まっているボールで十分に練習してから，ゆっくりと動いているボールでのキックに挑戦する，などの段階的な指導を行うとよい．

(2) アナロゴンに視点を置いた指導・支援

　鉄棒のさか上がり，跳び箱の開脚跳び，水泳の平泳ぎなど，日常生活の中では，あまり経験することができない運動課題に挑戦する場合，具体的な動き方や練習方法がわからず，すでに習得している動きを工夫したり応用したりすることは期待できないことがある．三木（1996）は「運動学習では，運動能力や体力を問題にすることが多いようですが，むしろ大切なことは，解決しなければならない運動課題に対して，過去の運動経験から類似した動きの力の入れ方やタイミングのとり方などを呼び起こし，どんな姿勢で，どこでどんなふうに力を入れればよいか，動きの感じをつかみとることです．（中略）そのために，目標とする運動に含まれる〈動きのアナロゴン〉を前もって経験させておく必要があります．アナロゴンとは，まだやったことがない運動を覚えようとする場合，身体の動いていく様子（運動経過）を臨場感を持って感覚的に思い浮かべる素材として用いられる類似の運動例のことです」と述べている．細越・高橋・中村・小松崎（1999）は，「逆上がり」では，登り棒での後ろ回り，前回りおりなどが，「開脚跳び」では，うさぎ跳び，壁倒立，タイヤ跳びなどがアナロゴンとして課題達成に関係していると述べている．その他，投球動作は紙鉄砲を鳴らすことやメンコ遊びがアナロゴンとして適している．DCDの子どもに対しても三木（1996）が述べるような「できるような気がする」として挑戦する意欲がもてるようなアナロゴンを提供する必要がある．

(3) 運動イメージを高める指導・支援

　林・矢作・笠井（2003）は，「運動イメージはスポーツを行う際に重要となる3つの機能（認知，動機付け，運動中枢の再構築）を持つ．運動学

習（認知学習，運動適応学習，運動技能学習）の過程で，運動イメージの機能が十分その役割を発揮することによって，運動技能の上達が図られる。」と運動学習における運動イメージの重要性を述べている。三上（1996）は，動きを修正したり，洗練させる練習において「動きの内観力を高めること」と教師が適切なフィードバックをすることによって，「自分が行った動きを内観し正しく把握できるように子どもを導くこと」が大切と述べている。図6-3 は，跳び箱の授業で，視聴覚機器を利用して自分の動きをモニタリングできるようにし，さらに子どもの認知特性に応じた振り返りができるような支援を行った実践例である。ひとまとまりの動きを確認したい（同時処理が得意な）子どもに対しては映像見本を参照することができ，助走から踏み切り，足の振り上げ，手の突き放しなど順序立てた各ポイントを確認したい（継次処理が得意な）子どもに対しては，手順がわかりやすい学習カードを用意した。子どもによって，映像見本の方がわかりやすい子（32名），学習カードの方がわかりやすい子（17名）に分かれたが，自主的に振り返りをしながら，全体として技術の向上が見られた。

現在ではICTの活用としてタブレットなどで撮影した自分の動きの確

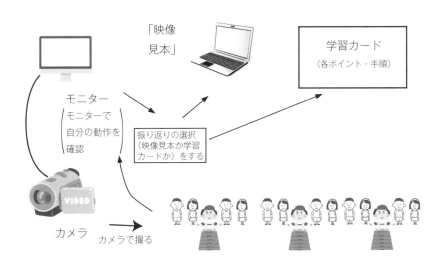

図6-3　運動イメージを高める跳び箱の指導・支援（練馬区立豊玉東小学校，2008 より作成）

認や運動分析が容易に行えるようになってきた。授業の中で効果的に活用していくことが望まれる。

(4) 微細運動に対する支援

① 書字・描画の発達段階の把握

　子どもの描画は殴り書きから始まる。最初の殴り書きは角度の鋭いジグザクの線であり，次第にスムースになり丸みのある曲線となる。線描きに意味合いが生まれ，その後，丸い形の中に目を表す円が二つ描かれるような，対象物らしい表現が徐々に出現する。描画や書字の動作は，初めクレヨンなどの筆記具の先だけが紙に接触して，上肢と手は空間に浮き，体幹と肩が動きの主体になっている。その後，肘や手の小指側が描画の表面に接触するようになり，前腕の動きは肘の安定性によって支えられるようになる。そして手関節を紙の表面に触れて支えながら手を動かせるようになり，手自体が表面で固定され手指の関節が分離して動くことで細かい字や精密な描画が可能となる。特に低学年においては，書字・描画の発達段階を考慮して指導・支援する必要がある。その他，座位姿勢の保持，手指の力のコントロール，視知覚の困難の有無，目と手の協調運動など他の要因も考慮しなければならない。

② 垂直の作業面での書字・描画の指導・支援

　垂直の作業面は手の関節に対して，親指の外転，対向の安定性と支持性の発達のための適切な姿勢を提供することができる。水平面での作業では手の関節が中間位や屈曲位になることが多く，それは拇指の対向など手の操作技能を育てる姿勢になりにくい。垂直の作業面により手の関節が安定して伸展し，拇指を他の四指が対向して動かしやすくなることによって，クレヨンや鉛筆などの筆記具を操るために必要な手のアーチも作りやすくなる。また，垂直面での作業は重力に抗して手や上肢を動かすため，上肢や肩の発達も促進できる。垂直の作業面を作るためには，机の上に書見台を置く，イーゼルを用いる，壁に大きな紙を貼って描かせるなどの方法がある。

③ 書写スピード向上の指導・支援
　1分間にできるだけたくさんの丸を描くというシンプルな課題であるが，書写の基本動作の一つとして有効である。丸の大きさは特に指定せずに自由であるが，子どもはたくさん描くためには小さい方が効率的だということを経験的に理解していく。作業のスピードと関係している小脳は10歳頃が臨界期といわれる。10歳までに100個以上の丸が描けることを目指したい。

④ 自助具を活用した微細運動の指導・支援
　小学校で使用する一般的な文房具，学用品，教具は，手先の不器用な児童には使いにくいことがある。そこで，扱いやすい文房具や道具を選択したり，改造したりすることで，使いやすくするような支援が必要である。
　例えば，「くるんパス」というコンパスは握って回すだけで誰でも簡単に円が描ける。「視覚障害者用の三角定規」は，視覚に障害のある子どもでも容易に平行線が引けるように5mm幅のスライドスペースを設けてある。ワンプッシュで約10ccと15cc出る視覚障害者用の計量ポット「さじかげん」なども家庭科の調理，理科の実験などに応用できると思われる。家庭科では，こぼれにくい「フチ付きミニまな板」や針通しがしやすい「セルフ針セット」など視覚障害の方を対象とした製品は，手先の不器用な子どもにとっても使いやすいと思われる（視覚障害者用の道具は社会福祉法人日本点字図書館で購入可能）。筆記具やお箸の握り方を練習するための補助具として「Qリング」や「もちかたくん」「ピンセット型お箸」などが市販されている。リコーダーの穴を押さえやすくするための演奏補助シール「ふえピタ」という製品もある。また，普段使用している道具を一工夫することで扱いやすくすることができる。例えば，定規の裏に修正テープや，薄いゴムを貼り，滑り止めにしたり，プロトラクターと呼ばれる分度器のように，直線定規を分度器に取り付けることで測りやすくすることができる。リコーダーの穴を押さえやすくするために手芸用のチャコペンで穴を縁取りしたり，魚の目用のシールを貼るなどの工夫が考えられる。

文献

安藤朗子（2006）．学童期における心の発達と健康　母子保健情報，**54**，53-58．

Gallahue, D. L., & Donnelly, F. C.（2003）．*Developmental Physical Education for All Children Fourth Edition*. Human Kinetics.

Gallahue, D. L., & Oznun, J. C.（2002）．*Understanding motor development*. McGrow-Hill.

林司佳子・矢作晋・笠井達哉（2003）．(1)運動適応と運動イメージの再生機序　矢部京之助・大築立志・笠井達哉（編集）入門運動神経生理学――ヒトの運動の巧みさを探る――　市村出版　pp159-167．

細越淳二・高橋健夫・中村剛・小松崎敏（1999）．逆上がりと開脚跳びの習得に有効な運動のアナロゴンについての検討　日本体育学会大会号，**50**，790．

三上肇(1996)．子どもの動きの可能性をどう引き出し伸ばすか　金子明友(監修) 吉田茂・三木四郎（編）教師のための運動学――運動指導の実践理論――　大修館書店　pp.156-162．

三木四郎（1996）．運動学習に取り組む意欲を考える　金子明友（監修）吉田茂・三木四郎（編）教師のための運動学　大修館書店　pp.40-47．

練馬区立豊玉東小学校（2008）．平成20年度校内研究のまとめ――通常学級における特別支援――

中央教育審議会初等中等教育分科会教育課程部会健やかな体を育む教育の在り方に関する専門部会（2005）．これまでの審議の状況――すべての子どもたちが身に付けているべきミニマムとは？――　平成17年7月27日　http://www.mext.go.jp/b_menu/shingi/chukyo/chukyo0/toushin/05091401.htm

第7章

青年期・成人期以降の
DCDの評価と支援の実際

石川　道子

1. はじめに

　発達性協調運動障害（DCD）に限らず，青年期・成人期以降の発達障害者の臨床像は多様であることが大きな特徴である。臨床像の多様化に影響している要因としては，①幼児期，学童期とは違い，生活している環境の個人差が大きい，②過去に経験した支援や治療の差異，③家族の障害受容やサポートの状況の違い，④本人自身の自己理解（自分の置かれている状況や自分の特性に対する理解）の程度，⑤失敗体験による二次障害（うつ症状やパニック発作などの精神症状）の有無，⑥支援の受け入れ状況，⑦診断を受けた時期などが考えられる（図7-1）。多様ではあるが，長い年月をかけて適応しようとしてきた（あるいは適応していると思ってきた）本人なりの「生き方」に対して，周囲から改善が必要と判断されることをマイナスにとらえがちであり，多少なりとも抵抗があるという共通点がみられる。

　DCDに関しては，年齢が上がるほど診断の根拠となる評価尺度の選択が難しくなっていく。幼少時は運動獲得の遅れや年齢に応じた粗大運動，微細運動ができないことで，DCDの存在を認識しやすく，数ある発達のアセスメント用検査の運動領域についての項目を利用して診断ができる

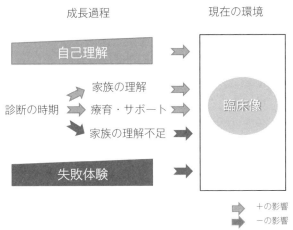

図7-1 青年期・成人期以降の臨床像に影響する要因

(宮原,1999;宮地,2008;Kurtz,2008)。しかし,年齢が大きくなるほどできないのは経験不足や本人の意欲や嗜好の影響とされ,DCDという診断とは結び付きにくい。コミュニケーションや対人関係の問題が大きく目立つ場合には,DCDによる不器用さや行動の不自然さなどは些末な問題とされ,支援の対象ともされていない(中井,2014)。年少のDCDに対する支援の重要性が認識され始めた現在に,大多数が支援を受けてこなかったであろう青年期・成人期以降のDCD事例を提供することは,今後の支援に役立つと考える。

2. なぜ,DCDの臨床像は青年期・成人期では多様になるのか?
―― 影響を与える要因を考える

社会生活を過ごすためには,環境に応じて適応的な行動をとることが要求される。DCDにより,ある行動をうまくできない,または練習を要する結果になるが,過去の体験から学んでいることによって解決方法が違っ

てくる。例えば，できるようになるまで練習した体験を積み重ねていれば，できないことへ挑戦するという戦略が取れる。人より多くの練習が必要と自分の特性を理解していれば，怒りを覚えることなくコツコツ同じ練習を続けることができるなどと，臨床像に影響してくる。ライフサイクルを考えたとき，他の時期とは違う，青年期・成人期以降に特有な臨床像とそれに影響を与える要因について考えてみる。

(1) 毎日生活している環境の差が大きい：DCDが目立つ環境と目立たない環境がある

　義務教育の間は学校生活であり，そこで要求される行動はほぼ共通している。しかし義務教育以降は，学校に在籍している，就労している，就労支援の事業所に通っている，デイケアに通っている，家庭だけで過ごしているなど環境の違いが大きくなる。環境の違いとは，次のようなことが考えられる。
①社会参加の形態：就労～学生～在宅で社会参加していない
②生活形態：一人暮らし～家族と同居あるいは施設で共同生活
③健康状態：健康～入院して治療中
④経済状態：経済的に困窮～生活に余裕がある
⑤支援：支援なし～日常生活で常時介護を受けている

　一般的に，DCDを開示しないで社会参加すると，周囲からの要求水準が高くなる。義務教育修了後であると，日常生活動作についてはできるのが当たり前，簡単にやれると考えられている。したがって，周囲はことさら指示をしなくても，やっているものと思い込む。スピードを要求されることにもなる。さらに，費用を払って参加する場合と違い，就労のように報酬をもらうことを目的とした社会参加は，周囲が要求することができないと非難され，継続することが難しくなる。学校としての形態も義務教育とは違い多種多様化する。補習などで滞在時間が長くなったり，DCDによる不器用さが目立つシーンが多い実習系の授業が多かったり，丁寧さよりも時間内に早くできることを評価する授業内容だったりすると，DCDによる不器用さをもつ場合は居心地が悪くなる。

反対にまったく社会参加をせずに家庭のみで暮らす場合は，家族の対応の差によって，DCD が生活に影響するかどうかが左右される。例えば，社会参加をしていないので，家庭内での生活動作を一人で実行できるように，家事を教える対応をしたと仮定しよう。このときに，年齢相当の作業ができないことが初めて認知される。DCD があるので「こんなこともできなかったのだ」とあらためて発見することになる。しかし，社会参加していないので，周囲が不憫だと考える，あるいは本人が不機嫌なのでという理由で，食事，洗濯などはすべて家族がやってあげる生活をしていると，本人がたとえ DCD の特性をもっていても，行動を自分でやる機会がないので目立たないこととなる。DCD の場合，練習をした協調運動はできるようになるが，獲得したスキルを使用しないでいると忘れてしまうことも多い。不登校が長くなると，学校で過ごしていた時代に普通にできているように見えた「イスに座る」「字を書く」「走る」などを実行しなくなる。本人も「無理」と主張するし，実際に普通に活動してみるとめまいや嘔吐，頭痛などの身体症状が出現するので，一日中寝転んでいる状態になることも珍しくない。

【事例1】脊椎が変形していた例

　小4から不登校になった A くん（現在高校生）。もともと慢性疾患があるのと教室の中に入る不安が強いことから，登校を無理せずに自宅で過ごしていた。体の不調は治らず，歩くのも困難になってきたので，中学進学直前に受診した医療機関で脊柱の変形（湾曲が消失）を指摘され，座位保持援助などを含め特別支援学級での生活に切り替え，登校できるようになったが長時間の着席継続は腰痛を伴い，臥位での休憩が必要であった。

　このように，社会参加している場所によって要求される適応行動が違うため，本人のできないことを要求されない限り，DCD らしさは目立たない。評価とも関連するが，成人期においてはどの行動ができないと生活上の支障をきたしていると判断し，DCD と診断するかという基準は確立していない。

　就労を希望しているとき，作業能力のアセスメントはあるが，実際の就労では業務内容によって作業が違い，同じ作業でも制限時間が変わる，人

とスピードを合わせる，複数の作業を同時進行するなど複雑化する場合を想定した検査ではない。作業に関するアセスメントの検査で明らかにできない項目がある場合は，その作業をうまくできるように練習することになる。以上のことを考えると，臨床像が多様な成人期の場合は，生活している環境下で行動しなくてはいけないことをまず決定し，本人の同意のもと練習をすることが一番効果的である（中井，2014）。練習する際に，教える側が想定した以上に習得がうまくいかず，指導の工夫や時間を大量に要する場合にはDCDの存在を考えることになる。

(2) 過去に受けた経験の違いや診断を受けた時期や支援内容による影響

診断が早く確定すれば，支援や療育を受けられる機会は多くなる。本人に合った支援や療育を受けてきた場合には，DCDではなかったようにほぼ年齢相当の行動が可能であり，できないことは努力して克服するという態度が身についている。幼少時から療育を受けていない場合は，独自のやり方を身につけていることが多く，例えば，姿勢の維持の難しさを自分なりに解決していった結果，側彎や外反偏平足などの体の変形に至ったり，慢性の腰痛や関節痛などの整形外科疾患の治療を要するようになる場合もある。支援や訓練を受けることを強く拒否するばかりか，体を動かすことを最小限にしようと考え，家庭内でほとんど寝転ぶ姿勢ばかりで過ごしていて，心肺機能も弱くなり，さらに社会参加が困難になっていく場合もある。このように，現状に必要なサポートをかたくなに拒否することは，幼少時からの訓練を受けていた場合にも生じることがある。これは，本人の発達レベルに合っていないことを不適切に長期間強制してきた結果と考えられ，家族の障害受容と密接に関係していることが多い。

(3) 未診断による失敗体験

診断が確定していない場合には，障害特性に合わせた対応がされないこととなり，本人が周囲から誤解される体験を多くしていることになる。

DCDのように診断されにくい障害は，身近な人たちに理解されなかったという経験を重ねる可能性が高い。例えば，姿勢の悪さや協調運動の苦手さが，「やる気のない態度」「一所懸命にやっていない」と間違った評価を受けることになる。また，何気ない行動について，体の使い方が不自然，スピードが合わない，リズミカルに動いていないなどから目立つこととなり，同級生からのからかいや中傷の対象となることも予想できる。本人たちからは，中学時代に「体育の授業で先生に叱責を受けた」「部活で下級生から笑われた」「体育の授業でペアを組むのを嫌がられた」「自分の動き方をまねして，みんなの笑いをとる子がいた」などの不愉快な経験をしたという話が語られる。

【事例２】体育の失敗体験から不登校になった例

　　中学２年で突然学校に行かなくなったＢくん（現在，大学生）。体育の授業でチーム対抗バスケットボールをすることになり，Ｂくんと同じチームになった子たちが口々に「アー終わった。Ｂと同じチームじゃ負ける」と言い，別の子が舌打ちをしているのを聞いたりした。中学になってからこんな悪口が多くなっていたので，「もう無理」となったが，その日はどうにか過ごし，うちまで帰った。次の日，みんなに迷惑をかけると思い学校へ行くのが怖くなった。親や先生には，休んだ理由は話していない。

　リアルタイムの告白ではなく，時間がたってから「そういえば」という軽い形で話してくれるので，直面したタイミングでは支援をしてもらえていない。小学生とは違い，中学生以後は社会性が育ってくるとともに，「家族には言わない」のが大半である。理由は家族を信頼していないからではなく，「中学生なので親には頼らない」「学校のことは親には関係ないから」などの精神的自立の段階ゆえの場合や「お母さんに心配をかけたくないから」という親の心情を思いやっている場合もある。特に中学生以降は本人の考え方を尊重する意味からも，家庭ではなく，学校現場を中心とし，対人関係やコミュニケーションばかりではなくDCDの存在をも射程に入れたケアが，整備されることの必要性を感じる。

(4) 本人の自己理解

　DCD に合併することが多い自閉症スペクトラム障害（Autism Spectrum Disorder: ASD）は，視覚優位の特性をもつ。視覚優位ということは，見えないものがわかりにくいということに他ならない。相手の意図や信念，見通しなど，対人関係に大きく影響するものがわかりにくいため，ASD の症状として対人関係障害が生じる。また，話し言葉は視覚刺激ではなく処理が難しいため，聞き間違い，一部しか聞いていない，長時間の集中が難しいなどの現象が起こり，コミュニケーションの問題も生じやすい。

　これらのことは，発達障害に関わる人々にとって周知のことである。しかし，意外に知られていないことは，見えないものとして「自分の行動」と「生理的感覚」や「固有覚」もあることである。「自分の行動」は自分では見ることができないために，人から指摘された自分の行動の不備な点が納得できないこととなる。意図的な行動ですら理解できないのなら，無意識にやってしまう体の小さな常同的な動きや習癖は当然のごとく自覚ができないこととなる。生理的感覚は，空腹や渇きなどの基本的な生命維持に関わるもの，暑さ寒さの体温感覚，眠け，疲労感などがあり，食事や給水，着衣，休憩などをとって不快な状態を調節するきっかけとなるが，これらの感覚が鈍いと突然不機嫌な状態になる。ASD は自分の感情に気付きにくいとの指摘があるが，その根底になる生理的な感覚の鈍感さが大きな要因になっていると考えられる。さらに，固有覚（自分の体の関節の屈曲度，筋肉の収縮程度，重力などを統合しながら協調運動を実行していく基礎ともいえる感覚）がうまくキャッチできていない。これらの感覚の異常は，協調運動だけにとどまらず，自己の身体イメージなどに影響を与えることになるため，ASD の合併例では，自己理解の難しさが伴うわけである。自己理解が進んでいないと，失敗の予測や対策を立てることもできず，「大丈夫。大丈夫」「一人でやれる」という発言をしながら現実にはできていないので，結局は周囲が後始末をしていることにも気づかないという事態に陥る。周囲への負担が恒常化し本人がそのことに気づいていないとすると，人間関係にも支障をきたしだす。

(5) サポート体制と失敗体験

　集団生活に参加し始めた幼児期から同年代の子どものような体の動きができないことによって，失敗体験となる経験をしがちである。楽しく過ごせるように企画された運動会や遠足などの行事やお遊戯やゲームは，本人にしてみれば失敗体験をしそうな憂鬱な時間となる。チームプレーが必要となる高学年以降の体育の時間や運動会では，チームのお荷物となっていることを実感させられる。運動に関する評価はできる，できないがはっきりしているし，成果をタイムや距離で表示するため，人との比較をしやすい。結果が明確で人よりできていないことを認識する経験は，著しく自己評価を下げる。体験を失敗とするかどうかは周囲の人たちの反応による影響も大きい。周囲の人々によって本人の特性理解がされていれば，「うまくいかなかった」ことを失敗体験にしないサポートが可能となるので，「今できなくてもできるまで練習する」ことができる。サポートを受けてきた期間は，診断を受けた時期と密接に関連してくる。診断を受けた時期が集団生活に参加する以前の場合，集団生活で必要なスキルを事前に練習する機会があるので，できないことが少なく，失敗体験も減少させることができるからである。

3．DCDがもたらす代表的な苦手なことの具体的な例
　　──要因によって変化する臨床像

　この項では，DCDがあると学校生活でうまくできないことが多いことと，そのことへの対応で青年期・成人期以降の臨床像が変わってくることについても，事例を中心にして述べる。

(1) きれいな字が書けない，枠からはみ出る，遅い

　学校生活では，DCDの多数の子が書字が年齢相応にできない。学校時代の周囲の対応で，現在の状況が違う2事例をあげる。

【事例3】 練習して書くことが苦手ではなくなった例

　3歳でASDとDCDの合併例と診断されたC子さん（現在大学生）。幼少時から療育機関を利用し，学齢期以降は民間の複数の個別療育（作業療法，行動療法，遊戯療法など）を受けている。親の会や地域のグループ活動などにも，積極的に参加してきた。小学校低学年時は書字が苦手で，宿題をやるのも時間がかかったが，先生が出した宿題のうち，本人のやれる量，書ける字の大きさを母親が調節して，時には，泣きながら毎日継続した。現在，書字は同年齢の子よりもきれいに書ける。速度は，速くはない。書字に比べ，絵を描くことは楽しんでやれているため，美術系の専門学校へ進んだ。

【事例4】 書けないことで社会参加が難しくなった例

　小2でASDと診断され，DCDとは気がつかれていないDくん（現在20代後半で在宅）。小2で教室から飛び出すことが頻回にあり，専門機関受診を勧められ，ASDと診断された。書字は自分でも読めないような字で，テストは正解していても×とされる状態で，評価がもらえない。書き直しをさせられるので，ノートはとらないと決め，連絡帳は書かずに聞いて覚えることにした。家庭でも，宿題をやらそうとするとひどく抵抗。両親はやらせようとして叱責を繰り返し，中学では提出物を出さないために成績が悪い。注意を受けると教室から出ていき，学校を休みがちになる。それでも，本人の希望で普通科高校に進学したが，すぐに中退し，それ以来，安定した社会参加ができていない。

(2) 着席が続かない，姿勢が崩れる，席を立ってしまう

　着席の困難さは，(1) と並んで学校での適応を難しくしていることが多い。前述の【事例1】でも学校での着席が長時間続くと腰に痛みが生じたのが，「行きたくない」気持ちの理由だったと，のちに語っている。

【事例5】不登校の理由は着席の困難さだった例

　小1から断続的な不登校を繰り返し，小5でASDと診断されたEく

ん（現在大学生）。就学後1学期は頑張るが夏休み明けあたりから休みはじめ、学年が変わるまで不登校という状態を4年間繰り返してきた。1年間持続して通うために、1日2時間登校とし、特別支援学級に籍を置くことにする。その後、登校時間を長くし、中学からは通常学級で正規の時間を過ごせるようになる。中学になってから、6時間着席することが苦痛だったと語る。「座っているより、立っている方が楽」だったそうで不安が高く、体全体を緊張させており、「休み時間も自席から動かないで過ごしていた」らしい。診断がついたことにより、特別支援教室で、休憩をとることも可能となったので、不安が解消され体の緊張も少なくなった。安定して通えるようになってからは、体を動かす機会も増え、一日学校で生活することが楽にできるようになった。

(3) 運動に苦手意識をもつ

幼少時には、運動経験を少しでも多くするようにと体操教室やスイミングなどに通わせている家庭が多い。DCDの存在は、自分のペースで動くときよりも、集団で周りに合わせての行動の方がうまくできない。周囲の情報もうまく整理できない、衝動性のコントロールができない、言葉の意味理解も中途半端な状態の幼児期に、本人の苦手な運動を練習させると、親が「嫌がるのですぐやめてしまった」「ほかの子よりうまくならないことがはっきりした」「続けても無駄だと思った」などと感じるので、本人にとっての挫折体験になりがちである。始めたからには、続けることが大事で、継続するためには、①うまく指導してくれる先生がいる、②教室の人数が少ない、③その子のペースに合わせて練習させてくれる（競争させない）という条件がいる。条件をそろえるためにも、子どもの状態を指導者にオープンにする必要がある。時間を要するが、何らかの運動を継続し続けることは、協調運動の上達にプラスの影響を与えることは明らかである。協調運動が上達するだけではなく、本人たちにとって、自分には継続している○○があると思えるのは、自分自身への強い信頼感となっているのも、また大事な事実である。運動が上手になったという「効果」ではなく、「継続」したということの方が大きな影響を生むのである。

【事例6】不器用さに気がつき自ら練習をしている例

　現在高校生のFくん。幼児期に療育機関でASDと診断されたので，ハシやはさみなどを作業療法（Occupational Therapy: OT）訓練で練習。家族もなるべく運動を継続できるように，習い事やOT訓練を持続した。小学校までは運動会などが苦手であったが，頑張って参加していた。会話は苦手で，人前で話すときには緊張していた。中学からは，運動部を希望して，家族が驚いた。練習は朝練を含め，休まないで参加した。現在も高校まで1時間以上かかる自転車通学をしており，部活動も運動系。本人の困り感は，「部活を頑張っているが，人より練習しているのにうまくならない」ことである。

(4)　安定して一人で通うことができない

　運動への苦手意識は，動くことを強制される場所への参加を拒絶する形で顕在化する。義務教育修了後は，参加しなくてはいけないところが遠距離になることも多くそれに伴い，一人でその場所に行くことができない結果となる。乗り物に乗ると，体調が悪くなる場合もあり，また気分が悪くなるのではないかという不安から，パニック発作に発展する場合もある。

【事例7】寮に入って通学できるようになった例

　小学校のころは体育の授業になると姿を消すことが多かったGくん（現在全寮制の高校に在籍）。中学校も体調不良で見学が多く，部活も入らずに帰宅部。中学校まで登校を嫌がることが多く，家族が車で送っていた。高校は，公共交通機関を使わずに行ける比較的近くの高校を選択したが，朝が起きられずに遅刻が多くなった。高校生なので，一人で行くように家族も要求しだすと，学校に行かなくなった。欠席が多く単位が取れないので，1年で中退し，全寮制の高校に入学し直し，現在は授業に休まず参加できている。

(5) 本人の困り感が周囲の気づきとずれている

　成人期の支援の中心は，就労支援になってくる。学校という形態に属しているときには，適応しているように見えたことでも，就労という条件下ではうまくできないことにつながる場合もある。書字障害による学習の困難さは，入試において不利な条件となり，登校も続かず，高等教育の修了が果たせない。学歴がないため，結果として，作業を中心とする職業を選択することとなったときに，初めてDCDによる手先の不器用さが問題になる。学生時代はたとえやれていなくても本人の評価が悪くなるだけであるが，就労となると職場で要求される作業ができないと就労を継続することができなくなる。学生時代に，遅い，あるいは手際が悪いことで，周囲が代わりにやってしまっていることが多く，練習する機会もなかったと推測できる。

【事例8】診断がはっきりせずに就労がうまくいかなかった例

　　中1のとき急に教室で大騒ぎし，それ以降教室に入れなくなり，徐々に学校にも行けなくなったH子さん。中2のときに医療機関を受診し，ASDと診断された。幼児期にASDかもしれないと言われていたが，親が診断を信じたくなく，療育を受けることなく中学まですごした。定時制の高校卒業後，食事を提供する職場にパートで入った。掃除をするときは箒が宙に浮いている，皿を並べることを要求されたが時間がかかるなどで，注意されることが続き，職場に行けなくなった。5年以上の社会参加できない状態ののち，就労支援センターでの相談で，作業よりも事務系の仕事の方が向いていると勧められ，データ打ち込みの仕事を開始している。

　仕事に行けなくなったときの，本人の困り感は，「バイトを始めたが，すごく怒る上司がいて，また怒られるのではないかと思うと行けない」とのことであった。本人は人間関係のつまずきと思っているが，クローズドで就労し，周囲も対応に配慮がなかったことに加え，本人のDCDが問題になったと考えられる。

4. 青年期・成人期以降に特有に生じる問題

ライフサイクルの中での青年期・成人期とは，どんな特徴があるのだろうか。まず，社会性が育てば育つほど，社会の様々な場面に参加することになり，家族の支援が及ばない状況が増えていく。また，周囲の支援も小児期に比べると利用できるものが少なくなる。成人の場合には本人からの要請がないと支援ができない制度が多い。本人も支援を受けずにやっていくことを目標にしていることが多いので，限界まで自分で頑張ろうとする。

3．までで見てきたように臨床像の多様さを知ると，DCDであることは「不器用さ」という抽象的な一言では表すことができないことは容易に想像がつく。DCDの存在が生活していくことを具体的にどう妨げているかについて，青年期・成人期以降に限定して述べる。同時に支援の方法への手がかりにも言及してみる。

(1) 体が大きく成長することによる自分への違和感

適応するためには，自分の特性を理解していることが重要となる。自己理解が出現してくると，変化していること（前とは違う感覚）への不安が生じる。第二次性徴に伴う変化は目に見えるので，変化していることが認識しやすい。一部の例では，変わることを受け入れられずに，「毛を抜こうとする」などの強迫的な行為が出現する。目で確認できることだけではなく，目に見えない内部的な感覚に気がつきだすと，自分のことを意識しだすきっかけになる。

【事例9】体の成長がきっかけで，自己理解がすすんだ例

　中学で急に身長が伸び，それまで当たり前にできていた動作がうまくできなくなったIくん。「物をとったり，字を書いたりするときに，前のようにうまくできない。疲れる」と自覚することによって，ますます動きがぎこちなくなった。それまでは，周囲から指示されたことを淡々とやっていて自分の意見を表出することはほとんどない印象だったが，

「やりたくない」「面倒だ」と言い出した。友人関係もごく限られた数人との交流となり，高校は自分で「書くことが要求されない実習が多いが，器用さは必要ではないと思う」情報系に決めるなど，自分の特性を理解し始めた。「座って話を長く聞くのが苦手」「新しいことはどうしたらよいかわからずに不安を感じる」など，自己表現が急激に増えだした。

　以前は何も考えずにやっていたことがうまくできなくなった経験をきっかけに自分の身体感覚に注意を向け始め，それがやがて自己理解の方向に進んだと考えられる。失敗や変化に敏感すぎてパニックになる状態では自己理解が難しい。自分の違和感への耐性が育たないと，変化への拒否（抜毛，摂食の拒否など）が顕在化してくることになる。自分の感じていることを否定しないで傾聴してくれる相手がいて，自己理解が進むと考えられる。

(2) 子育てという協調運動を要する状況下で起こること

　育児困難が予想される親への支援の一つとして，要支援家庭への専門職（助産師，保健師など）による訪問支援事業がある。早ければ妊娠中に，周囲から見て育児が難しいと判断される母親の中には，発達障害（本多，2014），特にDCDがある場合がある。要支援家庭の特徴として，自分の親族からの支援が不可能であることが多く，新生児の在宅育児支援を利用することになる。そこで観察される事象のうち，注目すべきなのは母親がDCDであることではないかと考える。新生児でまだ子どもの動きがない時点で，「授乳姿勢がうまく維持できていない」「おむつを替える作業の手際が悪い」「沐浴指導をしてもうまく赤ちゃんを支えることができない」などの育児行動の困難さがみられる。これらの現象がみられる母親は，医療機関の受診例もかなり存在するが，DCDの診断を受けているものは皆無である。DCDの存在を想定するなら，具体的な解決策，例えば，楽な授乳姿勢が継続できるような環境整備（クッションや座位の補助など），おむつを替える場所に用具をそろえる，両足の間にはさむ，手でおさえるなど自分の体を使って子どもの動きを制限する方法などについて，具体的に支援をしながら練習してもらう必要があるだろう。家庭訪問では具体的な支援ができるが，育児相談などの場面では話だけになり，結局実行に至

らない。DCDの存在を考慮した実践的，体感的育児支援が効果的な介入となるはずである。

　子どもが大きくなって育児サークルなどに参加しだすと，そこでの母親の行動がうまくできていないことに，スタッフは気づく。「動き回る子どもを制止できない」「手をつなぐことを続けてできない」「食べさせ方のタイミングが子どもと合っていない」などが具体的な例である。そこで，母親に指導していくのだが，口頭で指示されても行動することができないので，スタッフが手伝うことになる。母親自身が習得しないと子どもの危険の回避をできず，子どもの安心感は育たないこととなる。習得できない母親は，育児に関しての自信をなくしていき，親子関係の不調につながる。

(3) 就労を継続する事のむずかしさ（選択できることのデメリット）

　就労支援は，「自分から辞めない」ことが重要である。【事例8】においても，自分から辞めている。DCDがあるときには指示されたことがすぐには実行できないために，注意を受けることが多い。ASDの合併例では，注意されたことをどのように改善していくかを考えるのではなく，そこから逃避するという思考になりやすい (Hendrickx, 2009)。それは，「自ら辞める」という選択になり，仕事が続かなくなる。人と接することの少ない作業を中心とした職業を選択すれば，体の負担が高くなり，「腰痛がひどくなり働けない」「肩を痛めた」などの身体症状となり，迷惑をかけるので「辞める」となる。職場での適応度が低いと，本人はうまくいっていないことを自覚していなくても，頭痛や吐き気や腹痛など様々な身体症状が出現することも多い。身体症状の出現した背景の理解がないと，同じような職場を選び，また継続が難しくなる。通院等のため，休みをとれる職場かどうか，休暇の手続きが踏めるかどうかも継続できるかどうかと関連してくる。

(4) 身体を健康に保つためのスキルが不足している

　融通の利かなさとは決められたことを守る生真面目さともいえる。苦手な運動も，手を抜かないで練習することによって上達していき，結果とし

て過剰な運動を実施することになる。さらに，物事に集中していると，痛みや身体の疲れなどの身体感覚や無理な角度に関節がねじれているなどの固有覚が鈍麻なことも加わる。そのために疲労骨折や繰り返す骨折，捻挫などが生じることとなる。バランスが悪いのに，制御することができない速度で動く，特定の関節に負荷がかかることなども予想できる。けがや慢性的な炎症を予防できるように，運動指導の専門家が必要となろう。大人になると自立することが要求されるが，体の生理的感覚がうまくつかめない場合は，外から状態をモニタリングする役の人が必要となる。食事，睡眠，清潔を保つなどについて関心をもつことと，管理の仕方，継続しているかどうかをチェックする役割を担ってもらう人が存在する方が，健康で生活できる。服薬の副作用で「手のふるえ」「体のふらつき」「眠気」が出現する場合もあり，事前の説明，対処の仕方の習得が不可欠である。

5．おわりに

　青年期・成人期の症例を提示しながら，この時期特有の問題を述べた。筆者は小児科医であり，成人期への支援を直接的に行っているわけではないので，ここに提示したのは，少なくとも義務教育期間に何らかの発達障害の診断を受けた事例についての青年期・成人期の臨床像である。青年期・成人期以降に診断された例では，DCDによる行動の制限がさらに目立つようになっていることは，子育ての項で示唆した。現在では，幼少時期にDCDへのアプローチが可能となり，効果を上げていることを考えると，現在青年期・成人期のDCDの人たちはDCDへの支援なき育ちをした世代といえよう。成人期の支援にも，DCDへの直接的アプローチを取り上げたものは見当たらず，コミュニケーション，対人関係，SSTなどの手法が大半である。DCDへの関心が広がるとともに，成人期への具体的支援の中に体の動かし方が加わることを切に願っている。

文献

Hendrickx, S.（2009）．Asperger Syndorome and Enployment. London: Jessica Kingsley Publisher.（サラ・ヘンドリックス（著）梅永雄二（監修）（2010）．アスペルガー症候群の人々の仕事観――障害特性を生かした就労支援――明石書店）

本多秀夫（2014）．発達障害の成人女性への支援　精神科治療学，**29**（増），235-237．

Kurtz, L.（2008）．Understanding Motor Skills in Children with Dyspraxia, ADHD, Autism, and Other Learning Dysabilities. London: Jessica Kingsley Publishers.（カーツ，L．A．（著）七木田敦・増田貴人・澤江幸則（監訳）泉流星（訳）（2012）．不器用さのある発達障害の子どもたち――運動スキルの支援のためのガイドブック――自閉症スペクトラム障害・注意欠陥多動性障害・発達性協調運動障害を中心に　東京書籍）．

宮原資英（1999）．運動発達における問題――実践的な問題点　辻井正次・宮原資英（編著）．子どもの不器用さ――その影響と発達的援助――　ブレーン出版　pp.55-108.

宮地泰士・辻井正次（2008）．協調運動の発達と発達性協調運動障害　総合リハビリテーション，**36**(2)，141-145.

中井昭夫（2014）．発達性協調運動障害（developmental coordination disorder: DCD）　精神科治療学，**29**（増），403-408.

第Ⅲ部

DCDを伴う発達障害の理解とその支援

第 8 章

DCDを伴う知的障害児の
特性と支援

平田 正吾

1. はじめに

　知的障害（知的発達障害/症）は，発達期における知的機能の制約によって特徴づけられる障害であるが，知的障害のある子ども（以下，知的障害児）においては，明らかな運動マヒがないにもかかわらず，様々な運動課題の遂行に困難が認められる場合があることは，臨床的にも広く知られている。本稿では，こうした知的障害児における運動面の問題について，まず発達性協調運動障害（DCD：Developmental Coordination Disorder）との関連から検討するとともに，筆者がこれまでに取り組んできた知的障害児の運動遂行についての研究を併せて紹介することにより，知的障害児の運動面の特徴に対する新たな理解の可能性を提起したい。

2. 知的障害とDCD

　知的障害児が運動面において不器用さを示すことは，彼らへの体系的な教育が始まった19世紀当初から指摘されている。よく知られた『白痴の使徒』セガン（Seguin, E.）は，知的障害児が歩行において「手は邪魔者

のようにぶら下がっており，また身体の他の部位との不調和をまざまざと見せつけている」ことを指摘し，「歩き方を見れば知的障害であることがわかる」とまで述べている（Seguin, 1973）。現在，DSM（Diagnostic and Statistical Manual of Mental Disorders）をはじめとした国際的な診断基準において知的障害は，1）知的機能が著しく低く，2）社会生活における自立した活動の問題，いわゆる「概念」「社会性」「実用」の3領域から成る適応機能の制約が認められ，3）これら2つを満たすのが18歳以前，の大きく3点から定義される。知的障害における運動面の問題は，このうち，日常生活における身辺処理や就労場面における作業の達成を妨げうることから，適応機能の制約（特に，「実用」領域）と関わるものである（平田, 2018；平田・奥住・国分, 2019）。しかし，このように古くから指摘され，現在ではその障害の定義とも関わっていると言える知的障害児の運動面についての研究は，必ずしも多いものではなく，その特性が十分に解明されているとは未だ言い難い。こうした事情は，知的障害とDCDの合併についての診断基準にも反映されているように思われる。

　DSMにおけるDCDやICD（International Classification of Diseases）におけるSDDMF（Specific Developmental Disorder of Motor Functions）の診断基準の詳細は他章に譲るとして，DCDとSDDMFは知的障害との併存を認めるかという点で，その診断基準に違いがある。以下より，平田（2018）による整理を見ていきたい。まず，SDDMFは主要な除外基準として，知能指数（IQ）が70以下であることが挙げられていた（なお，ICD-11におけるDCDと知的障害の関係については，平田・奥住・国分（2019）を参照されたい）。IQが70以下であることは必ずしも知的障害と診断されることを意味しないが（本田, 2014），知的障害とSDDMFの合併はおそらくは稀な事象であったと思われる。一方，DSMにおいてDCDと知的障害の併存は許容されており，例えばDSM-Ⅳ-TRでは，診断基準Dとして「精神遅滞が存在する場合，運動の困難が通常それに伴うより過剰である」場合，DCDの併存診断が可能となっていた（American Psychiatric Association, 2000）。DSM-5では，この診断基準Dが変更され，「運動技能の欠如が，知的能力障害（知的発達症）や視力障害によってはうまく説明されない」ものとされたが（APA, 2013），知的障害との

併存を認めるものであることに変わりはないと言える（金生，2014）。しかし，平田（2018）や平田・奥住・国分（2019）はこの「知的能力障害によってはうまく説明されない運動技能の問題」に関して，いくつかの問題があることを指摘している。例えば，DSM-5におけるDCDの診断的特徴の項を見ると，診断基準Dに関して，「運動の困難さが精神年齢から期待されるものより過剰である」ことと記載されているが，知的障害によって説明されうる運動技能の問題と，うまく説明できない運動技能の問題を区別する診断基準は特定されていないともされている。このように，知的障害とDCDの併存は診断基準上は可能ではあるが，その適用は決して容易ではないように思われる。これは先にも述べたように，診断のエビデンスと成り得るほど，知的障害の運動特性についての研究が蓄積されていないことが関連しているであろう。

3．知的障害児に対する運動アセスメント

　上述したように，DCDを伴う知的障害児の診断的特徴は必ずしも明確でないが，DCDの診断の際に頻繁に使用される標準化された運動アセスメントを知的障害児に実施した研究は，その数は少ないながらも古くから存在している。以下より，平田・奥住・北島・細渕・国分（2013）による整理を見ていきたい。運動機能を評価する際には，微細運動や粗大運動，バランスというように運動機能をいくつかの領域に分けて評価する手法が，運動アセスメントの始祖であるOseretsky testの開発時から行われてきた。Oseretsky testとは，ロシアの神経学者オゼレツキーが1920年代中頃から30年代にかけて，運動障害のある子どもの評価を目的として作成したものであるが，研究史的にはMABC（Movement Assessment Battery for children）も，このOseretsky testの改良版であるTest of Motor Impairmentを発展させたものである。Oseretsky testと知的障害研究の関連は深く，1940年代にOseretsky testのアメリカ版を作成したのは，当時一流の知的障害の研究機関であったVainland Training School研究部であった（国分，1989）。Oseretsky testは1950年代に日本に紹介

され，狩野運動能発達検査とされた。本検査の対象年齢は4歳から成人と幅広く，運動能力を平衡機能，全身運動の協調，手指運動，分離・模倣運動の4領域から評価するものであった。知的障害児に対して狩野運動能発達検査を実施した研究は1950年代から見られ，その後も倉田（1982）や清水・武井・荒井・小畑・松為・田谷・田中（1993）によって行われている。これらの研究では，1950年代からのOseretsky testを用いた国外研究と，ほぼ同様の結果が示されている。すなわち，知的障害児の運動能力は同一年齢の定型発達児より低く，特に平衡機能や手指運動のような微細な制御が必要とされる領域の遅れが著しいということである。

　さて，知的障害児にMABCを実施した研究は，世界的に見ても極めて少ない。以下より，平田（2018）による整理を見ていきたい。まずVuijk, Hartman, Scherder, & Visscher（2010）は，IQが50〜70の軽度の知的障害児55名とIQが71〜84の境界域の知的障害児115名に対してMABCを実施した。MABCは，よく知られた知能検査であるWISC（Wechsler Intelligence Scale for Children）などと同様に各課題の粗点を対象児と同じ暦年齢の定型発達児の成績分布にしたがい標準得点へと変換することで，対象児の成績が暦年齢相応であるのか判定することができる。分析の結果，軽度の知的障害児の82%，境界域の知的障害児の60%で，MABCの総合得点が暦年齢相応の水準になく，運動困難が認められる水準にあることが明らかとなった。また，MABCの下位領域を見ると，いずれの群でも「手先の器用さ」領域の得点が最も低くなっていた。知的障害児が，MABCにおける「手先の器用さ」領域で問題が認められることは，ダウン症児を対象とした研究でも指摘されている（Spano, Mercuri, Rando, Panto, Gagliano, Henderson, & Guzzetta, 1999）。また，Green, Charman, Pickles, Chandler, Loucas, Simonoff, & Baird（2009）は，自閉症スペクトラム障害（ASD）児101名にMABCを実施し，知的障害のあるASD児においては，ほぼ全員の得点が運動困難が認められる水準にあったことを報告している。

　MABCを使用した研究ではないが，Wuang, Wang, Huang, & Su（2008）はMABCと同様によく知られた運動アセスメントであるBruninks-Oseretsky test of motor proficiency（BOTMP）を，軽度の知的障害児223名（平均IQ57.9）に実施し，その標準得点を分析した。その結果，

90%の対象児のBOTMPの総合得点が運動困難の認められる水準にあり，ここでも粗大運動より微細運動における問題が重篤であったことが報告されている。さらに，この研究ではBOTMPの成績と対象児のWISC Ⅲにおける4つの群指数との関連についても検討されており，言語理解と処理速度の得点の個人差が，BOTMPの成績に強く寄与していることが明らかとなっている。より近年では，平田（2012）が知的障害児におけるMABC-2と衝動型―熟慮型の認知スタイルの関係について検討している。衝動型―熟慮型の認知スタイルとは，後に詳述するが知的障害児の運動遂行と関わりをもつとされる心理特性の一つである。分析の結果，これまでの研究と同様に知的障害児のMABC-2の成績は同一年齢の定型発達児より明らかに低くなっていることに加え，知的障害児における認知スタイルの差異がMABC-2における遂行の様相の差異とも一致する可能性が示唆された。こうしたWuang et al.（2008）や平田（2012）の結果は，知的障害児における運動アセスメントの成績の個人差に，彼らの認知面における様々な特徴の個人差が関与している可能性を示唆するものである。

　ここまで知的障害児に標準的な運動アセスメントを実施した研究を見てきた。これらの研究では，対象となった知的障害児の大半で，その成績が暦年齢相応の水準にないことが一貫して指摘されている。しかし，このことが知的障害児にDCDが高い割合で併存していることを示しているとは必ずしも思われない（平田，2018）。先にも述べたように，DSMでは「運動の困難さが精神年齢から期待されるものより過剰である」場合に，知的障害とDCDの併存診断が認められる。しかし，これまでに行われた研究では，運動アセスメントの成績を対象児の暦年齢に基づき得点化しており，彼らの運動課題の成績がその精神年齢と比して低いものであるのかについては検討されていない。こうした問題を解決するためには，知的障害児における運動アセスメントの成績について，対象児と精神年齢が同一の定型発達児の成績を基準とした検討を行う必要があるだろう。また，平田・奥住・国分（2019）は杉山（1999）のような知的障害児に対する神経学的ソフトサインを用いた評価の重要性を，いくつか指摘している。DCDの診断基準における神経学的ソフトサインの役割は未だ明らかとはなっていないが（APA，2013），運動アセスメントの成績だけでなく，神経学的ソフトサイ

ンによる評価なども併せた多面的な評価が今後，必要となってくるのではないだろうか。

4．知的障害児の運動面の特徴に対する新たな視点

　知的障害とDCDの関係について，診断基準と運動アセスメントの2点から見てきた。ここからは視点を変えて，知的障害児の運動面の特徴それ自体についての平田・奥住（2016）の考察を紹介したい。DSM-5におけるDCDの診断基準Aでは，協調運動技能の獲得や遂行における困難さの現れの一つとして，「運動技能の遂行における遅さと不正確さ」が挙げられている。知的障害児の運動遂行に関しても，その運動の遅さや不正確さはよく認められる。特に，代表的な病理型の知的障害児であるダウン症児の運動遂行は遅いことで知られ，これは従来は筋緊張の低さといったいわゆる21トリソミーに起因するダウン症固有の病理と関連づけられてきた。しかし，Kokubun（1999）は，ダウン症児における運動の遅さが，その病理の直接的な現れでない可能性を指摘している。Kokubun（1999）は，おぼんに載せられたコップの水をこぼさないように3m運んでいく課題（おぼん運び課題）をダウン症児とその他の知的障害児に実施し，運動の速さとして課題の所要時間を計測するとともに，運動の正確性として課題遂行中にこぼれた水の量を計測した。その結果，ダウン症児の課題の所要時間はその他の知的障害児よりも明らかに長くなっていたが，こぼれた水の量はわずかながら少なくなっており，その他の知的障害児よりも正確に課題を遂行していることが明らかとなった。この結果は，ダウン症児における運動の遅さが単純な病理の現れではなく，運動の正確性を補償するために運動の速さを犠牲とした代償的・適応的な方略の現れである可能性を示唆している。これと同様の指摘は，ラタッシュ（Latash, 2008）もその一連の研究で行っている。すなわち，動作が遅く，時に不器用とも評されるダウン症者の運動遂行の特徴は，彼らの染色体異常から直接的に生じるものではなく，自らの知的機能や小脳機能の問題を補償するために選択された運動の安全性を重視した適応的な方略の現れと解釈されるのである。

ラタッシュは，ダウン症における不器用が生得的なものでないことを繰り返し強調している（Latash, 2008; 平田ら，2013）。例えば，ダウン症者においては，突発的な環境の変化が起こらないような環境で練習を重ねることにより安全性重視の方略が用いられなくなり，単純な運動課題の成績が少なくともその環境においては改善することが報告されている（Almeida, Corcos, Latash, 1994）。国分（2009）は，ヴィゴツキー（Vygotsky, L. S.）の障害児観を踏まえつつ，障害児が示す状態像を常に彼らの障害の直接的な現れとしてのみ捉えるのではなく，自らの障害に対する適応（時に不適応）という観点からも捉える必要があることを指摘している。これまで障害児と関わる専門家や教員は，彼らの行動に現れる定型発達児との差異を障害の現れとして捉えることが多く，その行動について適応的意義という観点から考察することがさほどなかったようにも思われる。知的障害児の運動面に関しても，その特徴を多面的に評価し，その内的意味を探求していく必要があるのではないだろうか。知的障害児の運動遂行を速さと正確性の2側面から捉えるのは，その一助となるものであろう。また，こうした観点はDCD児の運動遂行に対しても適用されうる場合があるように思われる（実際，Latash（2008）もその可能性を指摘している）。

　このようなことを念頭に置きつつ，筆者はこれまで知的障害児の運動遂行における速さと正確性に注目した研究を行ってきた（平田ら，2013）。まず筆者は知的障害児の微細運動に注目し，運動における速さと正確性を評価する課題として，シール貼り課題を考案した。シール貼り課題とは，丸枠（直径2 cm）に同じ大きさの丸型シールを利き手で貼るものであり，運動の速さとしてシールを貼り終わるまでの所要時間，運動の正確性として丸枠と貼られたシールの間のずれを計測するものである。これまでの研究の結果，知的障害児におけるシール貼り課題の遂行様相は一様でなく，定型発達児の成績を基準とした分類を行うと，運動は遅いが正確である児（正確性優位群）に加え，それとは対照的に運動は速いが不正確である児（速さ優位群）などがいることが明らかとなっている。更に，平田（2012）はこうした知的障害児の微細運動における運動遂行の差異が，運動種を超えて現れるものであるのか検討した。微細運動と対を成すものである粗大運動を取りあげ，先に述べたKokubun（1999）のおぼん運び課題を用い

た測定を行ったところ，知的障害児におけるシール貼り課題の遂行様相は，おぼん運び課題における遂行様相と一致することが明らかとなった。すなわち，シール貼り課題における速さ優位群のおぼん運び課題の遂行様相は速く不正確であり，シール貼り課題における正確性優位群のおぼん運び課題の遂行様相は遅く正確であった。同様の事態は，シール貼りが遅く不正確な児や速く正確な児でも認められた。このことは知的障害児の運動面における特徴が，運動種横断的な遂行特性の現れである可能性を示唆している。

5．知的障害児における運動と認知の関連

それでは，こうした知的障害児における運動面の特徴は，運動面に限局されたものなのだろうか。この点についても，平田・奥住（2016）を参考としつつ，以下より見ていきたい。速さや正確性は運動のみならず，認知の側面でも当然，注目される特性である。Kagan, Rosman, Day, Albert, & Phillips（1964）は，速さと正確性の両立が求められる問題解決の際の個人差から，衝動型と熟慮型という2つの認知スタイルを定義した。より具体的には，同画探索課題（MFFT: Matching Familiar Figures Test）で，反応が速く誤りが多い子どもを衝動型，反応が遅く誤りが少ない子どもが熟慮型とされる。知的障害児の運動遂行における速さ優位群は衝動型の認知スタイルと，正確性優位群は熟慮型の認知スタイルと，その特徴がそれぞれ一致するように思われるが，知的障害児における運動遂行と認知スタイルの関連については，これまでほとんど検討されていなかった。これを受け Hirata, Okuzumi, Kitajima, Hosobuchi, & Kokubun（2013）は，知的障害児における衝動型―熟慮型の認知スタイルの差異が，微細運動や粗大運動における速さと正確性と一致するものであるのか検討した。その結果，知的障害児（約12歳）における衝動型の者のシール貼り課題やおぼん運び課題の遂行様相は速く不正確であり，熟慮型における運動課題の遂行様相は遅く正確であることが明らかとなった。さらに，MFFT の遂行が遅く不正確な児や速く正確な児の運動課題の遂行様相も，MFFT にお

ける特徴と一致していた。この結果は，知的障害児における運動と認知の背景に領域横断的な速さと正確性の遂行特性が存在することを示唆している。これと同様に Roebers & Kauer（2009）は，速さと正確性のトレードオフ要求に対処する領域横断的能力が，7歳の定型発達児における運動制御と認知制御の共通要因として存在する可能性を指摘している。近年の脳イメージング研究や神経心理学的研究は，認知制御や実行制御過程が，従来重視されてきた背外側前頭前野だけでなく，これまで運動制御のみに関与するとされてきた運動前野や補足運動野，小脳のような領域とも関係していることを明らかにしている（例えば，Diamond, 2000）。Hirata et al.（2013）は，こうした運動制御と認知制御が共通の神経基盤を有していることが，領域横断的な速さと正確性のトレードオフ特性の存在と関与しているのではないかと考察している。知的障害児における運動と認知の関連に注目した研究はこれ以外にもいくつかあり，例えば，Hartman, Houwen, Scherder, & Vissche（2010）は，知的障害児における運動能力と認知プランニングの間に関連が認められるとともに，運動能力の低い児は認知プランニング課題を短い反応時間で遂行することを報告している。また，Houwen, Visser, van der Putten, & Vlaskamp（2016）は，知的障害児における運動能力と認知能力の相関の程度が，定型発達児より強いことを報告している。これらの研究においては，知的障害児の運動面に対する介入が認知面にも影響を及ぼす可能性が提起されているが，この点について検討した研究は，ほとんど見られない。

　さて，Hirata et al.（2013）が見出した知的障害児の運動と認知における正確性優先の遂行特性は，先に取り上げたダウン症児の運動遂行における代償的な方略と同様に，適応的意義を有しているように思われる。では，速さ優先の遂行特性に適応的意義はあるのだろうか。ADHD児が MFFT で衝動型へと分類されること（Johnston, Madden, Bramham, & Russell, 2011）を踏まえると，この遂行特性はいわゆる抑制機能の問題の反映であると考えるのが適当であるようにも思われる。しかし，森口（2014）は定型発達児における成人と比較した場合の認知機能の「低さ」を，その時々の発達段階に応じた適応的意義を有したものとしても捉えられる可能性を指摘している。障害児における行動がすべて適応的意義を有しているわけ

ではないだろう。だが，知的障害児における速さ優先の遂行特性についても，こうした観点からの検討を放棄すべきではないように思われる。多様な観点から知的障害児の運動面を捉えることにより，一見すると弱さや問題の現れとされる特徴の背後に，隠された強みや良さを見つけることが可能となるかもしれない。こうした考えの妥当性について検討するために，さらなる研究や実践の蓄積を待ちたい。また，Hirata et al. (2013) では，知的障害児群内における遂行特性の差異が，どのような要因によって生じるものであるのか明らかにされていない。この点についても，今後の検討が必要であろう。

このような知的障害児に対する研究と同様の手法を用いて，Hirata, Okuzumi, Kitajima, Hosobuchi, & Kokubun (2014) は成人の知的障害者における運動遂行と衝動型―熟慮型の認知スタイルの関連についても検討した。その結果，知的障害者（約34歳）では認知スタイルの特徴と運動遂行の特徴がさほど一致せず，衝動型の者や MFFT の遂行が遅く不正確な者でも運動遂行が，速く正確であった。こうした知的障害者における認知スタイルによらない運動の巧みさは，これまでの経験の蓄積（例えば，毎日の軽作業や日常生活動作）によって形成されたのかもしれない。これは知的障害児・者における日常的な運動習慣や作業習慣の重要性を示しているように思われ，一つの支援原則になるのではないだろうか。

6．知的障害児における言語の行動調整機能の障害

最後に，知的障害児における運動面の特徴を考える際に，避けて通ることのできない言語の行動調整機能について述べておきたい。言語の行動調整機能とは，ソビエト心理学における中核的概念の一つであり，言語教示の意味的側面にしたがって行動が企画・調整されることを指す。よく知られたルリヤ（Luria, A. R.）は知的障害児の重要な特徴として，言語による行動調整機能が障害されていることを挙げている（Luria, 1960）。国分（1998）によると，こうした知的障害児における言語の行動調整機能の障害は，教示に基づき行われた行動の成績から知的障害児の能力を評価す

る際に，常に問題となりうる。すなわち，知的障害児から得られた成績が，運動課題を実施した場合には運動能力というように，本来想定している能力を反映しているのか，それとも言語による行動調整機能の水準を反映しているのか区別するのは，必ずしも容易ではないのである。知的障害児においては，運動検査の場面で片足立ちの継続時間が短い児や最大握力が弱い児でも，その日常生活や学校生活を観察すると，着替えの際には片足を上げ続けていることや，固く閉められたお菓子の瓶の蓋を独力で開けていることなどが見られることがある。このように知的障害児の日常生活における運動能力と，検査場面で検査者の教示にしたがい実行される運動課題の成績が乖離しうることを踏まえると，知的障害児における運動アセスメントの成績が，常に彼らの本来の運動能力を反映したものであるのか疑問を抱かざるを得ない。こうしてみると，知的障害とは自らが本来有している能力を自らの意志で常には運用できない障害として捉えることができるかもしれない。国分（1998）や奥住（2003）は，行動調整能力の問題を補償するような環境設定や文脈の変化によって，知的障害児のバランスが改善することを報告している。運動アセスメントによる客観的な評価を参考としながら，いかにして彼らが本来有している能力を引き出すかという観点からも，彼らの運動面に対する支援を考えていく必要があるように思われる。

7. おわりに

以上，本稿では知的障害児における運動面の特徴について，関連する事柄を概観してきた。DCD を伴う知的障害児とはどのような状態像を示し，またどのように支援していくべきであるのかという重要な事柄については，ほとんど扱うことができなかったようにも思われる。しかし，まずは知的障害児の運動面に関わる心理特性を踏まえなければ，「知的障害によってはうまく説明されない運動技能の問題」とは何であるのか明らかにならないのではないだろうか（平田・奥住・国分，2019）。障害のある子どもに適切かつ的確に関わっていくためには，その状態像をどう見るかという障

害理解の枠組みを深化させることが必要不可欠である。そのためにも知的障害児における運動面の問題に対して，DCDの有無という観点からだけでなく，より広範な観点から捉えていく必要があるだろう。こうした作業の延長線上に，DCDを伴う知的障害児への支援原則や方法が現れてくることを期待したい。

文献

Almeida, G. L., Corcos, D. M., & Latash, M. L. (1994). Practice and transfer effects during fast single joint elbow movements in individuals with Down syndrome. *Physical Therapy*, **74**, 1000-1016.

American Psychiatric Association. (2000). *Diagnostic and statistical manual of mental disorders* (4th ed., text rev.). APA. (髙橋三郎・大野裕・染矢俊幸 (訳) (2002). DSM-4-TR 精神疾患の診断・統計マニュアル 新訂版 医学書院)

American Psychiatric Association. (2013). *Diagnostic and statistical manual of mental disorders* (5th ed.). APA. (髙橋三郎・大野裕 (監訳) (2014). DSM-5 精神疾患の診断・統計マニュアル 医学書院)

Diamond, A. (2000). Close interrelation of motor development and cognitive development and of the cerebellum and prefrontal cortex. *Child Development*, **71**(1), 44-56.

Green, D., Charman, T., Pickles, A., Chandler, S., Loucas, T., Simonoff, E., & Baird, G. (2009). Impairment in movement skills of children with autistic spectrum disorders. *Developmental Medicine & Child Neurology*, **51**(4), 311-316.

Hartman, E., Houwen, S., Scherder, E., & Vissche, C. (2010). On the relationship between motor performance nd executive functioning in children with intellectual disabilities. *Journal of Intellectual Disability Research*, **54**(5), 468-477.

平田正吾 (2012). 知的障害児・者における運動行為遂行の特徴とその心理学的解析 東京学芸大学大学院連合学校教育学研究科, 博士論文 (甲第196号)

平田正吾 (2018). 知的障害児と自閉スペクトラム症児における運動機能についての研究動向――発達性協調運動障害との関連とMABC-2による評価―― 特殊教育学研究, **56**(4), 241-249.

平田正吾・奥住秀之 (2016). 発達障害児の調整力――自閉症スペクトラムと知的障害を中心に―― バイオメカニクス研究, **20**(4), 205-211.

平田正吾・奥住秀之・北島善夫・細渕富夫・国分充（2013）．知的障害児・者の運動研究小史——「Oseretsky test」と「速さと正確性のトレードオフ」を中心に——　東京学芸大学紀要 総合教育科学系, 64(2), 165-174.

Hirata, S., Okuzumi, H., Kitajima, Y., Hosobuchi, T., & Kokubun, M.（2013）. Speed and accuracy of motor and cognitive control in children with intellectual disabilities. *International Journal of Developmental Disabilities*, 59(3), 168-178.

Hirata, S., Okuzumi, H., Kitajima, Y., Hosobuchi, T., & Kokubun, M.（2014）. Discrepancy between motor and cognitive control in adults with intellectual disabilities. *Journal of Intellectual Disability-Diagnosis & Treatment*, 2(2), 94-100.

平田正吾・奥住秀之・国分充（2019）．知的障害児に対する神経心理学的診断・評価についてのノート(2)——発達性協調運動障害と知的障害及び脳性麻痺の関係について——　おおみか教育研究, 22, 29-34.

Houwen, S., Visser, L., van der Putten, A., & Vlaskamp, C.（2016）. The interrelationships between motor, cognitive, and language development in children with and without intellectual and developmental disabilities. *Research in Developmental Disabilities*, 53-54, 19-31.

本田秀夫（2014）．知的能力障害群, コミュニケーション症群/コミュニケーション障害群　神庭重信（総編集）DSM-5 を読み解く〈1〉神経発達症群, 食行動障害および摂食障害群, 排泄症群, 秩序破壊的・衝動制御・素行症群, 自殺関連——伝統的精神病理, DSM-4, ICD-10 をふまえた新時代の精神科診断——　中山書店

Johnston, K., Madden, A.K., Bramham, J., & Russell, A.J.（2011）. Response inhibition in adults with autism spectrum disorder compared to attention deficit/hyperactivity disorder. *Journal of Autism and Developmental Disorders*, 41(7), 903-912.

Kagan, J., Rosman, B. L., Day, D., Albert, J., & Phillips, W.（1964）. Information processing in the child: Significance of analytic and reflective attitudes. *Psychological Monographs: General and Applied*, 78(1), 1-37.

金生由紀子（2014）．運動症群/運動障害群　神庭重信（総編集）DSM-5 を読み解く〈1〉神経発達症群, 食行動障害および摂食障害群, 排泄症群, 秩序破壊的・衝動制御・素行症群, 自殺関連——伝統的精神病理, DSM-4, ICD-10 をふまえた新時代の精神科診断——　中山書店

国分充（1989）．1930 年代, 40年代の精神薄弱者の運動機能に関する研究　東北大学教育学部研究年報, 37, 137-160.

国分充(1998).運動　松野豊・茂木俊彦(編)障害児心理学　全障研出版部

Kokubun, M. (1999). Are children with Down syndrome less careful in performing a tray-carrying task than children with other types of mental retardation? *Perceptual and Motor Skills*, 88(3c), 1173-1176.

国分充(2009).ヴィゴツキーと知的障害研究　障害者問題研究, 37(2), 47-54.

倉田正義(1982).精神薄弱児の運動能力に関する一研究　秋田大学教育学部年報(教育科学), 32, 28-41.

Latash, M.L. (2008). Neurophysiological basis of Movement (2nd). Human Kinetic Publishers.

森口佑介(2014).おさなごころを科学する――進化する乳幼児観――　新曜社

奥住秀之(2003).知的障害者のバランスの制約とその支援について　特殊研究施設研究報告, 2, 11-16.

Roebers, C. M., & Kauer, M. (2009). Motor and cognitive control in a normative sample of 7-year-olds. *Developmental Science*, 12(1), 175-181.

Luria, A. R. (1960). 精神薄弱児の一時結合の形成と行動調節における言語の役割(ルリヤ, A. R.　山口薫ら(訳)(1962).精神薄弱――その高次神経活動の特質――　三一書房)

Seguin, E. 薬師川虹一(訳)(1973).障害児の治療と教育――精神薄弱と生理学的治療――　ミネルヴァ書房

清水亜也・武井敏朗・荒井道貴・小畑宣子・松為信雄・田谷勝男・田中敦士(1993).狩野運動能発達検査に見る知的障害者の運動能力の加齢変化　障害者職業総合センター研究紀要, 8, 39-53.

Spanò, M., Mercuri, E., Randò, T., Pantò, T., Gagliano, A., Henderson, S., & Guzzetta, F. (1999). Motor and perceptual-motor competence in children with Down syndrome: Variation in performance with age. *European Journal of Paediatric Neurology*, 3(1), 7-13.

杉山登志郎(1999).児童精神科臨床における不器用さの問題　辻井正次・宮原資英(編著)子供の不器用さ――その影響と発達的援助――　ブレーン出版

Vuijk, P. J., Hartman, E., Scherder, E., & Visscher, C. (2010). Motor performance of children with intellectual disability and borderline intellectual functioning. *Journal of Intellectual Disability Research*, 54(11), 955-965.

Wuang, Y. P., Wang, C. C., Huang, M. H., & Su, C. Y. (2008). Profiles of cognitive predictors of motor functions among early school-age children with mild intellectual disabilities. *Journal of Intellectual Disability Research*, 52, 1048-1060.

第 9 章

DCDを伴うASD児の特性と支援

村上 祐介

1. はじめに

　筆者がはじめて出会った"DCDを伴うASD児"は,「体育の授業にだけ出ることができない」という小学生のR君であった。R君は,ASD特有の社会性の困難さがあるため,度重なる人間関係のトラブルに悩む時期もあったが,本人や保護者の努力,そして周りのサポートによって克服してきた経緯があった。しかし,極端な身体的不器用さがあり,同年齢の子どもが簡単にできる運動課題でつまずくことが多かった。その結果,体育の授業に参加できなくなってしまったのである。当時大学院生だった筆者は,体操やストレッチ,なわとびやフラフープ,ボールやフライングディスクを使った運動遊び,卓球やショートテニスなど,試行錯誤しながら様々な運動指導を行った（村上,2012）。その結果,R君は運動を行うことに対して自信を持つようになり,体育の授業に出ることができるようになった。また,あるスポーツ活動に参加する小学生F君（知的障害を伴うASD児）は,バランスボールが大好きで毎回楽しく遊んでいた。あるとき,ふと目を向けると,自力でバランスボールの上で立つことができるようになっていた。体全身をうまく調整しながら,巧みにバランスをとっている姿が印象的であった。

このように，ASDといわれる子どもの運動発達は，個人間あるいは個人内で多様な特徴を示すことがある。本章では，このような一義的に説明できないASD児の運動発達特性を念頭に置き，まずはDCDとASDの診断に関する動向を紹介する。そして，近年のASD児の運動発達に関する研究を概観し，運動指導で大事な視点であるダイナミック・システムズ・アプローチを応用した実践例について紹介していきたい。

2．ASDとDCDの診断について

　自閉症スペクトラム障害（Autism Spectrum Disorder：ASD）は，最新の診断マニュアル（Diagnostic and Statistical Manual of Mental Disorders, Fifth Edition: DSM-5）によると，「対人コミュニケーションや対人行動の困難さ」と「限局的，反復的な行動や興味のパターン（こだわり）」の二つの項目を診断基準とする発達障害のグループである（American Psychiatric Publishing: APA, 2013）。この診断基準を見てわかるように，身体的不器用さなどの運動発達に関わる項目は診断基準には入っていない。冒頭でも述べたが，ASD児には極端な身体的不器用さを示す子どもがいる一方で，優れた運動技能をみせる子どもも少なくない（ウィング，L.（編）久保・佐々木・清水（監訳），1996）。しかしながら，ASDに関する先行研究では一貫して，その特徴の一つとして身体的不器用さが指摘されている（Fournier, Hass, Naik, Lodha, & Cauraugh, 2010）。これらの背景から現状として考えられることは，ASD児には身体的不器用さを示す子どもが多いのは事実である。しかし，運動発達に問題がないどころか，優れている子どももまれに存在するということである（宮原，2013）。

　一方，発達性協調運動障害（Developmental Coordination Disorder：DCD）は，身体的不器用さを主とする発達障害のグループであり，その名前が登場したのは1987年のDSM-Ⅲ-Rであった（APA, 1987）。現行のDSM-5の診断基準に基づいてDCDの特徴をまとめると，「脳性まひなどの身体疾患がないにもかかわらず，日常的な運動技能が暦年齢や知能から期待されるレベルよりも著しく劣っており，それらが生活に支障をきたし

ている」とまとめられる（村上，2013）。このDCDという用語が診断マニュアルに登場した当時，ASDは広汎性発達障害（Pervasive developmental disorders：PDD）という名前であった。ここで特筆すべきは，このDCDとPDD（現在のASD）という二つの発達障害は，最新のDSM-5に改訂されるまで，併存診断を認められていなかったという事実である。その理由には，従来の研究によりASDの特徴のある子どもは身体的不器用さを示すことが前提と考えられていたことが挙げられる（岡，2008）。つまり，ASD児の身体的不器用さはしばしば認められるものの，それらは空間認知などのASD特有の認知方略が背景として想定されるために，診断上，ASD児の身体的不器用さとDCDは区別するという判断がなされていたのである（森，2012）。しかし，現実的に保育や教育の現場で対象となる子どもの支援を考えるとき，このような厳密な除外診断は合理的ではなく，柔軟に，「ASD＋DCD」という表現で支援を考える必要性も指摘されていた（森，2012；宮原，2013）。これらの経緯から，2013年に改訂されたDSM-5では，ASDとDCDを合わせて診断することができるようになった。このような診断基準の変遷は，本書の主題でもあるが，子どもの保育や教育に関わる者が，その子どもの全般的な発達の特性を理解し，必要に応じて運動発達を軸とした支援を行う必要があることを意味していると考えられる。

　なお，ここで大切なことは，支援を必要としている子どもの身体的不器用さの背景要因を，指導する側が正確に判断する努力を怠らないことである。特に，ASDとDCDが合わせて診断される場合，ASD特有の感覚や認知，あるいは社会性などの発達特性が運動の遂行に深く関わっていることが想像される。つまり，DCDが単独で診断される子どもと，DCDとASDが併存して診断される子どもは，身体的不器用さの背景要因が異なっている可能性が高いのである。したがって，まずはその子どもが持つASDの特性を把握し，その特性が運動の遂行に影響していないか，影響していると考えられる場合はどのように影響しているのか，を正確に判断する必要がある。

3．ASD児の運動発達特性と運動指導について

(1) ASD児の運動発達特性

　日常的に ASD児と関わっていると，手先の器用さが求められる場面や全身を使う場面など，幅広い身体活動場面で身体的不器用さが観察される。なお，ここで使われる身体的不器用さは，「日常的な運動技能が暦年齢や知能から期待されるレベルよりも著しく劣っており，それらが生活に支障をきたしている状態」と定義する（村上，2013）。ASD児の身体的不器用さの特徴をまとめてみると，歩き方や走り方がぎこちない，姿勢やバランスが悪い，手先が不器用，模倣ができない（正確な模倣が難しくエラーが多い），ボール遊びやなわとびなどの複雑な運動が苦手，などが挙げられる（岩永，2014）。このように，ASD児の身体的不器用さは，微細運動から粗大運動まで広範囲にわたり，また，日常生活で必要な基本的な運動課題から体育やスポーツ場面で求められる高次な運動課題まで，多義にわたって記述されてきた。

　近年，このような幅広い身体的不器用さの測定には，標準化されたアセスメントツールを用いる取り組みが発展してきている。その代表となるのが，Movement Assessment Battery for Children：Movement ABC（Henderson & Sugden, 1992）と，MABC-2（Henderson, Sugden, & Barnett, 2007）である。Movement ABC を用いた研究は，1990年代後半から現在にかけて，DCD児だけでなく ASD児を対象にも数多く報告されている。手先の器用さ（Manual Dexterity）とボール投捕（Aiming & Catching），バランス（Balance）の3つの上位項目によって構成された Movement ABC は，ASD児の身体的不器用さの状態を総合的に評価し，また個人内の得意不得意を判断することが可能であり，効果的な支援のために活用できる。これまでの報告を概観すると，生活場面で支障をきたす水準と判断される割合が，85％（Miyahara, Tsujii, Hori, Nakanishi, Kageyama, & Sugiyama, 1997）や89％（Green, Charman, Pickles, Chandler, Loucas, Simonoff, & Baird, 2009），87％（Van Waelvelde, Oostra, Dewitte, Van Den Broeck,

& Jongmans, 2010) などとなっており，ほとんどの研究が一貫して ASD 児の身体的不器用さの問題を報告している。また，上位項目間で比較すると，ボール投捕（Aiming & Catching）項目において特に問題が顕著であることを示す研究がいくつか報告されている（Miyahara et al., 1997；Green, Baird, Barnett, Henderson, Huber, & Henderson, 2002）。さらに，下位項目間では，静的バランス（Balance 1）と捕球スキル（Aiming & catching 1）において特に成績が低いことが指摘されている（Whyatt & Crag, 2012；Ament, Mejia, Buhlman, Erklin, Caffo, Mostofsky, & Wodka, 2015）。一方，日本の子どもを対象とした研究では，手先の器用さ（Manual Dexterity）とボール投捕（Aiming & Catching）において問題を示す子どもが多いことが報告されている（花井，2009）。このような研究の知見は，ASD 児の多くが身体的不器用さを抱えており，支援を必要とする水準であることを再確認させるものである。

(2) ASD児への運動指導

身体的不器用さのある子どもへのアプローチの一つとして，課題指向型アプローチがある（Sugden, 2007）。筆者らはこれまで，我が国で先進的に課題指向型アプローチによる支援活動を実践してきた。そこでは，基本的な運動発達を育てることを目指した活動や，より発展的な運動技能の習得を目指す活動など，様々な活動を通して ASD 児と関わってきた。そうした中で，ASD という特性に共通した運動指導の視点や，欠かせない留意点がいくつかあると実感している。まずは一般的な ASD 児への運動指導の視点や留意点について見てみよう。

① 見通しが立っているか

次に何が行われるのか。いつ始まっていつ終わるのか。このような見通しを持たせるための工夫は，運動指導場面において不可欠である。また，見通しを持たせるためには，活動内容を絵で示すなど，視覚的に示すことも有効である。とりわけ，初めて活動に参加する場合や，初めての場所などでは，活動の最初などに前もって見通しを分かりやすく伝えることが必

須である。研究ベースでも，運動検査の実施に際して，あらかじめスケジュールを示すことで運動パフォーマンスが向上することが報告されており（Breslin & Rudisill, 2011；Liu & Breslin, 2013），その重要性が確認されている。一方で，解放された野外活動（キャンプなど）や慣れ親しんだ活動などでは，あまり見通しにこだわらなくても参加できるようになることもある。対象となる ASD 児の様子を見ながら，活動や場面に応じて調整していくことが大事である。

② 分かりやすく伝わっているか

　ASD 児は抽象的な指示を想像して理解することが難しい（宮本，2015）。例えば，体操の場面で，「手を上にあげて」と声をかけてモデルを示すと，大抵の子どもは精一杯手を上にあげて伸ばそうとする。ところが，ASD 児の中には，頭の少し上で肘が曲がったままキープしている子どもがいる。「手を上にあげて」という指示では，「どこより上か」や「どれくらい上か」などが曖昧なため，肘が曲がった状態で「できている」と思っているのである。こういう場合は，「天井にタッチするように」など，具体的な物や場所を手がかりに，必然的に背中から腕が伸びるような声がけを心がける必要がある。

③ 今できることは何か

　スモールステップという言葉が頻繁に使われるが，運動場面では特に欠かせない視点である。まずはその子どもの特性に合わせて今できることから課題を設定し，成功体験を積み重ね，最終的には主体的により難しい課題に挑戦できるように促すことが求められる。先行研究では，靴ひもを上手に結ぶことができない ASD 児に対して，靴ひもを結ぶ最後の局面から本人の力でできるように手助けを行った事例が報告されている（Rodger & Branderburg, 2009）。また，スモールステップでの運動指導を行うためには，求められる動作のおおよその発達段階を理解することも重要である。筆者は長なわとびを指導する際に，動作の発達段階を把握することで，より効果的な運動指導を展開することができた（村上，2011；澤江，2012）。

④ どう感じているか

　ASD児には様々な感覚特性が報告されており，そのことが原因で運動の遂行に支障を来す可能性が高いと考えられる。例えば，指導者の突然の大きな声に驚いたり，体育館シューズや体操服，あるいはボールなどの体育教材の感触が気になったり，なわの動きや飛んでくるボールが極度に怖かったりなど，本人への調査から様々な報告がされている（髙橋・増渕，2008）。筆者が出会った子どもの中にも，運動教室の中である課題を行っている最中に，急に窓の方に走っていき外を眺める子どもがいた。保護者によると，定期的に走ってくる電車の音が気になっているとのことであった。このような特性は，指導者がまずは理解すること，が何よりも重要である。

⑤ 何を見ているか

　実際の運動指導場面では，多くのことを見本から学ぶことが多い。しかしながら，ASD児は他人の動作を模倣することが苦手と言われている。この点について Wild, Poliakoff, Jerrison, & Gowen（2012）は，ASD児の模倣について調べるために，ターゲットにむけたゴールダイレクトの条件と，ターゲットがないゴールレスの条件を設定し比較した。その結果，ASD児はターゲットにむけたゴールダイレクトの条件の方が模倣しやすいことが示された。このような特徴の背景には，全体よりもある部分を好んで見る傾向が強いことや，物への執着が強いなどのASDの認知特性（千住，2014）が関係していると考えられる。そして，それらの特徴が，例えば体操や様々なスポーツ場面に影響を及ぼし，身体的不器用さにつながることが予想される（岩永，2014；神園，1998）。

　これらの視点や留意点は，ASDの特性の本質に関わるものであり，身体活動場面だけでなく支援現場で広く行われていることと想像される。運動指導場面では，特にASD児の参加を阻んでしまう様々な要素がそこら中に散らばっているため，これらの視点や留意点を押さえることは必須であると考えられる。

　一方，"運動発達"の本質を考えると，上述の点を押さえた運動指導を通して，目前のASD児がどのように運動発達を遂げたのか，どのように

発達的変化が生じたのか，を考えることが重要になる。しかし，これまでの運動発達研究や実践的な運動指導に関する研究は，その点についてほとんど検討してこなかった。つまり，ASD児が参加しやすい環境を整え，運動への動機づけを高める仕掛けを駆使し，直面する運動課題を達成できるようにうまく指導する方法は様々な領域から紹介されているが，その結果として子どもがどのように変わったのかは検証されていないのである。この点について七木田（2005，2016）は，運動発達支援において「変化の過程」に焦点を当てることの重要性を指摘し，その瞬間で何が起きているのかの検証の必要性を主張している。そして，それらを解決するために提唱されているのが，ダイナミック・システムズ・アプローチ（Thelen & Smith, 1994；山本, 2014）である。

4．ASD児への運動発達支援の新たな視点
――ダイナミック・システムズ・アプローチの活用

(1)　"ダイナミック・システムズ・アプローチ"の実践への応用

①　子ども－環境－課題の3つの制約を考える

　ダイナミック・システムズ・アプローチは，変化をつづける複雑なシステムを記述するための概念であり，特に運動発達研究で扱われることが多い（岡林, 2008）。その本質は，発達を続けるものの「変化の結果」ではなく「変化の過程」に焦点を当て，「変化の過程」で何が生じているのかを記述することにある。つまり，長期的な運動指導を通して子どもが「最終的にどうなったか」に着目するだけではなく，その過程の瞬間瞬間で「何が起きているのか」に目を向けるのである。この「何が起きているのか」を記述するためには，個体（その子どもの発達特性）と環境（そのときの周りの環境），そして課題（そのときの運動課題）という3つの要素を整理する必要がある（Newell, 1986）。この3つの要素がどのように関連しているのかをイメージしながら，結果として示される運動パフォーマンス（動作）を観察することが求められる（図9-1）。

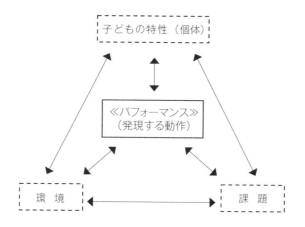

図9-1 運動発達支援で必要な3つの制約（Newell, 1986をもとに筆者が作成）

② 動作の変動性を指標とする

　ダイナミック・システムズ・アプローチでは，運動が発達していく過程において，動作の変動性が重要な役割を果たすことが指摘されている（山本，2014）。動作の変動性の考え方は，Thelen & Smith（1994）で示されたアトラクター・ランドスケープによってその概念が説明されている。川の流れのように，起伏のある緩やかな傾斜をボールが転がっていくことをイメージしたとき，ボールが深い谷の窪みに落ちているときは，多少の力が加わってもすぐに元の位置に戻る。一方，谷の形状が平に近いときには少しの力で隣の谷に落ちて行ってしまう。このように，人の運動発達の過程は，安定した状態と不安定な状態を繰り返しながらボールが転がっていく過程に準えることができるのである。

③ 微視的スケールの分析

　ダイナミック・システムズ・アプローチでは，「変化の過程」を明らかにするために，微視的スケールという時間概念を用いる。微視的スケールとは，秒や分といったその瞬間を意味する概念であり，月や年といった巨視的スケールと対照的な概念である（岡林，2008）。これまでの運動発達研究の多くは，巨視的スケールの観点から「変化の結果」に焦点を当てた

研究が行われてきたが，今後は微視的スケールにもとづく「変化の過程」に着目する研究が求められるのである。

　以上のように，ダイナミック・システムズ・アプローチにもとづく3つの観点を指導に加えることで，これまでの研究で取り残されてきた部分を解決することができると筆者は考えている。しかしながら，それらは理論的なモデルとして記述されるに留まっており，実際の子どもの様子や，運動発達支援の実践に焦点を当てた研究は行われていない。筆者はこれまで，ダイナミック・システムズ・アプローチの観点からASD児の運動発達特性を検討し，指導法を探ってきた。以降では，それらの知見を紹介しながらASD児への運動発達支援について述べていくこととする。

(2) 動作の変動性（ゆらぎ）が低いASD児

　ダイナミック・システムズ・アプローチの理念に基づいた運動指導を行うために，ASD児の運動発達に関わる基礎研究をレビューし，微視的スケールの観点から分析した（村上，2013）。その結果，1990年代後半から現在までで，机上の実験的な運動課題を用いた研究が多数行われていることが明らかとなった。そこでは，特定の運動課題を遂行する際の動作時間や対象物との距離，動作速度などが分析項目として設定され，動作の詳細が検討されている（Hughes, 1996；Cattaneo, Fabbri-Destro, Boria, Pieraccine, Mouti, Cossu, & Rizzolatti, 2007；Fabbri-Destro, Cattaneo, Boria, & Rizzolatti, 2009；Mostofsky, Powell, Simmonds, Goldberg, Caffo, & Pekar, 2009）。その結果，ASD児は不必要な力を使って運動課題を遂行する特徴があり，それを継続する特徴があることが示された。つまり，単純な運動を繰り返して行う際に，定型発達（typically developing: TD）児はより少ない力で効率的に課題を遂行することができるようになるが，ASD児は終始不必要な力を使った非効率な動作を示すのである。それらの動作は，「動作の独立性（一つひとつの動作が独立している，こまぎれな動作）」や「必要以上に努力を要する動作（無駄な力を使った動作）」などの用語で表現されている。これらの知見をイメージ

しながら実際の運動場面を確認してみると，確かにASD児はある運動課題を求められたり，課題を達成しようすると，毎回力が入った動作を見せ，その結果ぎこちない動作という印象を与えているように感じられる。

さらに，このことをより日常的な運動場面で明らかにするために，筆者は長なわとびを通してASD児の特性を明らかにすることを試みた。その結果，TD児と比較して，毎回不必要な力を使って跳躍を行うASD児の姿が確認された（村上，2014；図9-2）。そして興味深いことに，図の右のように，ASD児は毎回の跳躍姿勢に変動がみられにくい特徴が示された。この結果は，動作の変動がTD児と比較して極端に低いことを示していると考えられる。つまり，TD児は10回という限られた回数内でも動作の変動がしっかりと現れるのであるが，ASD児ではそれらが見られにくいのである。筆者はこの特徴について，ASD児の運動機能の問題という側面ではなく，環境との相互作用の結果としてこのような特徴が示されていると考えた。具体的には，課題を達成しようとするあまり，自分の身体の動きのことを過剰に考え，毎回一生懸命な状況となり，非効率な動作になっ

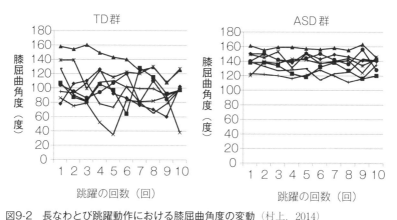

図9-2　長なわとび跳躍動作における膝屈曲角度の変動（村上，2014）
注）各折れ線グラフは対象児を示す（TD=8名，ASD=8名）。膝屈曲角度が大きいほど，不必要な力を使って跳躍している

てしまうのではないかと考えた。このことから，運動を遂行している最中にASD児が「何を意図し何を目的としているか」が運動指導では重要なポイントとなると考えた。

(3) 動作の変動性に着目した運動指導事例

K君：長なわとび課題を通した事例（村上・澤江，2018）

　K君は，知的障害のないASD児で，運動指導を開始した当初は満10歳であった。学校では人間関係などでつまずくことも多かったが，日常生活や学校生活のところどころで身体的不器用さが目立つことから活動に参加することになった。MABC-2を実施したところ，手先の器用さの標準得点が8点，ボールの投捕が6点，バランスが8点であり，総合標準得点が7点であった。実際に運動場面を観察してみると，特にボールの扱いや動いている物への調整が求められる場面で失敗が多く，本人も自信を失いかけていた。加えて，相手の動作をまねる場面などでエラーが多く，模倣に困難さがあることが推察された。同年齢の子どもの運動遊びには入っていくことが難しい状態で，運動課題への回避や自尊心の低下など，心理社会的な問題が顕在化しつつある状態であった。

　これらのことから，K君に対しては，①模倣課題，②長なわとび課題，③ボールを使った的当て課題，④ボールを使った活動（なか当て）を実施することとなった。以下では，その中の②長なわとび課題について紹介する。

　長なわとびの克服を目指していたK君は，行き来するなわの連続跳びを10回行うことがやっとという段階であった。本人は苦手意識を強く持っていたが，活動内では意欲的に挑戦する姿勢が見受けられていた。長なわとび課題の場面をよく観察してみると，K君は一生懸命やろうとするあまり，毎回の跳躍で最大限まで足を曲げて跳躍していることが分かった。この特徴は，先述の長なわとびの研究結果と同様のものであった。つまり，発達的な動作の変動性が低い（ゆらぎが少ない）状態であると考えられたのである。

　そこで，長なわとび課題を行う際の環境的側面に様々なスパイスを加え，動作にゆらぎが生じるように課題の工夫を行った（表9-1　村上・澤江，

2018)。そして動作を効率性の観点(村上, 2014)から分析することとした(図9-3 村上・澤江, 2018)。

　グラフを見て分かるように，跳躍ごとの動作の変動は小さいながらも初期の頃から生じている。しかし，その大小が課題の違いによって大きく変わっている瞬間が存在することが分かる。例えば，課題Aや課題Bと比較して，課題Cを取り組んだときに動作の評価得点が急激に高まり，質的に異なる様相を示している。同様に，試行数は少ないが，課題Dや課題Eにおいて動作の評価得点が高まる傾向がある。一方，同じ課題Sであっても，指導日や前後の文脈によって動作の評価得点が大きく変わっていることも確認できる。これらの結果から，対象児の動作は大小の変動を繰り返していることが確認でき，動作の変動の背景には，課題や環境の制約がその時々で様々な形で対象児に働きかけていることが分かった。

T君：ボール投げ課題を通した事例 (村上・澤江・杉山・土井畑, 2014)

　T君は，知的障害のないASD児で，運動指導を開始した当初は満8歳のときであった。体育やスポーツに抵抗があり，学校でも体育や運動会を苦手としていた。また，生活場面の様子から，模倣に極端な苦手さがあり，簡単な体操などでも人と異なる動作をしてしまうことが見受けられていた。MABC-2を実施したところ，K君と類似したプロフィールで，手先の器用さ（Manual Dexterity）とバランス（Balance）の標準得点はともに10点であるが，ボール投捕（Aiming & Catching）は6点であった。実際の運動場面でも，ボールの扱いや動いている物への調整が求められる場面で失敗が多く，本人はやりたがらない様子であった。また，相手の動作をまねる場面などでエラーが多く，模倣に困難さがあることが推察された。運動そのものへの抵抗が強く，まずは本人が楽しめる運動遊びを促すことからスタートした。

　卓球を使った遊びや的当て遊びなどを楽しんでいるうちに様々な運動課題に挑戦するようになったT君を見て，①模倣課題，②ボールを使った的当て課題，③ボールを使ったゲーム，を実施することとなった。以下では，その中の②ボールを使った的当て課題について紹介する。

　ASD児のボール投げについては，辻井（2014）によると手のムチ動作

表9-1 行われた課題（村上・澤江，2018）

課題	内容	具体例
S	基本的な長なわとびの連続跳び	・左右を行き来するなわの動きに合わせ，10回の連続跳びを行う
A	回し手の手元の動きを見る	・「回し手の○○さんの右手をよく見て跳んでごらん」と跳び方を説明する ・その後，10回の連続跳びを行う
B	課題を遂行する直前に言葉を考え，長なわとびの連続跳びを行いながら言葉を発する	・「な」からはじまる言葉を考える ・対象児が「なわとび」に決める ・「な，わ，と，び」と音を発しながらリズムに合わせて4回連続跳びを行う
C	長なわとびの連続跳びを行いながら，回し手の口の動きを読み取る	・5文字の言葉を3つホワイトボードに書いておく（○○○○○，△△△△△，◇◇◇◇◇） ・回し手はなわを動かしながら3つのうちのどれか（○○○○○）の口の動きをする ・対象児は5回の連続跳びを行いながら回し手の口の動きを読み取り，回し手がどの言葉を発しようとしたか（○○○○○）を当てる
D	連続跳びの途中からなわが回旋しはじめる	・はじめの5回はなわが回旋しないが，6回目からなわが回旋しはじめる
E	二人で一緒に跳ぶ	・活動に参加する子どもと一緒に向かい合って連続跳びを行う

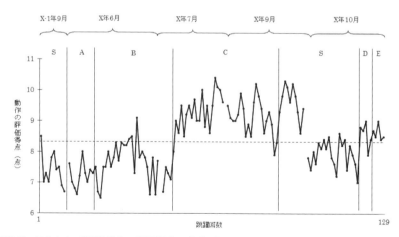

図9-3 長なわとび跳躍動作の評価得点の変動（村上・澤江，2018を一部改変）

注）太い実線で跳躍動作の評価得点の変動を示しており，指導日が変わる点で区切りを入れた。また，中央の横の破線で全体の平均値を示した。

がスムーズにいかない特徴があるという。そこでT君の投動作を，國土（2012）における「投げムチ動作」，「重心移動」，「体軸回転」の評価観点をもとに分析したところ，ムチ動作を中心に全体的に完成度の低い動作になっていた。具体的な特徴としては，T君は強く投げようとすればするほど「押し出す」ような動きになる様子が示されていた。そこで，T君が興味を示した的当て課題（図9-4）を設定し，距離や目的に多様性をもたせながら課題を行っていくこととした。具体的には，力いっぱいボールを投げてできるだけ少ない回数で的を倒す活動や，ボールを的に当てて3回目で倒す活動などである。このような運動指導を通して，6ヶ月分（6回の指導日）の動作評価を行ったところ，図9-5 のグラフのような経過が示された。

このグラフの推移から，多様な運動課題を通して「重心移動」や「体軸回転」についてはより高い得点へと変動してくが，「投げ手ムチ」については得点の変動が小さいことが示された。この結果は，投げ手ムチ動作のぎこちなさがASDならではの特徴であるという先行研究と一致しており，ボール投げ動作の中でも特に「変動しにくい」ことがうかがえる。このことは，長期的に運動指導を実践していく中で，運動はある程度上手になっていくが，動作のある局面の変動のしづらさが要因となり，思うようなパフォーマンスを示すころができない状態を示している。そこで，その後T君への運動指導では，ネット越しに高く遠くへボールを投げる遊びや，よりボールが投げやすいように大きなボールを使用して発展的なボールゲームを行ったり，正確性を求める運動課題では近い距離からはじめるなど，課題や環境に工夫を取り入れていった。

(4) 事例についての考察

① 運動発達の変化過程

ASD児は，「長なわとびで引っかからないように連続して跳ぶ」や「ボールをできるだけ強く投げる」といった単純な運動課題を，何の変化もないまま継続していては動作に変動が現れにくいと考えられる。そこで，長なわとびでは「クイズに答えながらなわを跳び越す」などの二重課題を設定

したり,「3回目で的を倒すようにボールを投げる」などの調整を必要とする課題を設定することで,動作に変動性が示された。そして,それらの変動性は,結果としてより発達的に高次な動作へと導く重要な鍵となっていた。一方で,T君のボール投げの例のように,複雑な全身の協調を必要とする動作を分解してみると,変動しやすい局面と変動しにくい局面が存在することも確認された。その場合は,変動しにくい局面を理解し,その特性に適合させた(アダプテッド)の視点を持つことが必要となる。

図9-4 T君の指導で使用したボール投げの的

注)ボールを複数回当てると倒れるしくみになっており,的の立て方によって倒れやすさが変わる。

ここでもう少し踏み込んで考察を加えると,K君の事例では,課題Aや課題Bと比較して課題Cに直面した際に,急激に動作の質が変容していく瞬間が示されていた。実はこの場面でK君は,課題の違いに適応するために注意の向け先を変え,その結果バランスを崩してなわに引っかかりそうになっていた。

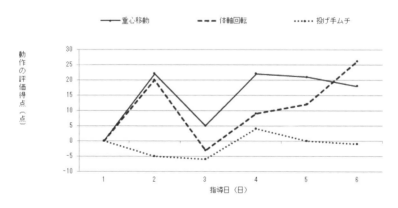

図9-5 投動作の評価得点の変動（村上ほか,2014）

注)縦軸の評価得点は指導1日目を0点に換算して計算した。評価対象となった動作は各指導日の中で1番得点が高かった動作とした。

しかし，失敗しないように何とかもちこたえることができ，課題Cの新奇な条件に適応していく過程が確認されていた。このような「不安定性が増大する局面」(山崎，2008) は，すなわち運動発達にとって重要な指標となる動作の変動性と言い換えることができる。この事例の分析から，動作の変動性とは課題への適応の仕方を変えることにより一時的に不安定な状態になる瞬間が組み込まれたプロセスであり，それらを経てより巧みな動作に移行していくことが明らかとなった (村上・澤江，2018)。

② 心理社会的側面の変化過程

K君やT君は，運動を行うことに対する苦手さが強く，「できない」ことへの恐怖や劣等感が強く見られていた。しかしながら，本事例の運動発達支援活動では，生き生きと運動に取り組む様子が示され，回を重ねるごとに意欲的に参加するようになり，また自信を持って主体的に挑戦する姿勢も見受けられるようになった。それらの変化は，新しいことやできなかったことが「できるようになった」という達成感を蓄積したことが要因として考えられる。実際，対象児は指導当初，「やだ。」や「できません。」などの消極的な発言や，仲間に対して「さきにどうぞ。」と順番を譲る場面が垣間みられていた。ところが，指導を重ねていくと，「やります。」と言って自分から課題に挑戦したり，長なわとびで「20回（に挑戦します）！」などの積極的な言動が増えていった。

さらに，これらの心理的な「変化の結果」に加え，「変化の過程」を探るために，微視的スケールでの変化に着目し，運動指導の振り返りを行った。すると，対象児は運動課題への取り組みに際して，自分から課題の困難さや容易さを判断し，指導者に伝える場面が何度か確認されていた。この点は，指導を担当していた筆者自身も見過ごしつつある部分であった。具体的な言動としては，「僕はそれは（その課題は）やめてほしい。こっちならできそう。」や「僕のときはこうしてほしい。」などである。このような運動課題への自分なりの方略は，適宜性 (Bernstein, 1996 佐々木監訳 2003) と呼ばれる。Bernstein は運動発達研究におけるダイナミック・システムズ・アプローチ導入の起点となる研究者であり，彼の著作は現在でも多くの影響を与えている。その中で，巧みさの発達の最終局面に関する記述に

適宜性の重要性が指摘されており，「周囲の環境や遭遇した課題に対して自身の動作を適応させる際には，自身の運動特性を理解し，最終的には自分自身の個性に基づいた，自分に最も適した運動の仕方を仕立てる」ことと説明されている。この適宜性を備えることは，様々な身体活動場面に遭遇する際に，自分でできることから始めたり，できずに心理的に落ち込んだりすることから逃れることが可能になるため，自信の喪失や自尊心の低下などの問題を回避できる鍵になる可能性がある。そして，適宜性を備えるためには，本章で挙げてきた動作の変動性が重要ではないかと考えられる。これらの一連の要因の関連性について，今後さらに検討を続けていきたい。

5．まとめと今後に向けて

本章では，ASDとDCDを取り巻く研究動向を紹介し，ASD児への運動発達支援の必要性を確認した。そして，ASD児の身体的不器用さの様相について整理し，実際の指導場面で必要な視点を述べてきた。ダイナミック・システムズ・アプローチは，理論的なモデルとして多くの領域で紹介されているが，子ども，とりわけ運動発達に遅れや偏りがある子どもへの支援を考える上で，これまでにない重要な示唆を提供するものであると考えている。その一つが，「変化の過程」を微視的スケールから分析し，そのデータの意味を捉え，支援に生かしていくという新たなアプローチである。今後より多くの運動発達支援においてこのような研究が進めば，ASDやその他の発達障害のある子どもの運動を取り巻く環境が大きく変わるのではないかと考えている。

文献

Ament, K., Mejia, A., Buhlman, R., Erklin, S., Caffo, B., Mostofsky, S., & Wodka, E. (2015). Evidence for specificity of motor impairments in catching and balance in children with autism. *Journal of Autism and Developmental Disorders*, **45**, 742-751.

American Psychiatric Association (1987). *Diagnostic and statistical manual of mental disorders, third edition, Revised.* (DSM-Ⅲ-R). Washington DC, American Psychiatric Association. (高橋三郎他（訳）(1988). DSM-Ⅲ-R 精神障害の分類と診断の手引き　医学書院)

American Psychiatric Association (2013). *Diagnostic and statistical manual of mental disorders* (5th ed.) (DSM-5). Washington DC, American Psychiatric Association. (日本精神神経学会（監修），髙橋三郎・大野裕・染矢俊幸・神庭重信（翻訳）(2014). DSM-5 精神疾患の診断・統計マニュアル　医学書院)

Bernstein, N. A. (1996). On dexterity and its development. (Latash, M. L., Trans.) In : Latash, M. L., and Turvey, M. T. (eds.) *Dexterity and its development.* Mahwah, New Jersey ; Lawrence Erlbaum, pp.1-244. (ベルンシュタイン，ニコライ，A.（著）工藤和俊（訳）佐々木正人（監訳）(2003). デクステリティ――巧みさとその発達――　金子書房)

Breslin, C. M., & Rudisill, M. E. (2011). The effect of visual Supports on perfoemance of the TGMD-2 for children with autism spectrum disorder. *Adapted Physical Activity Quarterly,* 28(4), 342-353.

Cattaneo, L., Fabbri-Destro, M., Boria, S., Pieraccine, C., Mouti, A., Cossu, G., & Rizzolatti, G. (2007). Impairment of actions chains in autism and its possible role in intention understanding. *Proceedings of the National Academy of Sciences of the United States of America,* 104(45), 17825-17830.

Fabbri-Destro, M., Cattaneo, L., Boria, S., & Rizzolatti, G. (2009). Planning actions in autism. *Experimental Brain Research,* 192(3), 521-525.

Fournier, K. A., Hass, C. J., Naik, S. K., Lodha, N., & Cauraugh, J. H. (2010). Motor coordination in autism spectrum disorders: A synthesis and meta-analysis. *Journal of Autism and Developmental Disorders,* 40(10), 1227-1240.

Green, D., Baird, G., Barnett, A. L., Henderson, L., Huber, J., & Henderson, S. E. (2002). The severity and nature of motor impairment in Asperger's syndrome: A comparison with specific developmental disorder of motor function. *Journal of Child Psychology and Psychiatry,* 43, 655-668.

Green, D., Charman,, T., Pickles, A., Chandler, S., Loucas, T., Simonoff, E., & Baird, G. (2009). Impairment in movement skills of children with autistic spectrum disorders. *Developmental Medicine and Child Neurology,* 51, 311-316.

花井忠征 (2009). アスペルガー症候群児の発達性協調運動障害の検討　中部大学現代教育学部紀要，1, 81-90.

Hughes, C. (1996). Brief report: Planning problems in autism at the level of motor control. *Journal of Autism and Developmental Disorders*, **26**(1), 99-107.

岩永竜一郎（2014）．自閉症スペクトラムの子どもの感覚・運動の問題への対処法　東京書籍　pp.61-71．

神園幸郎（1998）．自閉症児における姿勢・運動の特性「ぎこちなさ」の心的背景について　小児の精神と神経, **38**(1), 51-64．

國土将平（2012）．動作の因果関係を考慮した児童のボール投げ動作の評価観点の検討　発育発達研究, **55**, 1-10．

Liu, T., & Breslin, C. M. (2013). The effect or a picture activity schedule on performance of the MABC-2 for children with autism spectrum disorder. *Research Quarterly for Exercise and Sport*, **84**(2), 206-212.

宮原資英（2013）．不器用さのある発達障害の子どもたちへの支援　アスペハート, **33**, 12-18．

Miyahara, M., Tsujii, M., Hori, M., Nakanishi, K., Kageyama, H., & Sugiyama, T. (1997). Brief report: Motor incoordination in children with Asperger's syndrome and learning disabilities. *Journal of Autism and Developmental Disorders*, **27**, 595-603.

宮本信也（2015）．自閉症スペクトラム（アスペルガー症候群）の本（セレクトBOOKS）　主婦の友社

森栄美子（2012）．DCD（発達性協調運動障害）における発達と障害　障害者問題研究, **40**(1), 26-33．

Mostofsky, S. H., Powell, S. K., Simmonds, D. J., Goldberg, M. C., Caffo, B., & Pekar, J. J. (2009). Decreased connectivity and cerebellar activity in autism during motor task performance. *Brain*, **132** (Pt9), 2413-2425.

村上祐介（2011）．発達障害児における長なわとび跳躍動作の発達段階についての研究　体育学研究, **56**(2), 507-522．

村上祐介（2012）．不器用な子どもへの身体活動支援――「つまずきの発見」に着目した運動指導――　戸山サンライズ, **255**, 11-13．

村上祐介（2013）．自閉症スペクトラム障害児の運動特性と指導法に関する研究動向　筑波大学体育系紀要, **36**, 5-14．

村上祐介（2014）．自閉症スペクトラム障害児における長なわとび跳躍動作の効率性についての研究　障害者スポーツ科学, **12**(1), 13-21．

村上祐介・澤江幸則（2018）．動作の変動性を指標とした自閉症スペクトラム障害児の運動発達の様相――多重時間スケールにもとづく縦断的検討――　発達心理学研究, **29**(4), 243-252．

村上祐介・澤江幸則・杉山文乃・土井畑幸一郎（2014）．自閉症スペクトラム障

害児の投捕スキルの向上に着目した運動指導事例　日本体育学会第65回大会（アダプテッド・スポーツ科学）

七木田敦（2005）．身体的不器用さを示す子どもの動作分析――Bernsteinのアプローチからみえてくるもの――　発達障害研究，27(1)，28-36．

七木田敦（2016）．運動発達をどうみるのか――研究の転換と支援の可能性――　臨床発達心理実践研究，11，10-14．

Newell, K. M. (1986). Constraints on the development of coordination. In Wade, M. G. & Whiting, H. T. A. (Eds.), *Motor development in children: Aspects of coordination and control*. Boston：Martinus Nijhoff. pp.341-360.

岡　明（2008）．発達性協調運動障害――（学習障害）――　小児科臨床，61(12)，2552-2576．

岡林春雄（2008）．ダイナミカルシステム・アプローチ（DSA）の概念と歴史的流れ　岡林春雄（編）心理学におけるダイナミカルシステム理論　金子書房　pp.3-25．

Rodger, S., & Branderburg, J. (2009). Cognitive orientation to (daily) occupational performance (CO-OP) with children with Asperger's syndrome who have motor-based occupational performance goals. *Australian Occupational Therapy Journal*, 56, 41-50.

澤江幸則（2012）．運動発達の問題・障害と支援　日本発達心理学会（編）発達科学ハンドブック6　発達と支援　新曜社　pp.219-230．

千住淳（2014）．自閉症スペクトラムとは何か――人の「関わり」の謎に挑む――　ちくま新書

Sudgen, D. A. (2007). Currnt approaches to intervention in children with developmental coordination disorder. *Developmental Medicine and Child Neurology*, 49, 467-471.

高橋智・増渕美穂（2008）．アスペルガー症候群・高機能自閉症における「感覚過敏・鈍麻」の実態を支援に関する研究――本人へのニーズ調査から――　東京学芸大学紀要　総合教育科学系，59，287-310．

Thelen, E., & Smith, L. B. (1994). *A Dynamic Systems Approach to the Development of Cognition and Action*. Cambridge, MA: MIT Press.

辻井正次（2014）．発達障害と身体運動――発達性協調運動障害という視点から（発育発達とバイオメカニクス）――　バイオメカニクス研究，18(1)，31-37．

Van Waelvelde, H., Oostra, A., Dewitte, G., Van Den Broeck, C., & Jongmans, M. J. (2010). Stability of motor problems in young children with or at risk of autism spectrum disorders, ADHD, and or developmental coordination

disorder. *Developmental Medicine and Child Neurology*, **52**, e174-178.
Whyatt, C.P., & Crag, C. M. (2012). Motor skills in children aged 7-10 years, diagnosed with autism spectrum disorders. *Journal of Autism and Developmental Disorders*, **42**, 1799-1809.
Wild, K. S., Poliakoff, E., Jerrison, A., & Gowen, E. (2012). Goal-Directed and Goal-Less imitation in autism spectrum disorder. *Journal of Autism and Developmental Disorders*, **42**(8), 1739-1749.
ウィング・L. 久保紘章・佐々木正美・清水康夫（監訳）(1996). 自閉症スペクトル――親と専門家のためのガイドブック――　東京書籍
山本尚樹 (2014). 運動発達研究の理論的基礎と課題――Gesell, MacGraw, Thelen, 三者の比較検討から――　発達心理学研究, **25**(2), 183-198.
山崎寛恵 (2008). 乳児期の伏臥位リーチングの発達にみられる姿勢と運動の機能的入れ子化　発達心理学研究, **19**, 15-24.

第10章

DCDを伴うADHD児の特性と支援

澤江 幸則・杉山 文乃・土井畑 幸一郎

1. はじめに

　筆者らは，発達障害のある子どもを対象に運動発達支援の活動を行っている。そこでは，自閉症スペクトラム障害や知的障害のある子どもたちの身体的不器用さに関する相談や支援の依頼が多い。しかし最近になり，注意欠如・多動性障害（Attention Deficit / Hyperactivity Disorders）およびその発達障害特性のある子ども（以降，ADHD児）たちに関する相談が増えてきた。具体的には，走り方や投げ方，蹴り方がぎこちなかったり，字が雑になりやすかったり，リコーダーをうまく吹けない，モノを落としやすい，机などの家具によくぶつかるなどが主訴としてあがっていた。しかし，そうした運動自体の問題だけではなく，先生に言われた通りに動けない，体育の時間に自分の思った通りにならないと感情が崩れる，ルールに厳格すぎて友だちとトラブルになる，じっとその場にいられないなどの行動上の問題もまた主訴としてあがる（澤江，2010，2012）。そしてもうひとつ特徴的なのは，私たちが関わる段階の多くのADHD児は自己否定感が強いことである（Barber, Grubbs, Cottrell, 2005）。いろいろな活動のなかで彼ら・彼女らから，「自分にはできない」，「自分なんか要らない」，「どうせ自分には味方がいない」など辛辣な言葉をこれまで何度も耳にしてきた。

すなわち，ADHD児の運動の問題は，環境に対する個人内能力である身体における運動面や情動面のコントロールの困難さにとどまらず（Barkley, 1997），それらが社会的文脈のなかの個人間調整の失敗の引き金となり，ひいてはネガティブな自己認識へと導くものと考えることができる。

　しかし先行研究を概観してみると，必ずしも，そのような直線的な関連性とは言い切れないようである。たしかにADHD児の約30〜50％にDCDが併存することがわかっている（Fliers, Rommelse, Vermeulen, Altink, Buschgens, Faraone, Sergeant, Franke, & Buitelaar, 2008）。実際，DAMPとして，ADHDとDCDをひとつの障害像として記述されてもいる。そしてADHD児の多くは，自己認識（self-perception）が低いとする研究があることも知られている（Barber et al., 2005）。しかしそのADHDの自己認識に対しては，年齢で統制された群と変わらないとする研究がある（例えば，Hoza, Pelham, Dobbs, Owens, & Pillow, 2002）。さらにはADHD児のなかに運動に対する自己認識（self-perceived motor competence）が低くないどころか，むしろ高いとする報告すらある。しかも対象とするADHD児の運動パフォーマンスは高くないにもかかわらず，それに見合った能力を本人たちが認識していない傾向が指摘されている（Fliers, de Hoog, Franke, Faraone, Rommelse, Buitelaar, & Nijhuis-van der Sanden, 2010）。その理由は今後の検討ではあるが，実際は運動上の問題があるにもかかわらず，運動能力は低くないと感じているADHD児がいることを示している（Fliers et al.の研究では，MABC-2のスコアと運動に対する自己認識のスコアの相関係数は -0.586 であった）。こうした実際の運藤能力とそれに対する認識との間にズレがあることで，日常的な問題行動が仮に協調運動の困難さによって生じていたとしても，ADHDのある本人，そして周囲の大人たちは，それを運動以外の問題に帰着してしまうのではないかと考える。もしそのことで本質的な問題解決がままならない場合，自己認識に対する不全感につながる可能性がある。例えば，「よくモノを落とす」ADHD児がいたとして，それを親や教師を含めた多くの大人は，本人の不注意の問題と片付け，本人もまたそうであると信じる。しかし実際は，DCDのある子どもにもみられるような上肢間もしくは上肢と下肢の協調されない動きによって生じていたとしたら，注意の問

題を改善したとしても（注意の問題を改善することも難しいが；Barkley, 1997），モノを落とし続ければ，問題解決しないだけにとどまらず，身体を通した自分自身に対する不信感が募るようになるかもしれない。

これらのことから，ADHD児の適応上の様々な問題を検討する際に，本人の認識にとらわれることなく，協調運動の困難さを評価しておく必要があるかもしれない。そして，そこに何らかの問題があったならば，運動面を加えた複合的な発達支援の道筋をたてていかなければならないだろう。

そこで本章は，ADHD児のための支援のあり方を検討するための資料を得ることを目的とした。そのために，決して多いとは言えないものの，それでも皆無に近い日本よりは多くの先行研究が存在している海外のADHD児の運動の困難さに関する研究，とりわけ日常生活に直結する協調運動に関する知見を概観することにした。具体的には，まずは，ADHD児におけるこれまでに指摘されてきた一般的運動特徴を示しつつ，そのうち協調運動特性については，ADHDサブタイプ（注意優勢型，多動・衝動優勢型，混合型）との関係や，コンサータなどの投薬効果との関係に触れ，その想定される運動メカニズムに関する知見について報告することにした。そして，これらの研究で得られた知見をもとに取り組んだ筆者らの実践的事例について紹介した。そこでADHD児の運動の困難さに対する支援の可能性と今後の課題について言及していく。

2．ADHD児にみられるDCD特性について

(1) ADHDの基礎的情報

ADHDの診断基準について，ここでは表10-1に示すDSM-5にあるものをみていただきたい（APA, 2013 髙橋・大野監訳, 2014）。すなわち，診断基準Aとして，不注意および／または多動・衝動性に関する症状の項目において6つ以上が少なくとも6ヶ月継続して見られること，診断基準Bとして，それらの症状のうちいくつかが12歳以前から存在していること，そして診断基準Cとして，それらの症状のうちいくつかが2つ以上の状況

表10-1 ADHDの診断基準例（DSM-5）

注意欠如・多動症/注意欠如・多動性障害
Attention-Deficit/Hyperactivity Disorder

A. (1)および/または(2)によって特徴づけられる，不注意および/または多動性-衝動性の持続的な様式で，機能または発達の妨げとなっているもの

(1)不注意
以下の症状のうち6つ（またはそれ以上）が少なくとも6カ月持続したことがあり，その程度は発達の水準に不相応で，社会的および学業的／職業的活動に直接，悪影響を及ぼすほどである：
 (a)学業，仕事，または他の活動中に，しばしば綿密に注意することができない，または不注意な間違いをする．
 (b)課題または遊びの活動中に，しばしば注意を持続することが困難である．
 (c)直接話しかけられたときに，しばしば聞いていないように見える．
 (d)しばしば指示に従わず，学業，用事，職場での義務をやり遂げることができない．
 (e)課題や活動を順序立てることがしばしば困難である．
 (f)精神的努力の持続を要する課題に従事することをしばしば避ける，嫌う，またはいやいや行う．
 (g)課題や活動に必要なものをしばしばなくしてしまう．
 (h)しばしば外的な刺激によってすぐ気が散ってしまう．
 (i)しばしば日々の活動で忘れっぽい．

(2)多動性および衝動性
以下の症状のうち6つ（またはそれ以上）が少なくとも6カ月持続したことがあり，その程度は発達の水準に不相応で，社会的および学業的／職業的活動に直接，悪影響を及ぼすほどである：
 (a)しばしば手足をそわそわ動かしたりトントン叩いたりする，またはいすの上でもじもじする．
 (b)席についていることが求められる場面でしばしば席を離れる．
 (c)不適切な状況でしばしば走り回ったり高い所へ登ったりする．
 (d)静かに遊んだり余暇活動につくことがしばしばできない．
 (e)しばしば"じっとしていない"，またはまるで"エンジンで動かされているように"行動する．
 (f)しばしばしゃべりすぎる．
 (g)しばしば質問が終わる前に出し抜いて答え始めてしまう．
 (h)しばしば自分の順番を待つことが困難である．
 (i)しばしば他人を妨害し，邪魔する．

B. 不注意または多動性-衝動性の症状のうちいくつかが12歳になる前から存在していた．

C. 不注意または多動性-衝動性の症状のうちいくつかが2つ以上の状況（例：家庭，学校，職場；友人や親戚といるとき；その他の活動中）において存在する．

D. これらの症状が，社会的，学業的，または職業的機能を損なわせているまたはその質を低下させているという明確な証拠がある．

E. その症状は，統合失調症，または他の精神病性障害の経過中にのみ起こるものではなく，他の精神疾患（例：気分障害，不安症，解離症，パーソナリティ障害，物質中毒または離脱）ではうまく説明されない．

▶これらの基準に基づき，3つの型のいずれかに特定する．
1．混合として存在：過去6カ月間，基準A1（不注意）と基準A2（多動性-衝動性）をともに満たしている場合
2．不注意優勢に存在：過去6カ月間，基準A1（不注意）を満たすが基準A2（多動性-衝動性）を満たさない場合
3．多動・衝動優勢に存在：過去6カ月間，基準A2（多動性-衝動性）を満たす基準A1（不注意）を満たさない場合

〈出典〉日本精神神経学会（日本語版用語監修），髙橋・大野監訳：DSM-5 精神疾患の診断・統計マニュアル，pp.58-59，医学書院，2014 より

（例：家庭，学校，職場）において存在すること，また診断基準Dとして，これらの症状のために，学業的・職業的機能を損なわせるなど日常生活上に支障をきたしていること，そして診断基準Eとして，これらの症状が統合失調症や他の精神疾患ではうまく説明できないことであり，これらの5つの診断基準を満たす場合にADHDの診断がなされる。また，これらの基準に基づき，Aの診断基準の不注意および多動・衝動性に関する症状の基準をともに満たしている場合を混合型とし，Aの診断基準のうち不注意に関する症状の基準のみ満たす場合を不注意優勢型，さらにAの診断基準のうち多動・衝動性に関する症状の基準のみ満たす場合を多動・衝動優勢型と特定する（尾崎，2016）。

ADHDの発症率は一般的に3～7％と言われている（尾崎，2016）。しかし，諸外国における学童期の子どもを対象とした研究では，5.8～19.8％であると報告されており，地域差や研究方法の違いから数値に開きが見られる（吉益・山下・清原・宮下，2006）。男女比については約4：1で男児の方が多く，成人期になると約2：1になると言われているが，児童期のADHDの男女比が成人期の男女比と近い結果であったという報告もある（吉益ら，2006）。この理由として，学童期は衝動性と多動性が顕著であるが，青年期・成人期になると不注意優勢型になり（田中，2004），学童期では男児が，成人期においては女性が事例化しやすくなるためではないかと考えられている（上林・齊藤・北，2003）。また，ADHDと診断された子どものうち，約50～70％は18歳以降においても中核症状と機能障害が継続すると言われている（友田，2014）。さらに，周囲の人の理解が得られず，二次障害として抑うつや不安障害，反抗挑戦性障害や素行障害（Conduct Disorder）などを呈することが指摘されていた（市原，2015）。

(2) ADHDにおける運動面からみた一般的問題

不注意や多動性，衝動性といった中核症状に加えて，ADHD児は，バランスや書字，道具の使用などにおいて，困難さを示すことが多くの研究で指摘されていた。

例えば，Tseng, Henderson, Chow, & Yao（2004）による，ADHD

児46人と年齢と性別を合わせた健常児を対象としたBOTMP（Bruiniks Oseretsky Test of Motor Proficiency）を用いて行った研究では，バランスのサブスコアのみにおいて，健常児よりも有意に低いことが報告されていた。また，Shum & Pang（2009）の研究によれば，複数の条件下（目を閉じる，周囲が揺れている，台が動くなど）で実施されたバランス課題において，ADHD児は健常児に比べて有意にスコアが低いとされていた。さらにADHD児における姿勢のコントロールに関する研究では，例えば，Shorer, Becker, Jacobi-Polishook, Oddsson, & Melzer（2012）は，ADHD児24人と健常児17人を対象に，単一の課題のみを遂行することを目的としたシングル・タスクと2つの課題を同時に遂行することを目的としたデュアル・タスクにおける重心動揺を調査していた。その結果，ADHD児はシングル・タスクにおいて，重心動揺の幅が，健常児よりも有意に大きく，またデュアル・タスクにおいては，ADHD児の課題間で比較すると重心動揺の幅や面積が減少する傾向があった。しかし健常児と比較するとADHD児の重心動揺が大きいことが示されていた。こうした研究から，ADHD児の多くに，バランスや姿勢の保持の面で困難さがあることが示唆されていた。

　またADHD児は健常児と比較して，書字能力に困難さがあることが指摘されていた（例えば，Schoemaker, Ketelaars, Van Zonneveld, Minderaa, & Mulder, 2005）。書字能力は学校や日常生活のなかで欠かすことのできないものであり，こうした困難さは，自尊心に影響を与える可能性があると言われている（Racine, Majnemer, Shevell, & Snider, 2008）。またADHD児の書字の特徴として，綴りの間違いや衍字（語句の中にまちがって不必要な文字がはいること），脱字が多く，文字が大きくなるなどの傾向が指摘されていた（Adi-Japha, Landau, Frenkel, Teicher, Gross-Tsur, & Shalev, 2007；Shen, Lee, & Chen, 2012）。しかし，こうした書字の問題は投薬によって一部改善することが報告されていた（Flapper, Houwen, & Schoemaker, 2006；Leitner et al., 1977）。

　また，ADHD児は健常児と比較して，運動時のタイミングの悪さや手と足の協調に困難さがあるようだ。Chen, Liaw, Liang, Hung, Guo, & Wu（2013）は，ADHD児とそうでない児を対象に，2つの縄跳び課題を用い

てそれらを比較した。いずれの課題も，指定されたテンポ（あらかじめ録音された音）に合わせて縄跳びをするものであった。1つ目は，100分の15秒の一定のテンポ（RJ-C課題）であり，2つ目は開始から6～7秒後でテンポが変化する（RJ-V課題）。テンポは，80分の15秒または100分の15秒，120分の15秒の3つのうちからランダムに2つが選択されていた。その結果，ADHD児は，両課題において手と足のタイミングのズレがADHDでない児と比べて大きかった。また，RJ-C課題においてADHDでない児は失敗しなかったのに対して，ADHD児には失敗があった。さらに，RJ-V課題においては，ADHDでない児は短い時間でテンポの変化に合わせることができたのに対して，ADHD児はできなかった。これらの結果をもとにChen et al.（2013）は縄跳びにおける手と足の協調性の低さは，上肢と下肢の連合運動の制御の困難さによるものではないかと指摘していた。

(3) ADHDの特性からみたDCD特性

　さて，これまで日常生活または運動場面におけるADHD児の運動の困難さについて述べてきた。一方で既に指摘されているようにADHDとDCDの2つの状態像が合併しているケースが少なくない。そのため，これまで協調運動の困難さに着目した研究のなかでは，粗大運動や微細運動など運動面そのものに着目した研究が中心とされてきた。例えばADHD児は健常児よりも，粗大運動に障害があることを支持する研究もあれば（例えば，Carte, Nigg, & Hinshaw, 1996; Harvey, Reid, Bloom, Staples, Grizenko, Mbekou, Ter-Stepanian, & Joober, 2009），粗大運動よりも微細運動に問題があるとする研究もある（例えば，Whitmont & Clark, 1996）。そのなかで，ADHDのサブタイプによる違いから，協調運動の問題を明らかにしようとする研究がみられるようになった。例えば，Pitcher, Piek, & Hay（2003）によると，サブタイプにおけるDCDの併存率は，可能性も含めると，不注意優勢型は58.0％，多動・衝動優勢型は49.1％，混合型では47.3％であった。さらに，Watemberg, Waiserberg, Zuk, & Lerman-Sagie（2007）の研究によると，不注意優勢型は64.3％，多動・衝動優勢型は11.0％，混合型では58.9％であった。したがって，不注意優勢型にお

いて，相対的に多くの DCD が併存する可能性が示唆された。

　さらに詳しくみてみる。Picher, Piek, & Hay（2003）は，M-ABC とペグさしテスト（Purdue Pegboard test）を用いて ADHD 児の微細運動と粗大運動におけるサブタイプによって分けられたグループ間による比較を行った。そのうち M-ABC の結果から，手先の器用さとボールスキルにおいて，不注意優勢型と混合型グループが，健常児グループと比べて有意に低い傾向を示していた。しかし多動・衝動優勢型グループは，他のグループとの間に有意な差は見られなかった。また，ペグさしテストの結果は，不注意優勢型グループのみが，健常児グループと比べて有意に低いスコアであった。

　また，ADHD 児における運動能力と潜在的な運動感覚処理との関連について，不注意優勢型と混合型の ADHD 児と健常児を対象に行った Piek, Pitcher, & Hay（1999）の研究では，不注意優勢型の ADHD 児は，微細運動において有意に低い結果が示されていた。その一方で，混合型の ADHD 児は，粗大運動に大きな困難さを抱えていることが示されていた。しかし運動感覚の違いはグループ間で有意な差は見られなかった。すなわち ADHD 児の運動の困難さの問題は運動感覚よりもサブタイプに依存する可能性が示唆された。

　さらに，Meyer & Sagvolden（2006）は ADHD 児を対象とし，ペグさし課題と迷路課題，指タッピング課題を用いて ADHD 児の微細運動におけるサブタイプや性別，年齢，利き手による影響を比較した。その結果，混合型グループは，ペグさし課題と迷路課題において有意に低いパフォーマンスであった。一方で，指タッピング課題においては有意な差は見られなかった。また不注意優勢型グループは，迷路課題においてのみ，健常児グループよりも有意に低いパフォーマンスであった。これらの結果から，混合型と不注意優勢型の ADHD 児には微細運動に困難さが見られ，多動・衝動優勢型の ADHD 児は協調運動に困難さがあるものの，深刻なレベルではないことが推察された。

(4) 薬物療法と DCD との関係

ところで ADHD 児に対する治療として薬物療法が行われている。すなわち精神刺激薬の塩酸メチルフェニデート（MPH, 商品名：コンサータ）や，非精神刺激薬のアトモキセチン（商品名：ストラテラ）を用いた薬物療法が挙げられる（田中, 2010）。そして，ADHD の不注意や多動，衝動を抑える目的で用いられるこれらの薬物が，ADHD の運動の問題も改善することが報告されてきた。例えば，投薬の有無による運動パフォーマンスへの影響を調べるため，Bart, Podoly, & Bar-Haim（2010）は 18 人の ADHD 児を対象として，二重盲検法による投薬群とプラセボ群の比較を，M-ABC を用いて行った。その結果，静的バランスを除くすべての項目で投薬群が望ましい値を示した。加えて，Tucha & Lange（2001）や Flapper, Houwen, & Schoemaker（2006），Rosenblum, Epsztein, & Josman（2008）は ADHD 児に対して投薬の有無による書字スキルの変化を調べた。これらの結果から，投薬により文字の形や間隔，空間配置，可読性の向上，位置の改善など書字の質が改善された一方で，書字の流暢さは減少することが報告されていた。

また，投薬による運動パフォーマンスへの影響を詳細に検討するため，注意や抑制などの他の機能の関連を合わせて評価した研究がある。すなわち，Bart, Daniel, Dan, & Bar-Haim（2013）は，DCD を伴う ADHD 児を対象に，MPH の投薬前後で MABC-2 と，注意と抑制の機能，反応時間を評価することができる OCPT（Online Continuous Performance Test）を実施した。その結果，投薬後，MABC-2 の総合得点や下位項目，OCPT の測定項目のすべての値が改善された。また，注意の機能と MABC-2 の総合得点が高い相関を示した一方で，抑制の機能と MABC-2 の総合得点は相関を示さなかった。すなわち，MPH は注意と抑制の両方を改善するものの，注意機能のみが運動パフォーマンスと関係することが示唆されていた。

しかしながら，投薬によってすべての ADHD 児の運動パフォーマンスが改善するわけではない。例えば Bart et al.（2013）や Brossard-Racine, Shevell, Snider, Bélanger, & Majnemer（2012）の研究は，投薬後にもな

およびM-ABCのスコアが5パーセンタイル以下となり，運動の問題を呈するADHD児が存在することを示していた。さらに，運動スキルのフォームを評価するTGMD-2（Test of Gross Motor Development Second Edition）を用いたHarvey, Reid, Grizenko, Mbekou, Ter-Stepanian, & Joober（2007）の研究において，投薬の前後でTGMD-2の結果に変化はなく，またTD児と比較して低いままであった。すなわち，ADHD児において薬物療法だけでは運動スキルの質的な変化が見られない可能性も示された。

以上から，ADHD児の運動の問題に対して，薬物療法により運動パフォーマンスの改善がみられる場合があるが，投薬していたとしても，運動スキルの学習を積み重ねる必要があることや，投薬後も継続して運動に問題があるADHD児が存在する可能性も明らかとなった。したがって，運動に問題のあるADHD児に対して，薬物療法だけでなく運動に対する支援も併せて行う必要がある。

(5) ADHDのDCD特性のメカニズム

ところで，ADHD児にみられる運動の問題のメカニズムは，脳機能などの生理面から実行機能などの認知面，実際に表出される行動面に至るまで幅広く，かつ複数の原因から構成されている（Sugden & Wade, 2013）。そして，その主たる原因として，①併存する障害，②注意の欠如，③抑制機能の問題という3つの仮説をあげて説明されるものがみられた（Kaiser, Schoemaker, Albaret, & Geuze, 2015）。そこでこの3つの視点から，ADHD児のDCD特性のメカニズムについて論じてみることにした。

① 併存する障害

先行研究において，ADHD児の多くに併存・重複する障害があることが指摘されてきた。例えば，ADHD児のうちの87％とADHD傾向にある児童の71％に1つ以上の併存・重複する障害があり，また両群とも47％にDCDが併存することが報告されていた（Kadesjo & Gillberg, 2001）。また，他の研究からはADHD児のおよそ30～35％がDCDを伴うことが報告されていた（Fliers et al., 2008; Pitcher et al., 2003）。すなわち，研究

によってその割合は異なるものの，ADHD児の30〜50％にDCDが重複して存在しており，これが運動の問題の原因の一つになっているという考え方である。

また，併存する症状のうち，ASDの特徴によって運動の問題に影響すると指摘した研究がある。その Reiersen, Constantino, & Todd（2008）の研究によれば，ADHD児の運動の問題とASDの症状との関係を調べたところ，運動の問題のあるADHD児はASDの特徴を伴うことが多かった。また別の研究では，ADOS（Autism Diagnostic Observation Schedule）を用いてASDの症状のないADHD児のみを抽出し，MABC-2を用いた運動のアセスメントを行った結果，TD児と比較においてすべての項目において差は認められなかった（Papadopoulos, Rinehart, Bradshaw, & McGinley, 2013）。すなわち，併発する障害としてASDの特徴の程度の違いによって運動の問題が引き起こされるかもしれないと示唆するものであった。

② 注意の欠如

2つめの原因仮説として，ADHDの核となる症状の一つである不注意の問題が運動の問題に関連するというものであった。例えば，ADHD児のサブタイプに着目すると，不注意優勢型と混合型がTD児と比較して低い運動パフォーマンスを示す一方で，多動・衝動優勢型とTD児との間に差は見られなかった（Pitcher et al., 2003）。すなわち，不注意の症状があるサブタイプのADHD児に運動の問題が生じている傾向が示された。また，ADHDの症状を評価する Connors' Parent Rating Scale における不注意に関する得点と MABC-2 の総合得点およびボールスキルの結果の間に，負の相関があることが示された（Papadopoulos et al., 2013）。同様に，投薬の前後での MABC-2 の運動パフォーマンスの変化と注意の機能をテストにより評価したところ，不注意の程度を示す得点と MABC-2 の結果に正の相関があることが示された（Bart et al., 2013）。つまり，不注意の傾向が強いほど運動の問題を抱えていることが示唆された。さらに，ADHD児に対して10週間の運動の介入の結果として，運動スキルの質的な向上に加えて注意の問題も改善したことが報告された（Verret, Guay,

Berthiaume, Gardiner, & Béliveau, 2012)。しかしながら，投薬により注意の問題が改善しなかったADHD児と比べて，それらが改善したADHD児の方が運動の問題を抱えていた（Stray, Ellertsen, & Stray, 2010）。すなわち，投薬によって注意の問題が改善されなくても運動の問題が改善される可能性を示し，これは運動と注意の間に関係がないことを示唆するものであった。

このように，ADHD児の注意と運動の間には関係があるとする研究がある一方で，それだけで運動の問題をすべて説明するまでには至っていないことが示唆された。

③ 抑制機能の問題

Barkley（1997）は，ADHDの本質的な病態が行動の抑制の問題であるという仮説を提唱した。この抑制の問題とは，例えば運動課題の目標をあまり考えることなく，衝動的な意思のままに運動を実行することによって，正確な運動スキルを行うことができないような姿を想像するとよい（Kaiser et al., 2015）。こうしたADHD児の抑制機能の評価として，ストップ・シングル課題（Stop Signal Task: SST）が多く用いられてきた（Logan & Cowan, 1984）。このSSTは，他の課題（GO/No-Go課題やストループ課題，Continuous Performance Taskなど）と比べて，抑制機能に特化したプロセスを追跡することができると言われている（増井・野村，2010）。実際に，ADHD児はTD児と比較してエラーの数が多く，また停止信号からの反応時間が長いために行動抑制までに時間を要するといった，抑制機能の問題が報告されていた（e.g., De Zeeuw et al., 2008）。一方で，このSSTにおいて，ADHD児の動機付けが高い場合にはTD児と差が認められないことや（Slusarek, Velling, Bunk, & Eggers, 2001），注意や他の認知機能も影響すること（Alderson, Rapport, & Kofler, 2007；Oosterlaan & Sergeant, 1996）が報告されてきた。

3．ADHD児の運動の困難さに対する支援について

(1) これまでの介入研究から見た ADHD児への運動支援

　ADHD児の運動支援に関する研究は，他の精神医学的疾患（うつ病や素行障害など）に隠れて，これまであまり注目されてこなかった（Fliers, de Hoog et al., 2010）。また，運動の問題に対する pre-post といった介入研究の多くは薬物療法の副次的効果であり，ADHD児の運動の問題を直接ターゲットにした研究は少なかった。

　例えば，Watemberg et al.（2007）は，6～12歳の DCD（M-ABC の結果が15パーセンタイル以下）を伴う ADHD児を介入群（$n=14$）と統制群（$n=14$）の2群に分け，4週間のうち週に2回，1回1時間の介入と運動のホームワークを行った。また，そのプログラム内容は認知・課題特定的な介入（cognitive, task-specific approach）に基づき，それぞれの対象児のニーズに合わせて構成された。その結果，介入群は運動パフォーマンスが改善した一方で，統制群は介入の前後で運動パフォーマンスの改善は見られなかった。

　また，ADHD児の運動場面における注意機能に着目した介入として，デュアル・タスクを使った研究が挙げられる。例えば，Leitner, Barak, Giladi, Peretz, Eshel, Gruendlinger, & Hausdorff（2007）は9～16歳の ADHD児を対象に，通常の歩行とデュアル・タスクの2通りの条件下で歩行時のストライドの時間とそのばらつき，歩行速度について評価した。また，このデュアル・タスクの第2課題は音声を聞いて特定の単語の出現回数を記憶し，歩行終了後に出現回数の質問を行うものであった。その結果，ADHD児はデュアル・タスク条件下では座った状態よりも単語の出現回数の正答率が向上し，歩容においては投薬前の歩行と比べてストライド時間のばらつきと歩行スピードが減少した。すなわち，デュアル・タスクにより歩行スピードは減少したものの，リズミカルな歩容へと変容した。そして Shorer et al., 2012）はシングル・タスクとデュアル・タスク条件下での ADHD児の姿勢コントロールについて調べた。すなわちバランス課題を実施中に童謡

を複数聞き，その課題実施後に聞いた曲をリストから思い出す課題であった。その結果，デュアル・タスク条件下で重心動揺の幅や面積が減少するなど，バランス能力が改善することが示された。

(2) ADHD児に対する実践事例

① 目的

　ADHD児の協調運動の困難さの原因のひとつとして抑制機能が指摘されていた。抑制機能とは注意や行動，運動などを環境に応じて調整する機能であるが，古くは Barkley (1997) や Alderson, Rapport, & Kofler (2007) などが，ADHDの運動の困難さの本質的問題ではないかと指摘していた。そして，抑制機能は薬によって改善するが，刺激による統制の困難さは薬だけでは難しいという指摘があった (Klimkeit, Mattingley, Sheppard, Lee, & Bradshaw, 2005)。そのなか，Shorer et al. (2012) は，その抑制を含めた運動制御に望ましい変化を与える解決策としてデュアル・タスクへのアプローチを指摘していた。

　ところでデュアル・タスクとは，ふたつの課題を同時に処する能力で，携帯電話やスマートフォン，音楽プレーヤー，ナビゲーションシステムなどのテクノロジーが生活行動に組み込まれるようになり，その能力の重要性が増しているとも言われている (Neider, Gaspar, McCarley, Crowell, Kaczmarski, & Kramer, 2011)。実際，木塚 (2008) は，幼児期の子どもにおいて，まっすぐ走れなかったり，不用意に子ども同士で正面衝突したりする背景に，集団で遊ぶ経験が不足し，周囲を見ながら動く機会が減ってきたためと指摘している。すなわち，現代の幼児期の子どもにおいて走ること自体に問題はなくても状況認知をしながら運動するといったデュアル・タスクに問題があると述べているのである。

　こうした現状に加えて，臨床場面において筆者らは経験的に幼児期に関係なく ADHD児がデュアル・タスクを遂行させることに難しさを感じている。実際，先行研究のなかでのデュアル・タスクは，話を聞いて，その話のなかの単語を拾う作業や，歌を聴きながら単語を覚えるといった認知タスクによって，バランスや歩行，微細運動の正確性が向上するといった

内容であり（Kaiser et al., 2015），その機序としては，認知課題の実行に注意の配分が増え，過剰だった運動パフォーマンスが抑制されるものと示唆していた。しかしそれらの研究のなかでは，課題獲得のプロセスについての十分な記述が示されてはいなかった。筆者たちは，むしろその過程を知ることで，参加者の負担を考慮した（例，運動参加からの逸脱回避），運動スキル獲得のための効果的指導方法を検討しなければならないと考えたのである。

そこで本研究では，筆者らの支援活動に参加している子どもの事例をもとに，ADHD児におけるデュアル・タスクによる運動パフォーマンスへの効果ではなく，その課題の獲得プロセスについて明らかにしていきたいと考えた。すなわちADHD児はデュアル・タスクを実行することができるのかという問いに応えようとするものである。

② 方法
1）参加者と時期，場所

都内の運動発達支援活動に定期的に参加しているADHDの診断を受けている7歳の小学校1年生の男児1名を対象児（仮名：アイリスくん）とした。アイリスくんには知的障害はなく，英語版MABC-2のTotal Test Scoreは53で，日本版ではないため参考程度にしかならないが運動の困難さが明らかにあるレベルである。また対象児のきょうだいである6歳の幼稚園年長組の男児を対照児（仮名：イソップくん）として設定した。そして201X年4月に，筆者らが発達支援用に活用しているリソースルーム

図10-1 ラン＆クイズ課題の設置状況（澤江・土井畑・杉山, 2016）

において支援と調査を実施した．

　2）運動課題と手続き

　先行研究などを参考に，運動課題を用意した．図10-1 にあるようなラン＆クイズ課題（運動−認知課題）である．約6m離れたマットの間を参加者が指導者のかけ声に合わせて走りはじめ，移動する間の中間位置に置かれたブースのなかにいる指導者のポーズを当てるという課題である．はじめの5回は対象児と対照児の両方に対して一斉指導を行い，休憩をはさんだ後，後半5回は個別に指導した．

　3）調査項目と評定方法

　ここでは，デュアル・タスクにおける参加者の遂行の状態を評定したもの（みる課題とはしる課題，クイズ課題）を報告することにした．すなわち「みる課題」として，参加者がブースの中の指導者のポーズを見ていたかをチェックシートに評定した（Watch評価）．参加者がブースに来たときに瞬間的に指導者のポーズを見ていたら「適切：3」を，スタートの時点から参加者がブースの方にあらかじめ顔を向けていた場合は「不完全：2」，はじめから終わりまで参加者がブースのなかの指導者を見なかった場合は「不適切：1」にチェックした．また「はしる」課題として，参加者がスタートからゴールまで一定の速度で走り続けていたかどうかを評定した（Run評価）．期待通りに走り続けた場合は「適切：3」に，ブースの前でスピードダウンした場合は「不完全：2」，ブースの前で立ち止まった場合は「不適切：1」にチェックした．そして「クイズ課題」として，ポーズの回答が正解であったかを評定した（Answer評価）．参加者の回答が正解であれば「正答：3」に，不正解の場合は「不正解：1」にチェックした．調査項目の評定結果の妥当性については，複数の教員の一致をもって決定した．評定が一致しない場合は合議して採用する予定であったが実際はなかった．

③　結果と考察

　本研究の結果，対象児のデュアル・タスク遂行評定は，図10-2 の通り，1回目から10回目を通してRun評価は「3」であった．しかしAnswer評価とWatch評価は各セクションの前半の1，2回と，5，6回は「1」で，

各セクションの終盤に向けて右上がりになる傾向が示された。また対照児の結果をみると，各セッションの1回目からすべての評価が「3」で，それ以降は，いずれかの評価が「3」にならない状態であった。

　これらの結果から ADHD のあるアイリスくんは，段階的にデュアル・タスクを遂行できるようになることがわかった。一方で，障害のないイソップくんのデュアル・タスクパフォーマンスであるが，おそらくイソップくんは各セッションの1回目（1回と6回）から，すでに課題を遂行できていたと推測できる。実際，2回目（2回，7回）以降はアイリスくんのまねを試みたり，指導者に「次は○○のポーズをしてほしい」とお願いし，それを確認するためにブースでじっくり観察しながら移動したり，目を細めて移動したりと，必要以上の認知フォース（cognitive forces）を自らに課していた。こうした課題を変えたり増やしたりする現状は，幼児期のあそびの特徴であるとされ（実験的活動），あそびにみられる自然な多様性運動学習の一例であるとも言える（澤江・鈴木・川田，2014）。また課題が2つよりも増えていることから Multi-Task（多重課題）と表現されることもある（木塚，2008）。すなわちこの課題自体がそもそも，こ

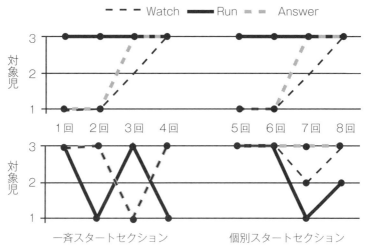

図10-2　課題①　ラン＆クイズ課題の結果（澤江・土井畑・杉山，2016）

の発達年齢段階にある子どもにとっては容易なレベルなのかもしれない。

　そのような段階にある課題に対して，対照児と1歳年上で知的障害のない対象児は，1回目からすぐにデュアル・タスクを遂行できなかった。そして各セッションの2回目，3回目と回数を重ねるなかで，それぞれの評価が「3」に集約する傾向があった。アイリスくんの発達段階にある子どもにとって容易な課題であっても，同時に処理しなければならない課題が増えることで，運動遂行に困難さが生じていたと考えることができる。確かに Inasaridze & Bzhalava（2011）や Miyahara et al.（2006）は，ADHD児のデュアル・タスクの困難さは，ADHDであるかどうかではなく，運動の本質的な困難さ（DCD）が関係していると述べていた。実際，アイリスくんのMABC-2の検査結果でも，先行研究と同様に運動の困難さが特徴的にあった。

　以上のことから，ADHD児は，必ずしもデュアル・タスクの遂行ができないわけではないが，同年齢の児童と同様の獲得パターンを示すとは限らないことがわかった。すなわち，獲得過程において，複数の課題の中から，一つずつ達成しながら統合していくプロセスを辿っているのではないかと考えられた。これは仮説の域を超えないため，今後，さらにサンプルサイズを広げることで検証していきたいと考えている。またそうした遂行プロセスを積極的に保障することで，ADHD児の運動スキルの幅は質的にも量的にも拡大する可能性があると考えた。

4．おわりに

　筆者らは，これまで十分に議論されてこなかったADHD児の運動発達支援の可能性を，文献研究とわずかな支援事例をもとに検討した。その結果，今後ADHD児の不器用さを含めた運動の困難さに対する支援の可能性と課題が見えてきたのではないかと思われた。すなわち，ADHD児の運動遂行の困難さは，現在のところ，認知面や情動面，社会性，そして運動面のいずれかに特化した問題によって生じているとは言い難く，むしろそれが複合的に関連しながら生じている可能性が考えられた。それは支援

において極めて重要な知見である。これまでのように認知や行動上の評価や支援にとどまらず，運動面を含めた複合的な支援への積極的な視座を与える結果となった。本稿が，今後のわが国における ADHD の運動研究および運動を含めた支援の発展に寄与することを期待する。

文献

Adi-Japha, E., Landau, Y. E., Frenkel, L., Teicher, M., Gross-Tsur, V., & Shalev, R. S. (2007). ADHD and dysgraphia: Underlying mechanisms. *Cortex*, 43(6), 700-709.

Alderson, R. M., Rapport, M. D., & Kofler, M. J. (2007). Attention-deficit/hyperactivity disorder and behavioral inhibition: A meta-analytic review of the stop-signal paradigm. *Journal of abnormal child psychology*, 35(5), 745-758.

American Psychiatric Association. (2013). *Diagnostic and statistical manual of mental disorders* (5th ed.). APA.（髙橋三郎・大野裕（監訳）（2014）. DSM-5 精神疾患の診断・統計マニュアル　医学書院）

Barber, S., Grubbs, L., Cottrell, B. (2005). Self-perception in children with attention deficit/hyperactivity disorder. *Journal of pediatric nursing*, 20(4), 235-245.

Barkley, R. A. (1997). Behavioral inhibition, sustained attention, and executive functions: Constructing a unifying theory of ADHD. *Psychological bulletin*, 121(1), 65-94.

Bart, O., Daniel, L., Dan, O., & Bar-Haim, Y. (2013). Influence of methylphenidate on motor performance and attention in children with developmental coordination disorder and attention deficit hyperactive disorder. *Research in developmental disabilities*, 34(6), 1922-1927.

Bart, O., Podoly, T., & Bar-Haim, Y. (2010). A preliminary study on the effect of methylphenidate on motor performance in children with comorbid DCD and ADHD. *Research in developmental disabilities*, 31(6), 1443-1447.

Brossard-Racine, M., Shevell, M., Snider, L., Bélanger, S. A., & Majnemer, A. (2012). Motor skills of children newly diagnosed with Attention Deficit Hyperactivity Disorder prior to and following treatment with stimulant medication. *Research in developmental disabilities*, 33(6), 2080-2087.

Carte, E. T., Nigg, J. T., & Hinshaw, S. P. (1996). Neuropsychological functioning, motor speed, and language processing in boys with and without ADHD. *Journal of Abnormal Child Psychology*, 24(4), 481-498.

Chen, Y. Y., Liaw, L. J., Liang, J. M., Hung, W. T., Guo, L. Y., & Wu, W. L. (2013). Timing perception and motor coordination on rope jumping in children with attention deficit hyperactivity disorder. *Physical Therapy in Sport*, 14(2), 105-109.

De Zeeuw, P., Aarnoudse-Moens, C., Bijlhout, J., König, C., Uiterweer, A. P., Papanikolau, A., Hoogenraad, C., Imandt, L., de Been, D., Sergeant, J. A., & Oosterlaan, J. (2008). Inhibitory performance, response speed, intraindividual variability, and response accuracy in ADHD. *Journal of the American Academy of Child & Adolescent Psychiatry*, 47(7), 808-816.

Faraone, S. V., Biederman, J., & Mick, E. (2006). The age-dependent decline of attention deficit hyperactivity disorder: A meta-analysis of follow-up studies. *Psychological medicine*, 36(2), 159-165.

Flapper, B. C., Houwen, S., & Schoemaker, M. M. (2006). Fine motor skills and effects of methylphenidate in children with attention-deficit-hyperactivity disorder and developmental coordination disorder. *Developmental Medicine & Child Neurology*, 48(3), 165-169.

Fliers, E. A., Franke, B., Lambregts-Rommelse, N. N., Altink, M. E., Buschgens, C. J., Nijhuis-van der Sanden, M. W., … Buitelaar, J. K. (2010). Undertreatment of motor problems in children with ADHD. *Child and adolescent mental health*, 15(2), 85-90.

Fliers, E. A., de Hoog, M. L., Franke, B., Faraone, S. V., Rommelse, N. N., Buitelaar, J. K., & Nijhuis-van der Sanden, M. W. (2010). Actual motor performance and self-perceived motor competence in children with attention-deficit hyperactivity disorder compared with healthy siblings and peers. *Journal of developmental and behavioral pediatrics*, 31(1), 35-40.

Fliers, E., Rommelse, N., Vermeulen, S. H. H. M., Altink, M., Buschgens, C. J. M., Faraone, S. V., Sergeant, J. A., Franke, B., & Buitelaar, J. K. (2008). Motor coordination problems in children and adolescents with ADHD rated by parents and teachers: Effects of age and gender. *Journal of Neural Transmission*, 115(2), 211-220.

Harvey, W. J., Reid, G., Grizenko, N., Mbekou, V., Ter-Stepanian, M., & Joober, R. (2007). Fundamental movement skills and children with attention-deficit hyperactivity disorder: Peer comparisons and stimulant effects. *Journal of abnormal child psychology*, 35(5), 871-882.

Harvey, W. J., Reid, G., Bloom, G. A., Staples, K., Grizenko, N., Mbekou, V., Ter-Stepanian, M., & Joober, R. (2009). Physical activity experiences of boys with and without ADHD. *Adapted Physical Activity Quarterly*, 26(2), 131-150.

Hoza, B., Pelham Jr, W. E., Dobbs, J., Owens, J. S., & Pillow, D. R. (2002). Do boys with attention-deficit/hyperactivity disorder have positive illusory self-concepts? *Journal of abnormal psychology*, 111(2), 268-278.

市原学 (2015). 注意欠陥多動障害 (ADHD) および破壊的行動障害における衝動性——その症状はドーパミン系，それともセロトニン系の制御不全のいずれによるものか—— 都留文科大學研究紀要, 第82集, 1-9.

Inasaridze, K., & Bzhalava, V., (2011). Dual-task Coordination in Children and Adolescents with Attention Deficit Hyperactivity Disorder (ADHD). *Behavioural nearology*, 23(4), 193-194.

Kadesjo, B., & Gillberg, C. (2001). The comorbidity of ADHD in the general population of Swedish school-age children. *Journal of Child Psychology and Psychiatry*, 42(4), 487-492.

Kaiser, M. L., Schoemaker, M. M., Albaret, J. M., & Geuze, R. H. (2015). What is the evidence of impaired motor skills and motor control among children with attention deficit hyperactivity disorder (ADHD)? Systematic review of the literature. *Research in developmental disabilities*, 36C, 338-357.

Kessler, R. C., Adler, L., Barkley, R., Biederman, J., Conners, C. K., Demler, O., Faraone S. V., Greenhill, L. L., Howes, M. J., Secnik, K., Spencer, T., Ustun, T. B., Walters, E. E., & Spencer, T. (2006). The prevalence and correlates of adult ADHD in the United States: Results from the National Comorbidity Survey Replication. *American Journal of Psychiatry*, 163(4), 716-723.

木塚朝博 (2008). 子どもを取り巻く環境——子どもの運動能力の発達停滞を防ぐために—— *Course of Study*, 61, 4-10.

Klimkeit, E. I., Mattingley, J. B., Sheppard, D. M., Lee, P., Bradshaw, J. L. (2005). Motor preparation, motor execution, attention, and executive functions in attention deficit/hyperactivity disorder (ADHD). *Child Neuropsychology*, 11(2), 153-173.

Leitner, Y., Barak, R., Giladi, N., Peretz, C., Eshel, R., Gruendlinger, L., & Hausdorff, J. M. (2007). Gait in attention deficit hyperactivity disorder. *Journal of neurology*, 254(10), 1330-1338.

Logan, G. D., & Cowan, W. B. (1984). On the ability to inhibit thought and action: A theory of an act of control. *Psychological review*, 91(3), 295-327.

増井啓太・野村理朗（2010）．衝動性の基盤となる構成概念，脳，遺伝子多型について――Stop Signal Paradigm の観点より―― 感情心理学研究, 18(1), 15-24.

Meyer, A., & Sagvolden, T. (2006). Fine motor skills in South African children with symptoms of ADHD: Influence of subtype, gender, age, and hand dominance. *Behavioral and Brain Functions*, 2(1), 1.

Miyahara, M., Piek, J., & Barrett, N. (2006). Accuracy of drawing in a dual-Task and resistance -to- distraction study: Motor on attention deficit? *Human Movement Sciences*, 25, 100-109.

Neider, M. B., Gaspar, J. G., McCarley, J. S., Crowell, J. A., Kaczmarski, H., & Kramer, A. F. (2011). Walking and talking: Dual-task effects on street crossing behavior in older adults. *Psychology and aging*, 26(2), 260-268.

Oosterlaan, J., & Sergeant, J. A. (1996). Inhibition in ADHD, aggressive, and anxious children: A biologically based model of child psychopathology. *Journal of abnormal child psychology*, 24(1), 19-36.

尾崎康子（2016）．注意欠如・多動性障害（ADHD）の療育・治療（ADHDとは；ADHD概念の歴史的変遷；ADHD児への療育・治療；ADHD児への療育） 尾崎康子・三宅篤子（編） 乳幼児期における発達障害の理解と支援②知っておきたい発達障害の療育 ミネルヴァ書房 pp.178-188.

Papadopoulos, N., Rinehart, N., Bradshaw, J. L., & McGinley, J. L. (2013). Brief report: Children with ADHD without co-morbid autism do not have impaired motor proficiency on the movement assessment battery for children. *Journal of autism and developmental disorders*, 43(6), 1477-1482.

Piek, J. P., Pitcher, T. M., & Hay, D. A. (1999). Motor coordination and kinaesthesis in boys with attention deficit-hyperactivity disorder. *Developmental medicine & child neurology*, 41(3), 159-165.

Pitcher, T. M., Piek, J. P., & Hay, D. A. (2003). Fine and gross motor ability in males with ADHD. *Developmental Medicine & Child Neurology*, 45(8), 525-535.

Racine, M. B., Majnemer, A., Shevell, M., & Snider, L. (2008). Handwriting performance in children with attention deficit hyperactivity disorder (ADHD). *Journal of Child Neurology*, 23(4), 399-406.

Reiersen, A. M., Constantino, J. N., & Todd, R. D. (2008). Co-occurrence of motor problems and autistic symptoms in attention-deficit/hyperactivity disorder. *Journal of the American Academy of Child & Adolescent Psychiatry*, 47(6), 662-672.

Rosenblum, S., Epsztein, L., & Josman, N. (2008). Handwriting performance of children with attention deficit hyperactive disorders: A pilot study. *Physical & Occupational Therapy in Pediatrics*, 28(3), 219-234.

澤江幸則（2010）．発達障害特性のある子どもへの理解を深め，対応の幅を広げるために　体育科教育，58(2), 22-25.

澤江幸則（2012）．ADHDの子どものキャンプ　自然体験活動研究会（編）障がいのある子どもの野外教育　杏林書院　pp.94-99.

澤江幸則・土井畑幸一郎・杉山文乃（2016）．Dual Taskにおける注意欠陥多動性障害児の運動特性について（1）――事例のきょうだい児との比較を通して――　日本体育学会第67回大会予稿集，345.

澤江幸則・鈴木智子・川田　学（編）（2014）．〈身体〉に関する発達支援のユニバーサルデザイン　金子書房

Schoemaker, M. M., Ketelaars, C. E., Van Zonneveld, M., Minderaa, R. B., & Mulder, T. (2005). Deficits in motor control processes involved in production of graphic movements of children with attention-deficit-hyperactivity disorder. *Developmental Medicine & Child Neurology*, 47(6), 390-395.

Shen, I. H., Lee, T. Y., & Chen, C. L. (2012). Handwriting performance and underlying factors in children with Attention Deficit Hyperactivity Disorder. *Research in developmental disabilities*, 33(4), 1301-1309.

Shorer, Z., Becker, B., Jacobi-Polishook, T., Oddsson, L., & Melzer, I. (2012). Postural control among children with and without attention deficit hyperactivity disorder in single and dual conditions. *European journal of pediatrics*, 171(7), 1087-1094.

Shum, S. B., & Pang, M. Y. (2009). Children with attention deficit hyperactivity disorder have impaired balance function: Involvement of somatosensory, visual, and vestibular systems. *The Journal of pediatrics*, 155(2), 245-249.

Slusarek, M., Velling, S., Bunk, D., & Eggers, C. (2001). Motivational effects on inhibitory control in children with ADHD. *Journal of the American Academy of Child & Adolescent Psychiatry*, 40(3), 355-363.

Smith-Engelsman, B. C. M., Blank, R., Van Der Kaay, A. C., Mosterd-Van Der Meijs., Vlugt-Van Den Brand., Polatajko, H. J., & Wilson, P. H. (2013). Efficacy of interventions to improve motor performance in children with developmental coordination disorder: A combined systematic review and meta-analysis. *Developmental Medicine & Child Neurology*, 55(3), 229-237.

Stray, L. L., Ellertsen, B., & Stray, T. (2010). Motor function and methylphenidate effect in children with attention deficit hyperactivity disorder. *Acta paediatrica*, 99(8), 1199-1204.

Sugden, D., & Wade, M. (2013). Motor Development in Children with Other Developmental Disorders. In Sugden, D. & Wade, M. (Eds.), *Typical and Atypical Motor Development* . London: Mac Keith Press. pp.284-312.

田中康雄（2004）．注意欠陥/多動性障害の現状と支援　精神保健研究，17，25-35.

田中康雄（2010）．注意欠如・多動性障害（ADHD）研究の現在　東條吉邦・大六一志・丹野義彦（編）発達障害の臨床心理学　東京大学出版会　pp.87-109.

友田明美（2014）．注意欠如／多動性障害の病態　森則夫・杉山登志郎（編）こころの科学別冊「DSM-5対応 神経発達障害のすべて」日本評論社　pp.74-79.

Tseng, M. H., Henderson, A., Chow, S. M., & Yao, G. (2004). Relationship between motor proficiency, attention, impulse, and activity in children with ADHD. *Developmental Medicine & Child Neurology*, 46(6), 381-388.

Tucha, O., & Lange, K. W. (2001). Effects of methylphenidate on kinematic aspects of handwriting in hyperactive boys. *Journal of Abnormal Child Psychology*, 29(4), 351-356.

上林靖子・齊藤万比古・北道子（編）（2003）．注意欠陥/多動性障害—AD/HD—の診断・治療ガイドライン　じほう　pp.3-7.

Verret, C., Guay, M. C., Berthiaume, C., Gardiner, P., & Béliveau, L. (2012). A physical activity program improves behaviour and cognitive functions in children with ADHD: An exploratory study. *Journal of attention disorders*, 16(1), 71-80.

Watemberg, N., Waiserberg, N., Zuk, L., & Lerman-Sagie, T. (2007). Developmental coordination disorder in children with attention-deficit-hyperactivity disorder and physical therapy intervention. *Developmental Medicine & Child Neurology*, 49(12), 920-925.

Whitmont, S., & Clark, C. (1996). Kinaesthetic acuity and fine motor skills in children with attention deficit hyperactivity disorder: A preliminary report. *Developmental Medicine and Child Neurology*, 38(12), 1091-1098.

吉益光一・山下洋・清原千香子・宮下和久（2006）．注意欠陥多動性障害の疫学治療と予防　日本公衛誌，53(6)，398-410.

おわりに

DCDの子どもたちへの支援の
可能性と課題

辻井正次

　ここでは，エピローグとして，この本の各章の内容を検討しつつ，今後の発達性協調運動障害（DCD）のある子どもたちへの支援の可能性と課題について触れておきたい。

　すでに，第1章で宮原氏が紹介しているが，私は宮原氏と共同研究をするなかで，宮原氏の紹介もあり，1995年の第1回の国際DCD学会に参加することになった。その後，1999年に，『子どもの不器用さ―その影響と発達的援助』を宮原氏とともに編集し，わが国においてDCD概念を紹介する役割を担ってきた。その後，2013年11月に第110回日本小児精神神経学会（大会長：辻井正次）において，テーマを「子どもの不器用さとその心理的影響：発達性協調運動障害（DCD）を中心に」ということで，特別招聘講演にDr. シーラ・ヘンダーソン（Dr. Sheila Henderson）をお迎えし，"Understanding Developmental Coordination Disorder（DCD）— where have we got to in 2013?"を，また，教育講演を宮原氏に依頼し，「発達性協調運動障害が子どもの発達に及ぼす影響と支援の方向性」を入れた大会プログラムを構成し，DCDについての国内の関心を得る機会となった。こうした国内の動きとともに，国際DCD学会の発展のなかで，わが国においてもDCD研究を発展し，DCDの子どもたちへの手厚い支援を提供していくために取り組んでいこうということで，日本DCD学会の設立への動きとなった。2016年4月に準備会合として，名古屋市で第1回日本

DCD研究会（大会長：辻井正次）を開催し，そこで日本DCD学会の設立を決めて，2017年4月に第1回日本DCD学会学術集会（大会長：中井昭夫）を神戸市で，2018年4月に第2回DCD学会学術集会（大会長：増田貴人）を弘前市で開催した。2019年4月には長崎市で第3回学術集会（大会長：岩永竜一郎）が開催された。このように，DCD研究を推進する拠点となる団体が発展しつつある現状である。

1．不器用な子どもたちをDCDと捉えることの可能性と課題

　すでに，本書をお読みくださった読者の皆さんにとって，子どもたちの不器用さをDCDとして捉えることの意義は自明であるのかもしれない。しかし，いまだに実際の不器用な子どもたちの生活する学校や地域においては，不器用なことが（当然，必要な支援を提供すべき）合理的配慮の対象だとみなされていないことも多い。医学的な枠組みで，子どもたちの不器用さを把握することは「医療化」とみなされ，今まで一般的な枠組みの問題であったものを「障害」として位置付けることは差別の助長につながるという社会学的な見解も，もしかしたらありうるのかもしれない。しかし，そうした空論を気にするよりも，第1章で宮原氏がまとめているように，DCD概念そのものが臨床概念のなかで，当事者の困り感を支援していく立ち位置で整理されてきたものであるので，当事者である子どもや家族の視点に立って，支援を得られる立ち位置を確保していくためにこそ，DCD概念はその存在理由がある。

　わが国においては，20世紀の終わりに，主としては学校における学習障害の子どもたちの存在がクローズアップされ，また，自閉症のある人たちの示す課題の大きさや発現頻度の高さが社会問題として知られるようになった2000年頃から，社会的な支援システムを構築していく必要性が明確になってきた。その結果，さまざまな発達障害関係団体が集まって日本発達障害ネットワークが設立されて国に法整備を要望し，国会における超党派の「発達障害の支援を考える議員連盟」が提案し，「発達障害者支援法」

が2004年12月に成立し，2005年4月より施行されている。

　「発達障害者支援法」の発達障害の中には，学習障害，自閉症，ADHDとともに，その他の障害としてDCDは含まれており，DCDは支援を得るための法的な根拠を得るに至った。その後，発達障害概念が法的な位置づけを持つことができたことで，「障害者基本法」や「障害者総合福祉法」等，障害のある人たちへの支援における実際のサービス提供においても，法的根拠を得られることになった。しかし，実際には，他の発達障害との併存がある場合を除けば，DCDだけで支援を求めることは多くはないのが現状である。

　一方で，国連における「障害者の権利条約」の採択が2006年に行われ，わが国は国内法整備を経て2013年に批准をしている。国内法整備の最重要なものとして，「障害者差別解消法」が2013年に成立し，2016年に施行され，DCDも含めて，障害のある人に対する「合理的配慮」が求められるようになっている。しかし，実際には，いまだにDCDの子どもたちに対する合理的配慮がなされない事例は，部活動も含め体育指導や，音楽のリコーダーや美術や技術等の制作活動などにおいて散見され，今後の大きな課題となっている。

　どのように理解すればいいのか，生物学的なメカニズムが十分に明らかになっておらず，支援者の多くがどのように理解し，どのように支援を構築すればよいのかがわからないために，DCDがあることによる困難を適切に理解されずに必要な支援が提供されない「差別事案」が生じており，大きな課題となっている。今のところ，「医学的診断があること」が支援を法的根拠に基づいてやる場合の必要事項となっている場合が多いので，今後，DCD研究が発展する中で医学的診断がなくとも，支援の必要性を明確に示すことができ，合理的配慮が提供できるような枠組み作りが大きな課題となっていくであろう。なお，2016年には発達障害者支援法の改正も行われ，ライフステージに対応した支援体制が強調されたとともに，教育や福祉分野等での個別の支援計画の作成が明確に法律の本文に書き込まれて，障害特性に合った支援を行う根拠がより明確にされている。

　一方で，第2章で，中井氏が詳しくまとめているように，近年，DCDの生物学的基盤に関する研究は活発に行われるようになり，まだ断片的で

はあるがメカニズムが明らかになりつつあり，今後，より総合的な形でDCDの生物学的な基盤を理解することが期待されている。中井氏もあげているように，DCDは他のASDやADHD等の発達障害と併存し，他の発達障害も含めた子どもたちの脳や運動の非定型発達の全体像が今後描かれることが期待される。DCDの生物学的な基盤がまだ全体像が描き出されていないために，生じている行動的な側面から把握していくには，医学的診断もまだ臨床的な熟練さを必要とするものとなっていることも事実であろう。医師の診断を支える標準的で客観的なアセスメント・ツールの開発も待たれる。

2．不器用な子どもたちをDCDという枠組みで運動指導をすることの可能性と課題

　第1章の宮原氏以降，本書の著者が各所で指摘しているように，DCDがあることは子どもたちの学校生活，なかでも身体運動や，手先の器用さを必要とする課題において，大きな困難を示すことになる。

　第3章で増田氏が概観しているように，DCDに対する支援として，心理的過程の欠陥があるということでの過程指向型アプローチの有効性はエビデンスを欠いており，実際にやろうとする行動課題を遂行できるように支援していく課題指向型アプローチの有効性を理解し，丁寧な支援を行っていくことが求められている。しかし，こうしたエビデンスは，コメディカルな職種の支援者たちにも十分に理解されていないところもあり，（例えば感覚統合療法の）介入は楽しいものの，期待するような効果が得られないようなことが生じている。課題指向型アプローチに基づき，自然にできないことを，その子どもがうまくいくコツを身につけていくことで，課題を遂行できるようにしていくことができること，そして，子どもたちにとって，そうした行動ができることが子どもの自尊心をよりよく形成していくことに役立つことは共有しておくべき課題であると言えよう。

　第4章で七木田氏がまとめているようにDCDのある子どもだけに焦点を当ててスキルの習得を目指すのではなく，子どもと課題と環境とのダイ

ナミックなシステム間の相互の制約関係を調整することで改善するモデルのように，支援者が子どもがこなせるように課題を示したり，環境調整をしたり手助けするということが必要というのは極めて重要な視点である。こうした子どものDCD特性に合った支援を行うことは，すでにわが国においては（「障害者差別解消法」を法的根拠とした）合理的配慮の中で求められることであるので，七木田氏が述べているように，支援者が運動発達のシステムがある種の「自己組織化」の特性をもっていることをよく理解し，必要な課題や環境調整を行えるかが今後の課題となるのであろう。

3. 発達を軸として不器用な子どもたちをDCDという枠組みで理解と支援をすることの可能性と課題

　そもそもDCDをいつから理解し，支援を行うことが可能なのかは大きな問題である。もちろん，発達初期のできるだけ早い段階で支援ニーズを把握し，必要な支援を行えることは，子どもの自己評価を低下させることなく，さまざまな課題への取り組み意欲を構築していくことに関連すると考えられる。

　第5章で渋谷氏が示しているように，幼児期になれば子ども自身の検査課題や保護者の回答からの把握が可能であるし，第2章で中井氏が示しているように，微細及び粗大な協調運動が拙劣である徴候（SNSs）による評価は発達早期から可能で，非常に有効である。こうした，さまざまな検査手法をどう効果的に組み合わせるのか，どの職種がそれを担うのかなどの課題はあるが，実際には保護者や保育士等の支援者が，日常生活の中での運動や動作の難しさを把握していくことが基本となっていくと思われる。支援においても，作業療法のなかで作業療法士（OT）による訓練が有効であるとともに，本来は，OTが保育園等を巡回訪問等しつつ，保育士や保護者が日常生活の中で実際の課題に取り組めるように進めていくことが，よりインクルーシブな在り方であり，今後，求められるものである。

　学齢期においては，第6章で松原氏がまとめているように学校での学習課題や休み時間の遊びの中で様々な問題が見出され，それらに対して様々

な教育的な取り組みが進められている。特に，運動指導においては，先にあげた課題指向型のアプローチに基づき，個々の苦手な課題が子どもなりの仕方で遂行できるように，丁寧な課題や環境の調整をしながら多くの教員たちが教育技術として体育指導法など，各々の教科指導のなかで取り組みが進められており，こうした個々の領域の知見を，教育以外のコメディカルな領域も含めて，総合的に取り組むことが大きな課題となっている。DCD研究といった視野で，これらの異なる領域を総合的に取りまとめるためにアセスメント手法や支援手法，効果検証手法などの標準的な在り方を構築できるようになることが将来にわたる課題ともなるのであろう。

　思春期以降のDCDの問題は，運動機能そのものというよりは，そうしたDCDのある自分自身をどう捉えていくのかという課題と密接に結びついている。特に，ASD等の発達障害の併存症としてDCDがある場合，日常生活での自立や就労の維持など，生活していくことそのものに関わる大きな課題を示すことになる。

　第7章において石川氏が非常に優れたまとめを示している。実際に，臨床現場の中で，不登校や「怠学」と学校から認識されている課題ができない青年たちのなかに，DCDが推測される人たちがいることは，臨床家たちの中ではすでに気づかれていることである。DCDについての一定の知識があれば，運動ができないことや絵が描けないこと，身だしなみがだらしなく見えること等，様々な課題に取り組めなくなっていることが怠惰であるからではなく，求められる課題が要求される形では難しいことによって生じることは明白である。しかし，DCDの視点がないことは，そのことを困難にし，「できないことをするように言う」さらに「（時に人格否定的に）できないと叱責する」という「差別事案」を生じさせることになってしまう。その結果，「どうせできないから課題に取り組めない」ということが非常に大きな悪影響を及ぼし，後の人生にも影響を及ぼすリスクを持つ。継続的な支援を受けていると，「できない際にヘルプを求める」ことがしやすくなるが，「皆と同じでないといけない／皆が当たり前にできていることができないことは恥ずかしい」と感じていると，支援を求められず，適応状況を悪くしてしまうリスクを持つ。思春期や青年期以降のDCDのある人たちのなかでも，不器用を自覚しつつ，日常生活の中で，

苦手なことは周囲に助けてもらったりして，必要な支援をうまく活用しながら就労し，多くの人たちが自立的な生活を営んでいることも確認しておきたい。DCDと診断を受けること，DCDとともに生きること，それだけで不幸なわけではない。そのことがDCDのある本人にどのように捉えられ，保護者を含む周囲の人たちにどのように捉えられ，どのように扱われるのか，ということが大きな課題となる。

4. 他の発達障害との関連でDCDの枠組みで支援を考えることの可能性と課題

　実際の臨床場面においては，DCDだけの相談というのは多くはなく，知的障害やASDやADHDなどとの併存症のなかで，日常生活においての身辺自立や家事，地域生活のスキルとの関連で不器用さの問題が相談にあがってくることが多い。適応行動において，例えばVineland-Ⅱ適応行動尺度での把握においては，知的障害の度合いは，運動スキルを含めた適応行動全般と関連していることはすでに知られている。

　第8章において，平田氏は知的障害の子どものDCD特性に関して分析し，運動遂行の速さと正確性の2側面から把握し，彼らの不器用に見える行動の適応的意義を検討する必要性を論じている。支援においても，行動調整能力の問題を保障するような環境設定や文脈の工夫などによって改善する可能性があることも述べており，彼らの状態に合わせた支援の構築の必要性を述べている。

　また，ASDのある子どもたちにDCDの併存症が多いことは従来より指摘されており，第9章で村上氏がまとめているように，微細運動から粗大運動まで広範囲にわたり，日常生活で必要な基本的な運動課題から体育やスポーツ場面で求められる高次な課題までさまざま報告されてきており，課題指向型のアプローチの支援のなかで，見通しを立て，わかりやすく伝え，スモールステップで，感覚特性にも配慮していくこと等が重要である。特に運動発達支援においては，「ダイナミック・システムズ・アプローチ」に基づき，動作変動性に着眼して，環境との相互作用の中で捉えて指導す

ることの重要性を指摘し，課題や環境に変化を与えていくことで課題遂行に向けての工夫ができるという可能性も示している。

さらに，ADHDのある子どもたちのDCDの併存症に関しては，第10章で澤江氏らがまとめており，不注意の問題や抑制機能の問題，自己肯定感の低さなど，ADHDのある子どもたちのDCD特性として，特に微細運動における目立った苦手さがあること等の特徴を示している。運動発達支援において，苦手とされるDual-task課題においても，課題指向型の丁寧な支援のなかで定型発達児とは異なる形であれば課題遂行が可能である場合もあることを示している。

これらのわが国における実践を概観すると，世界的な潮流である，課題指向的なアプローチを基盤に，各々の併存する発達障害の特性を理解しつつ，課題遂行における課題や環境条件を工夫して，DCDのある子どもたちにとって取り組みやすい形で積み上げていくことで，苦手な課題においても取り組むことができ，一定の成果をあげることが示されている。特に運動発達支援においては，DCDのある子どもたちへのさらなる支援方略の分析と，より標準的な支援手法の開発の可能性があることも示された。

5．不器用な子どもをDCDとして捉えて研究を推進することの可能性と課題

DCDの診断とも関連するが，DCDのアセスメントは非常に重要な視点である。特にわが国では本人のアセスメント・ツール（例えばMABC-2日本語版）の開発がまだできておらず，DCDとしての合理的配慮を得るためにも，DCDの診断を得ることの課題が存在する。実際には，日常生活での適応行動や学校生活においての不器用さの表れであるので，医師が診察場面でということよりは，子どもに対する標準的なアセスメント・ツールやチェックリストでの評価によって，最初に把握を行い，そうした客観的な評価を基に医師が診断をできる体制を整備することが今後求められると考えられる。

DCD研究の活発化によって，DCDの発現メカニズムが明らかになって

いく中で，メカニズムをより理解した，有効な支援手法の開発が可能になる。DCDの子どもたちの不器用さや動作の苦手さに対して，実際に教師や保護者がどうすればいいのかを，より分かりやすくしていくことが望まれる。子どもたちが失敗して，課題への取り組みの意欲をなくし，自尊心を下げるようになる悪循環から，子どもたちへの支援の中で，できる体験を積み上げて，サポートを求めつつ，うまくいくように工夫をしていくことができるようになるためにも，有効な支援が職人芸ではなく，エビデンスを積み上げて，誰もが取り組める手法になることが求められる。今後の我が国におけるDCD研究の発展に向けて，本書は具体的で，なおかつ有効な示唆を与える教科書的な資料として活用されていくことが望まれる。

　私が，杉山登志郎氏らと，1992年に我が国において，学習障害と高機能広汎性発達障害のグループ（現在，発展して，NPO法人アスペ・エルデの会となっている）をスタートした際，いろいろな実験課題を基に，楽しい遊びの課題を構成して遊んだりした。その際に，合間にボールでの遊びをしていると，サッカーボールを蹴ろうとした，非常に不器用なDCDのある子どもが，前に向けて蹴ったにもかかわらず，空振りして，下げた足に当たって，後ろにボールが飛んで行って，とても驚いたことを覚えている。当時，通常学級での特別支援教育という視点はなく，学校での指導に困った担任教師から「跳び箱で，どこで飛んでいいのかタイミングが取れないので，そのまま跳び箱に激突していくので危ないのですが，跳び箱はやらせなくてもいいですか？」というような質問を受けたりもした。DCDの子どもたちの運動の苦手さは，一般的な苦手さとは違って，本当に合理的配慮を要するものであると，そのときつくづく思ったものである。その後，彼らの多くは成人になり，不器用がありつつも，就労し，余暇を仲間たちと楽しむ生活を送っている。グループを始めてから四半世紀を過ぎ，学校における特別支援教育が推進され，法的にも合理的配慮が義務付けられるなど，DCDの子どもたちへのより細やかな支援を行えるようになってきている。我が国においてDCD研究を推進していく日本DCD学会も設立され，今後に向けて重要な「スタートライン」に立てるようになってきたのであろうと考えている。

●執筆者紹介

宮原資英　　監修者　はじめに，第1章

本郷一夫　　東北大学大学院教育学研究科教授　序章

中井昭夫　　武庫川女子大学教育研究所／大学院臨床教育学研究科／子ども発達科学研究センター教授（日本DCD学会理事）　第2章

増田貴人　　編著者（日本DCD学会理事）　第3章

七木田敦　　編著者（日本DCD学会理事）　第4章

渋谷郁子　　大阪成蹊短期大学幼児教育学科准教授（日本DCD学会理事）　第5章

松原　豊　　筑波大学体育系教授　第6章

石川道子　　武庫川女子大学音楽学部非常勤講師（日本DCD学会理事）　第7章

平田正吾　　千葉大学教育学部准教授（日本DCD学会理事）　第8章

村上祐介　　金沢医科大学一般教育機構助教　第9章

澤江幸則　　編著者（日本DCD学会理事・事務局長）　第10章

杉山文乃　　筑波大学体育系助教　第10章

土井畑幸一郎　稲敷市教育委員会非常勤職員　第10章

辻井正次　　監修者（日本DCD学会代表理事）　おわりに

※所属・肩書は執筆時

●編著者紹介

澤江幸則（さわえ　ゆきのり）

1968年生まれ。筑波大学体育系准教授。博士（教育学）・臨床発達心理士。日本DCD学会理事・事務局長。

1993年に筑波大学大学院修士課程修了（体育学修士）後，横浜市リハビリテーション事業団横浜市北部地域療育センター児童指導員，東北大学大学院博士後期課程編入学・修了（教育学博士）。文京学院大学人間学部保育学科専任講師，筑波大学大学院人間総合科学研究科（体育科学）講師を経て，2012年より現職。

専門は，発達障害児の運動発達特性とその支援，当事者からみたインクルーシブ体育のあり方，など。

主な著書に，リサ・A・カーツ著『不器用さのある発達障害の子どもたち　運動スキルの支援のためのガイドブック』（共訳／東京書籍），『〈身体〉に関する発達支援のユニバーサルデザイン』（共編／金子書房）など。

増田貴人（ますだ　たかひと）

1975年生まれ。弘前大学教育学部准教授。博士（教育学）・臨床発達心理士。日本DCD学会理事。

2001年に広島大学大学院教育学研究科博士前期課程修了（教育学修士）後，広島大学大学院教育学研究科博士後期課程中退，島根県立島根女子短期大学保育科講師，弘前大学教育学部講師，広島大学大学院教育学研究科博士後期課程再入学，修了（博士：教育学）を経て，2010年より現職。

主な著書に『第二版　障害のある子どもの保育実践』（共編／学文社），『特別支援教育実践のコツ』（共著／金子書房）など。

七木田　敦（ななきだ　あつし）

1959年生まれ。広島大学大学院教育学研究科教授。博士（教育学）・臨床発達心理士。日本DCD学会理事。

1986年に横浜国立大学大学院教育学研究科修士課程修了（教育学修士）後，米国・西オレゴン大学大学院修了（Master of Science），神奈川県立武山養護学校教諭，広島大学大学院教育学研究科博士後期修了（博士：教育学），兵庫教育大学学校教育学部助手，広島大学学校教育学部障害児教育学講座助教授，広島大学大学院教育学研究科附属幼年教育研究施設助教授を経て，2006年より現職。

主な著書に『保育そこが知りたい！　気になる子Q&A』（チャイルド本社），『子どもの発達と運動教育』（共訳／大修館書店）など。

● 監修者紹介

辻井正次（つじいまさつぐ）

中京大学現代社会学部教授，浜松医科大学子どものこころの発達研究センター客員教授，NPO法人アスペ・エルデの会CEO・統括ディレクター。
日本DCD学会代表理事，日本小児精神神経学会理事，日本発達障害学会評議員。1992年に発達障害児者のための生涯発達支援システム「アスペ・エルデの会」を設立。発達障害児者の発達支援システムや発達支援技法の開発，専門家養成などに取り組んでいる。
主な著書に『発達障害児者支援とアセスメントのガイドライン』(監修／金子書房)，『自閉症スペクトラム障害の診断・評価必携マニュアル』（共監訳／東京書籍），『楽しい毎日を送るためのスキル：発達障害ある子のステップアップ・トレーニング』（編著／日本評論社），『発達障害のある子どもができることを伸ばす！　幼児編』（監修／日東書院本社），『特別支援教育　実践のコツ：発達障害のある子の〈苦手〉を〈得意〉にする』（編著／金子書房），『発達障害のある子どもができることを伸ばす！　学童編』（監修／日東書院本社），『思春期以降の理解と支援』（共編／金子書房），『大人の生活完全ガイド—アスペルガー症候群』（共著／保健同人社），『特別支援教育で始まる楽しい学校生活の創り方』（河出書房新社）ほか多数。

宮原資英（みやはらもとひで）

現在，立命館大学生存学研究所客員研究員，NPO Japan Centre for Evidence Based Practice社員。博士（運動学）・ニュージーランド国認定心理師。
1985年，立命館大学文学部心理学科卒業後，東京大学大学院教育学研究科で健康教育学を専攻（教育学修士）。この間，国際ロータリー奨学生として渡米し，アンティオック大学大学院でダンス運動療法という精神療法を学ぶ（文学修士）。続いて，米国UCLA大学院運動学研究科で学習障害児の運動機能について研究（理学修士，博士：運動学）。その後，ポスドク研究のためにヨーロッパに渡り，英国ロンドン大学教育研究科とハマースミス病院で未熟児の運動発達研究に従事。ノルウェー国トロンハイム大学大学院スポーツ科学研究科非常勤講師を経た後，フンボルト財団奨学生としてドイツ国ベルリン自由大学教育学研究科障害者スポーツ学科で多動児の運動機能について研究。1996年から2019年にかけてニュージーランド国オタゴ大学体育学部で障害児体育の実習と研究ラボの運動発達クリニックの所長を務めた。この間，豪州西オーストラリア大学とカーティン工科大学，そして日本の自然科学研究機構生理学研究所などでサバティカル研究を訪問研究員として実施。2020年度に弘前大学医学部心理支援科学科教授。
主な著書に『発達性協調運動障害：親と専門家のためのガイド』（スペクトラム出版社），『発達障害白書　2015年版』（共著／明石書店），『子どもの不器用さ：その影響と発達支援』（共編／ブレーン出版），『子どもの発達と運動教育』（共訳／大修館書店）ほか多数。

発達性協調運動障害［DCD］
不器用さのある子どもの理解と支援

2019年8月29日　初版第1刷発行	［検印省略］
2023年11月29日　初版第4刷発行	

監修者　辻井正次
　　　　宮原資英
編著者　澤江幸則
　　　　増田貴人
　　　　七木田敦
発行者　金子紀子
発行所　株式会社　金子書房
〒112-0012　東京都文京区大塚3-3-7
TEL 03-3941-0111(代)　FAX 03-3941-0163
振替　00180-9-103376
URL　https://www.kanekoshobo.co.jp
印刷／藤原印刷株式会社　　製本／有限会社井上製本所

© Masatsugu Tsujii, Motohide Miyahara et al., 2019
ISBN 978-4-7608-3275-0 C3011
Printed in Japan